U0424743

延长县革命老区发展史

延长县老区建设促进会 编

西北大学出版社
·西安·

图书在版编目（CIP）数据

延长县革命老区发展史/延长县老区建设促进会编. —西安：西北大学出版社，2022.12
ISBN 978-7-5604-5062-9

Ⅰ. ①延… Ⅱ. ①延… Ⅲ. ①延长县—地方史 Ⅳ. ①K294.13

中国版本图书馆CIP数据核字（2022）第242430号

延长县革命老区发展史

主　　编	延长县老区建设促进会　编
责任编辑	马　平
出版发行	西北大学出版社有限责任公司
地　　址	西安市太白路229号
邮　　编	710069
电　　话	029-88303059
经　　销	全国新华书店
印　　刷	西安市建明工贸有限责任公司
开　　本	787毫米×1092毫米　1/16
印　　张	20
插　　页	20
字　　数	266千字
版　　次	2022年12月第1版　2022年12月第1次印刷
书　　号	ISBN 978-7-5604-5062-9
定　　价	68.00元

如有印装质量问题，请与本社联系调换，电话：029-88302966

《延长县革命老区发展史》编委会

主　任：曹林虎
副主任：杨小虎　张　明　焦　鹏　李一鹏
成　员：孙继涛　贺彦清　杜立新　郑凤宏　李爱祥　李瑞荣

《延长县革命老区发展史》编辑

主　编：李一鹏
副主编：李瑞荣　李延明
执　笔：李延明
编　委：董思孟　刘德荣　刘桂兰　杨志仁　高文斌　胡爱民

《延长县革命老区发展史》评审委员会

张　明　付　平　房建荣　贺彦清　杜立新
白全安　高红艳　王福建　赵旭升

延长县全景

延长石油厂大门

1944年,王震(左四)在石油厂与工人一道转动绞盘抽油

1948年4月,贺龙(左二)、王维舟(左三)、李达(右一)来石油厂视察

1951年,苏联专家与矿领导和工程技术人员合影

马头关黄河大桥

榆蓝高速路延长出入口

延长县烈士陵园

延长县高级中学

延长民俗文化馆

陕西延长石油(集团)有限责任公司油田气化工科技公司

中国供销集团延长果业有限责任公司

光伏发电

风力发电

退耕还林

驿儿村新村建设

红色阿青纪念馆

张多民俗文化室

安家渠军事会议旧址

西渠红色支部纪念馆

皇庆寺红色支部纪念馆

延长花椒

延长苹果

延长西瓜

延长香菇

文化活动

《梆舞闹春》 贾寰/摄

《沿门子》 陈军/摄

《乡村节日》 陈军/摄

《划拳》 杨林/摄

《传承与希望》 薛胜利/摄

 延
 长
 县
 双
 创
 中
 心

延长书屋

总　序

在举国欢庆中华人民共和国成立70周年前夕，中国老区建设促进会王健会长请我为"全国革命老区县发展史丛书"作序，作为一名在老区战斗过并得到老区人民生死相助的老兵，回首往事，心潮澎湃，感慨万千，深感义不容辞，欣然应允。

中国革命老区，是以毛泽东为代表的中国共产党人在领导人民推翻帝国主义、封建主义和官僚资本主义三座大山，争取民族独立和人民解放伟大斗争中建立的革命根据地，在这片红色的土地上，诞生了无数可歌可泣的革命英雄儿女，为后人树起了一座不朽的丰碑。她是新中国的摇篮，是党和军队的根。

在艰苦卓绝的战争年代，老区人民把自己的命运与中华民族的命运紧紧地联系在一起，与中国共产党和人民军队的命运紧紧地联系在一起，他们生死相依、患难与共。我曾亲历过战争年代，并得到过老区红哥红嫂的救助，切身感受到发生在身边的一幕幕撼天动地的革命故事。在那极其艰难的条件下，老区人民倾其所有、破家支前，不怕艰难困苦，不怕流血牺牲。"最后一碗米送去做军粮，最后一尺布送去做军装，最后一件老棉袄盖在担架上，最后一个亲骨肉送去上战场。"这是当时伟大的老区人民为建立新中国做出巨大牺牲的真实写照，它将永远镌刻在中国共产党、中国人民解放军、中华人民共和国的历史丰碑上。他们的光辉业绩永载史册，他们的革命精神必将影响一代又一代的革命新人，造就一代又一代的民族脊梁。

在社会主义革命和建设时期，革命老区和老区人民响应党的号召，面对落后的面貌、脆弱的经济、恶劣的生态环境，他们本色不变，精神不丢，自力更生，艰苦奋斗，干一行爱一行，始终坚持"革命理想高于天"，自觉做共产主义远大理想的坚定信仰者和忠实实践者，勇于向恶劣的自然环境和贫穷落后宣战。他们在各条战线上为国建功立业，用平凡的双手创造了一个又一个不平凡的奇迹，彰显了老区人的崇高精神和人格力量。

在改革开放的伟大进程中，老区人民解放思想，勇于创新，发愤图强，攻坚克难，老区的经济社会建设取得了辉煌成就。特别是在改变中国的面貌、中华民族的面貌、中国人民的面貌、中国共产党的面貌的伟大实践中发挥了至关重要的作用。老区人民既是改革开放的参与者，也是改革开放的推动者。

艰苦炼意志，危难见精神。老区人民在近百年的革命战争、社会主义建设和改革开放的伟大实践中，孕育形成了伟大的老区精神：爱党信党、坚定不移的理想信念；舍生忘死、无私奉献的博大胸怀；不屈不挠、敢于胜利的英雄气概；自强不息、艰苦奋斗的顽强斗志；求真务实、开拓创新的科学态度；鱼水情深、生死相依的光荣传统。这是党和人民宝贵的精神财富、丰厚的政治资源，是凝心聚力、振奋民族精神的重要法宝，也是社会主义核心价值观的重要内容。

中国老区建设促进会怀着强烈的政治责任感和历史使命感，组织全国各地老促会人员克服困难，尽心竭力编纂"全国革命老区县发展史丛书"，记录老区的光辉历史和辉煌成就，传承红色基因，弘扬老区精神，是功在当代，利及千秋的一件大事。手捧这部丛书的部分书稿，读着书中的故事，倍感亲切，深感这部丛书具有资政、育人、存史的社会功能，有着重要的时代和历史价值。它是不忘初心、牢记使命的源头活水，是赞颂共产党、讴歌老区人民的一部精品力作,是弘扬老区精神、传承红色记忆的丰厚载体,是一项继承优秀传统文化、弘扬革命文化、发展社会主义先进文化,坚定"四个自信"的宏大文化工程。它必将成为一种文化品牌,为各界人士了解老区、宣传老区、支持老区提供一部有价值的研究史料。希望读者朋友们能从中了解并牢记这些为党和民族的利益不断奉献的老区人民,从中得到教益,汲取人生奋斗的精神动力。

新时代赋予新使命,新起点开启新征程。让我们更加紧密地团结在以习近平同志为核心的党中央周围,坚持以习近平新时代中国特色社会主义思想为指导,增强"四个意识",坚定"四个自信",做到"两个维护",弘扬老区精神,铭记苦难辉煌,为实现"两个一百年"奋斗目标,实现中华民族伟大复兴的中国梦做出新的更大贡献!

2019 年 4 月 11 日

编写说明

2017年6月，中国老区建设促进会组织全国各地老促会启动编纂"全国革命老区县发展史丛书"，按照"建立中国共产党、成立中华人民共和国、推进改革开放和中国特色社会主义事业"三大里程碑的历史脉络，系统书写革命老区百年历史，深入挖掘革命老区红色文化资源，这对于充实丰富中国革命史籍宝库、在新时代传承红色基因、弘扬革命精神、强固根本，对于激励人们在新的历史条件下夺取中国特色社会主义伟大胜利，实现中华民族伟大复兴的中国梦，具有重要意义。

丛书编纂以习近平新时代中国特色社会主义思想为指导，以《中国共产党历史》《中国共产党的九十年》等重要文献为基本依据，以党的领导为核心，以老区人民为主体，以老区发展为主线，体现历史进程特征，突出时代发展特色，坚持辩证唯物主义和历史唯物主义相统一，历史真实性与内容可读性相统一的原则，书写革命老区从站起来、富起来到强起来的光辉革命史、不懈奋斗史、辉煌成就史，把老区人民的伟大贡献、伟大创造、伟大成就、伟大精神充分展示出来，形成一部具有厚重历史特征和鲜明时代特色的精品力作。这是一部培根铸魂、守正创新，既为历史立言，又为时代服务，字里行间流淌着红色血脉，催生着革命激情的传世之作。丛书的编纂出版将成为讴歌党、讴歌人民、讴歌时代，传播红色文化，为革命老区和老区人民树碑立传的重要载体。

丛书按照编年体与纪事本末体相结合、以编年体为主的编写体例，确定框架结构；运用时经事纬、点面结合的方式记述史实；坚持人事结合、以事带人的原则处理人与事的关系；采取夹叙夹议、叙论结合、以叙为主的方法展开内容。做到了史料与史论、历史与现实、政治与学术统一，文献性、学术性、知识性相兼容。

为编纂好"全国革命老区县发展史丛书"，打造红色文化品牌，中国老区建设促进会认真组织积极协调，提出政治立场鲜明、史料真实准确、思想论述深刻、历史维度厚重、时代特色突出、编写体例规范、篇目布局合理、审读把关严格、出版制作精良的编纂出版总要求，力求达到革命史籍精品的精神高度、思想深度、知识广度、语言力度，增强丛书的权威性和社会影响力。各省（区、市）、市（州、盟）、县（市、区、旗）老促会的同志，以强烈的使命感、责任感和紧迫感，勇于担当，积极作为，认真实施，组织由老促会成员、专家学者等参加的十余万人编纂队伍。编纂工作主体责任在县，省、市组织协调、有力指导、审读把关。各方面人员以高度负责的精神和科学严谨的态度，满腔热情地投入工作，为丛书编纂出版作出了重要贡献。丛书编纂工作还得到了党和国家有关部委，地方各级党委、政府及有关部门的大力支持和积极参与，社会各界也给予了热情帮助。曾任中共中央政治局委员、中央军委副主席、国务委员兼国防部部长的迟浩田上将，对老区人民怀有深厚感情，对革命老区建设发展十分关注，欣然为"全国革命老区县发展史丛书"作总序。

丛书由总册和1599部分册（每个革命老区县编纂1部分册）组成，共1600册。鉴于丛书所记述的史实内容多、时间跨度长和编纂时间紧，不妥之处，敬请批评指正。

中国老区建设促进会

2019后5月14日

序

　　延长县位于陕西省北部,延安市东部,延河下游,黄河沿岸,不仅有着悠久的历史渊源,而且有着光荣的革命传统,是陕西省乡村振兴重点帮扶县。

　　延长县历史悠久,革命精神源远流长。早期人类活动可追溯到新石器时代。三国魏黄初七年(226)置县,几度变迁,到唐广德二年(764),因延水由县境通过长流汇入黄河,始名延长县,沿用至今。1927年1月,中共延长县第一高小党支部成立,延长县成为中国共产党在陕西活动和建立地方党组织较早的县份之一。1935年5月,刘志丹率领陕北红军主力解放延长县城。1936年1月31日,毛泽东在县城主持召开军事会议(即"东征会议"),研究和部署了东征的行动路线,正式组建"中国人民红军抗日先锋军"。1937年9月,陕甘宁边区政府成立,延长县成为西北革命根据地和陕甘宁边区的中心县份之一。从土地革命、抗日战争、解放战争到抗美援朝战争,全县先后有8000余人投身战争,英勇杀敌,有600余名英雄儿女为革命捐躯,永载史册。

　　延长山川人文荟萃,民俗文化淳朴丰厚,现有文物古迹、革命旧址、黄土民俗风情、人文自然风光等旅游景点10余处。位于县城西石油广场的"延一井"遗址享誉世界,属国务院确定的全国重点文物保护单位,被列为"中华之最"之一,被国家工信部公布为全国第二批工业遗产保护单位。位于县城内寨山西南麓的东征会议旧址，是全市红色革命传统教育基地之一。位于雷赤镇的"凉水岸河防保卫战"遗址，被陕西省人民政府公布为第七批省级重点文物保护单位。延长县民俗文化积淀丰厚，以赵汉杰、刘兰英、孙雪琴等为代表人物的延长剪纸和董明清石板画均达到较高的艺术水准。延长烤肉、延长饸饹等地方特色小吃有口皆碑。

延长与时俱进，经济社会发展日新月异。中华人民共和国成立后，在历届延长县委和县政府的正确领导下，延长人民自力更生，奋发图强，革故鼎新，改天换地，克服了一个又一个困难，取得了一个又一个胜利，创造了一个又一个奇迹。特别是党的十八大以来，全县上下深入学习贯彻习近平新时代中国特色社会主义思想和习近平总书记来陕考察重要讲话精神，全力推进以油气为主的工业经济转型升级、以苹果为主的现代农业提质增效、以石油工业文化为主的文旅产业融合发展，全县原油年产量稳定控制在45万吨，优质梨果面积达到了32.6万亩，补齐补好了就业、教育、社保、医疗、养老等民生短板，彻底解决了群众的温饱问题，极大地改善了群众的生活水平，全面提升了群众的获得感、幸福感、安全感。2018年9月，在全省率先退出贫困县序列，全县经济社会发展稳中有进、稳中向好，县域综合实力显著增强，实现了"十三五"圆满收官。

习近平总书记指出："历史是一面镜子，它照亮现实，也照亮未来。"《延长县革命老区发展史》记述延长老区人民在党的领导下创立和发展革命根据地，推进社会主义建设和改革开放的恢宏历史，是一首可歌可泣的英雄史诗，是一幅催人奋进的创业画卷。翻开风云激荡的红色篇章，探寻共产党人和老区人民的精神密码，它既给人以巨大的信心和力量，更给人以深刻的借鉴和启示。其中，最重要的就是不忘初心、牢记使命，始终坚持中国共产党的领导，践行全心全意为人民服务的根本宗旨，解放思想、与时俱进、改革创新、争创一流。

筚路蓝缕，砥砺前行。全县人民将始终牢记习近平总书记殷殷嘱托，传承革命文化，发扬革命传统，赓续红色基因，凝聚奋进力量，加快建设经济优化、环境优美、生活优质的社会主义现代化新延长。

是为序。

中共延长县委书记
曹林虎
2022年6月8日

目 录

- 001　县域概况

第一章　土地革命战争时期
- 005　第一节　民众的抗争活动
- 008　第二节　创建延长县党的组织
- 010　第三节　党组织的革命斗争
- 012　第四节　抗粮抗款斗争
- 016　第五节　建立革命武装
- 017　第六节　解放延长县城
- 018　第七节　建立苏维埃政权
- 020　第八节　东征会议
- 022　第九节　坚持开展游击战争
- 023　第十节　延长石油厂

第二章　抗日战争时期
- 031　第一节　河防保卫战
- 033　第二节　党组织和民主政权建设
- 036　第三节　发展农业生产
- 038　第四节　功臣油矿
- 045　第五节　支援抗战

第三章　解放战争时期
- 048　第一节　整顿发展地方武装
- 050　第二节　沦陷后的军事斗争
- 053　第三节　支援解放战争
- 054　第四节　烽火中的石油厂

第四章　社会主义革命和建设时期
- 057　第一节　发展以粮食为中心的农村经济
- 068　第二节　建立社会主义工商经济体制

079　第三节　党的组织、思想、制度建设
085　第四节　群团组织建设

第五章　改革开放和社会主义现代化建设时期

089　第一节　中国共产党组织建设
117　第二节　推进依法治县进程
130　第三节　调整农业产业结构
146　第四节　改革工商体制
154　第五节　加强宏观调控
164　第六节　城乡基础设施建设
172　第七节　发展科教文卫体事业
196　第八节　稳定财税金融政策
203　第九节　完善社会保障制度

第六章　中国特色社会主义新时代

210　第一节　开展主题教育活动
213　第二节　深化行政司法改革
218　第三节　向现代农业迈进
221　第四节　全力实施精准扶贫
225　第五节　推进城镇化进程
226　第六节　强化环境整治
229　第七节　建设工业园区
230　第八节　民生事业持续加强

234　附件一　人物传
246　附件二　人物录
254　附件三　革命烈士名录
300　附件四　延长县老区建设促进会概况
306　后　记

县域概况

延长县是中国石油工业的发祥地和著名的"东征会议"纪念地，是中国共产党在陕西活动和建立地方党组织较早的县份之一，也是西北革命根据地和陕甘宁边区的中心县份之一。1927年，中国共产党延长特别干事会成立，组织领导延长人民建立苏维埃政权，开展武装斗争，扩红支前及大生产运动，协助军工局扩大石油生产，有力地支援了边区政府的经济建设，缓解了财政困难，为赢得抗日战争、解放战争的胜利作出巨大贡献。毛泽东、周恩来、彭德怀、贺龙、叶剑英、杨尚昆、聂荣臻、王震、刘志丹等老一辈无产阶级革命家多次落脚延长县，留下了红色革命旧址10余处。

延长县历史悠久。三国魏黄初七年（226）确立县制，至唐广德二年（764），因延水过境直入黄河，始名延长县，迄今1200余年。延长县位于陕西省北部，延安市东部，地处北纬36°16′25″～36°46′24″，东经109°41′09″～110°29′58″之间。北靠延川，西连宝塔区，南接宜川，东临黄河与山西省大宁、永和两县相望，总面积2368.7平方公里。2018年，辖黑家堡、郑庄、张家滩、交口、罗子山、雷赤、安沟7镇及七里村街道办，159个行政村，759个村民小组和5个社区居民委员会，总人口15.8万人。

延长县地处陕北黄土高原丘陵沟壑区，地势由西北向东南倾斜，全境可划分为河谷阶地、黄土宽梁残塬、黄土梁峁丘陵、黄土覆盖石质丘陵4个地貌单元。境内最高海拔1391米，最低海拔488米。县境属暖温带半干旱大陆性季风气候，年降水量470毫米。延河自西向东横贯全境注入黄河，水资源总量6010.18万立方米。全县总耕地面积27527.38公顷，土壤类型丰富。境内蕴含丰富的石油、天然气和动植物资源，已探明石油储藏面积506.53平方公里，为国内最早开发石油的地区，境内延长油田股份有限公司七里村采油厂建厂已有115年历史，2018年年产原油376168吨。

延长县这片古老而神奇的土地，孕育并造就了无数历史名人，创造了延长辉煌的历史。金代县令董成务奉命修筑县城，不辞劳苦赢得士民称颂；明代黄州知府周衍，以俭治县，颇有政声，辞官归里，募捐办学、造福乡民；东昌知府郭泰，居官清廉，能断奇案，著《断案》30余篇。近代以来，涌现出了朱幼康、谭生彬、李瑞山等革命先驱；延安大生产运动中的先进典型，绰号"气死牛"的郝树才；全国教育战线上的一面旗帜，全国劳动模范王思明等英模代表。他们所表现出来的献身革命、埋头苦干、大公无私、赤诚奉献精神，成为延长人民引以为豪的精神寄托，激励着新时代延长人民奋勇向前。

中华人民共和国成立70年来，勤劳勇敢的延长人民在中国共产党的领导下，发扬自力更生、艰苦奋斗的革命传统，埋头苦干，砥砺前行，用智慧和汗水改善着农业生产条件、农村生存环境，发展工农业经济，全县社会经济取得了前所未有的发展成就。延长县有着得天独厚的自然条件，所产酥梨、苹果因含糖量高、口感好享誉中外，远销国内各大市场及东南亚各国。延长苹果、延长酥梨、延长西瓜、延长红薯、延长红葱等地方特色产品，以其独有的品质，深受消费者青睐。特别是21世纪以来，延长县大力调整农业产业结构，确定了塬区苹果、川道棚栽、全县畜禽、沿黄特色农业产业布局，做大做强以苹果、蔬菜、畜牧、特色、饲草、农产品加工、休闲旅游为主的七大特色产业，走出了一条自己的农业产业发展之路。2018年，全县苹果种植面积30.53万亩，酥梨2万亩。苹果总产量

28万吨，销售收入15亿元，果农人均收入突破2万元。全县共有日光温室8243座，拱棚8060座，面积27678亩，瓜果总产量13万吨，产值2.28亿元，菜农人均收入1.2万余元。红枣、红葱、红薯、花椒、小杂粮等特色产业总收入2.2亿元，农民人均增收1375元。实现农业增加值10.91亿元，同比增长3%。城镇面积扩大到10平方公里，城镇化率达到49.7%，人均住房面积达到30平方米。县城和中心镇、重点镇的空间、形象、环境、品位全面提升。建成生态村83个，美丽宜居示范村20个，城乡电视、通信、网络实现全覆盖。一横四纵五辐射一环线路网架构基本形成，全县行政村实现硬化道路、安全饮水、标准卫生室全覆盖，群众安全住房问题全部解决。全县83个贫困村全部脱贫，退出贫困县序列。森林覆盖率和林草覆盖率分别达到31.9和61.5%，全县天气优良天数300天以上，境内延河国控入黄断水面水质达到Ⅳ类标准，碧水、蓝天、青山、净土保卫战目标如期实现。全县幼儿、小学、初中、高中学生入学率和巩固率及专任教师达标率均达到国家标准，被国家认定为义务教育均衡县和省"双高双普"县；合作医疗全面普及，城乡贫困群众得到及时救助，"五大"保险覆盖面稳步扩大，城乡居民养老参保率达到99.9%，实现全覆盖。70年来城乡面貌发生了翻天覆地的变化，人民的生活水平逐步向小康目标迈进，发展业绩有目共睹，永载史册。

党的十八大以来，以习近平总书记为核心的党中央，为全国人民绘制了实现中华民族伟大复兴的宏伟蓝图，延长人民将以新时代中国特色社会主义思想为指导，持续实施果菜增效富民，油气转型强县，三产提升兴业，项目带动发展战略，继往开来，顽强拼搏，团结一心，奋勇向前，为建设美丽富强的新延长而努力奋斗。

第一章　土地革命战争时期

1919年"五四"运动后,延长县有识之士朱幼康等相继外出求学,深受新思想熏陶,在延长县建立了早期党的组织,发展党员,宣传进步思想和文化,组织群众开展革命斗争,拉开了延长县人民革命武装斗争的序幕。

第一节　民众的抗争活动

延长县深处黄土高原、沟壑纵横、交通闭塞、人口稀少、经济落后。清末以来,延长县人民遭受官绅、地主、土匪压榨掠夺,苛捐杂税繁多,人民生活积贫积弱,穷困潦倒。清光绪三十一年(1905),知县佘元章给陕西巡抚曹鸿勋就开办延长石油矿禀文称:"溯该处地方,昔年与北山之中,尚称富庶之区。所以城乡之古庙牌坊、名人旧迹,不可枚举。而产油之处,名曰涌井,载在古志,第日久年深,未经开用,故淤塞耳。再查该处居民,从前有一千六七百户,兵燹之后,加以荒歉频仍,流离失所,今其存者,十无一二。故阖城只有七十余家,铺户仅四五家,此外皆系碎瓦颓垣。且此数十家中,多有因无事业而衣食不周者。一城之内,满目荒凉;四境之中,间阎疏阔,有以三四家谓一村者,十余家即谓一大村不等,阖邑纵横二百余里,户口仅二千余家。北山地面虽称瘠苦,但卑职此次所经之地,惟甘泉、宜君情形，与此仿佛，余皆尚觉差强。卑职若非身历其地，曾不料延邑有如此荒凉，延民有若是茕苦者。今居民闻得上宪有开办油矿之举，咸来问讯，以由此得谋生业而兴市廛，欣欣然皆有喜色。……"佘元章呈文中真实地反映了清末延长县人民的生活状况。

　　面对官府、地主和土匪的压迫剥削和抢掠，延长境内忧国忧民的志士仁人从来就没有停下抗争的脚步。民国元年（1912）2月至7月，陕北一带匪患猖獗，波及延长。土匪数次闯入县城和延长石油厂实施抢劫，居民和石油厂损失巨大。民国二年（1913）7月，临镇马朝义率数百人围攻延长县城，延长县组织县城民众及延长石油厂工人共同抵御，保障了县城居民的生命财产安全和石油厂正常生产运作。1915年，袁世凯称帝，全国上下"讨袁"声浪迭起，延长石油厂总理张渊回到西安参加"反袁逐陆（建章）"运动，准备武装起事。后因举事名单泄露被查，张渊逃至延长石油厂被捕。1916年3月，张渊在被押解至西安途中，在甘泉县甄家湾被杀害。

　　1915年冬，匪首郭金榜、徐老幺横行乡里，率土匪300多人在张家滩古州一带骚扰，匪徒在乡里枪杀百姓30余人，并将黑宪章父子二人"拉票"，要挟黑宪章家人缴银赎人。黑宪章（1897—1929）字子斌，延长县张家滩古州村人，幼读私塾，勤奋好学，机智勇敢。黑宪章设计在押解途中将两名土匪杀死，逃出了土匪魔爪。此事发生后，黑宪章认识到只有建立自己的武装，才能不受土匪欺凌。自此，他发奋创办民团，建立地方武装，于1921年在南河沟后九天修筑山寨，召集乡民，办起了民团。为了确保一方群众安宁，他率领乡民团先后剿灭了经常抢劫绑票乡民的悍匪徐老幺、李青云、马水旺等匪众，受到家乡群众的称颂和拥护。1924年，国民党区长李国华、薛观志等人联名保荐，黑宪章被任命为宜川县民团团长。是年10月，黑宪章接受杨虎城收编，被委任为第一游击司令，与麻振武部数次激战，均获全胜，名声远扬。1926年4月，在与军阀刘镇华的战斗中，黑宪章奉命镇守长安城东关前沿，与刘镇华在韩森冢展开激战，长安城安全无恙。1927年2月，黑宪章被陕西省政府主席于右任委任为国民革命军第二十集团军第十军第二一一师第三旅旅长，随杨虎城东出潼关，与北伐军会师中原，屡建功勋。

1928年冬，国民党当局缩编军队，黑宪章因伤离开部队回到宜川老家，着手创办党义训练班，以期培养地方干部，振兴家乡经济，反对贪官污吏。义训班伸张正义之举遭到国民党地方政府的仇视，宜川县县长李恩荣向陕西省当局密告黑宪章"勾结匪党，图谋不轨"。1929年8月30日，陕西省政府代主席刘郁芬密派第五警备区武天祯带兵在宜川县将黑宪章诱捕关押。志士黑宪章被国民党当局关押的消息传出后，陕北各界群众极为震惊，纷纷加入到营救队伍当中。陕北共产党人谢子长也率领共产党员赵文蔚（李锦峰）等人前来营救。黑宪章旧部以及延长、宜川一些民团昼夜围城要求放人。武天祯畏惧营救军民势众，恐城破人被救走，匆匆将黑宪章枪决以平息事态。噩耗传出后，围城的共产党人和民众义愤填膺，奋力攻城，要求惩办凶手。武天祯恐落入民众之手，带领部下偷偷逃离县城，民众紧随其后，追赶至集义，武天祯所带随从被尽数聚歼。武天祯则隐藏在桥下，未被民众发现，苟且逃命。事后，宜川县县长李恩荣被愤怒的民众驱逐。1931年，时任潼关行营主任杨虎城在西安革命公园为黑宪章立碑，缅怀其在陕西人民抗击军阀斗争中所建立的功勋。

1926年11月，延长县政府强征石油官厂6头骡子支差，影响到官厂的正常石油生产和工人生活，此事引起了石油工人的公愤。刘德荣、韩志信等21名工人联名上书北洋政府农商部，控告延长县政府越权行为。然而，北洋政府以"事关该厂内部纠葛"为由，没有过问。工友们忍无可忍，集体到县政府请愿，遭到县政府军警弹压，工人王志春被军警打伤。石油官厂全体工友毅然奋起罢工，要求政府赔偿损失，严惩凶手，医治伤员。当局不予理睬，工友们罢工坚持了数月之久。随后，陕西省实业厅责成延长县政府送还牲口，向工人赔礼道歉，石油官厂生产始得恢复。延长石油官厂工友罢工是中国历史上第一次由石油工人自发组织的维权斗争，意义深远。

1927年1月，南河沟乡民顾秉成因不满军阀政府和当地地主剥削压迫，组织乡民在狗头山成立红学会（红枪会）与官府和土豪劣绅斗争，后被官府镇压。

第二节 创建延长县党的组织

延长县人民的革命斗争历史的开端，应当追溯到1927年1月中共延长县党组织创建。

一、中共延长特别支部干事会

朱幼康（1875—1940），又名朱钊，延长县城区朱家湾村人，延长县早期中国共产党组织创建人之一。他青少年时期勤奋好学，志向远大。延长县立第一高级小学毕业后，以优异的成绩考入陕西省立第一中学继续深造。上学期间深受校长杨明轩（后成为早期共产党员）的教育和启发，利用课余时间阅读了大量的进步书刊，开始接触新文化和新思想，成为学生中的活跃分子，并因此得到杨明轩赏识，将亲笔书写的一块"善于办事"的红绸子奖励给朱幼康，以资鼓励。也就是在省一中上学时期，朱幼康萌生了献身革命事业的远大抱负。1922年，朱幼康于省一中毕业后毅然回到延长第一高小任教，在师生中积极传播新文化，宣传新思想，倡导新文化运动。1924年，朱幼康担任延长第一高级小学校长后，聘请有进步思想的榆林中学毕业回乡的董耀卿担任教导主任一职，并极力推行教学改革，摒弃封建教育模式，反对奴化教育，倡导用新思想办学。组织师生秘密阅读《共产党宣言》《向导》《新青年》《共产主义浅谈》等进步书刊，宣传马克思主义、爱国主义，在延长第一高小师生中播下了革命的种子。同时，有组织有目的地开展与反动政府的斗争。

1925年下半年，朱幼康、董耀卿组织第一高小师生在延长县城集会游行，声援省港大罢工，在延长县民众中引起强烈反响。朱幼康还教育民众革除落后的习俗，1926年，组织师生利用暑期组建宣传队，到交口劝说马家河村绅士马安华三个闺女放足，鼓励女青年柴应花、董秀峰、柴淑贞同封建习俗作斗争,不缠足,做新时代的新女性。在他们的大力宣传鼓动下,全县妇女放足者日渐增多。

朱幼康、董耀卿还带领师生与军阀和反动政府抗争。1926年,国民军将领井岳秀搜刮民财,扩充军务,导致延长县民怨沸腾。延长的土豪劣绅们也乘机敲诈盘剥百姓,民不聊生。朱幼康、董耀卿等组织学生游行示威,要求政府伸张正义,严惩土豪劣绅欺压百姓的行为。此后,又组织学生深入全县部分农村,宣传自由平等的民主思想,鼓动受压迫的农民与土豪劣绅作坚决的斗争。朱幼康、董耀卿领导延长第一高小师生开展的一系列活动,为中国共产党组织在延长的建立奠定了坚实的政治基础。

1926年12月下旬,延安四中教员陈宇霆(时任中共延安特别支部宣传委员)受延安特支的委派,来延长发展党团员,建立党团组织。因他当年曾领导过延安地区的"非基运动"(即延安党组织领导的规模宏大的反对基督教运动,党组织选择在12月25日耶稣生日"圣诞节"为非基运动周,集中打击基督教),途经延长甘谷驿镇(今属延安市)时,被甘谷驿基督教堂教徒认出,遭到围殴。陈宇霆气愤不已,赶至延长县衙,状告基督教徒的不法行为。延长第一高小师生得知这一事情后,对陈宇霆的境遇鸣不平,呼吁延长各界人士声援。朱幼康、董耀卿发动学生用张贴标语等形式揭露暴徒不法行为,协助陈宇霆打赢了官司。通过此事件,陈宇霆与朱幼康、董耀卿建立了密切关系。

1927年1月,陈宇霆经多方考察,首先介绍朱幼康加入中国共产党。随后,陈宇霆与朱幼康又介绍董耀卿、朱镜清二人入党,积极发展壮大党员队伍,吸纳第一高小学生、进步青年强全宇、李甫山入党。

1927年2月,为加强延长县党组织工作,中共绥德地委委派周发源到延长第一高小,以教员身份做掩护,巡视指导延长县党的工作,正式成立中国共产党延长特别支部干事会,朱幼康任书记,董耀卿任组织干事。同时正式成立中国共产主义青年团延长特别支部,强全宇任书记。

二、中共狼神山支部干事会

狼神山是罗子山的旧称，时属宜川县管辖。阎志道（1905—1936），延长县罗子山镇上西渠村人。1925年夏，宜川县第二高级小学（原狼神山高小）毕业后考入延安四中。他在四中上学期间有机会阅读了大量的进步书刊，接受了马克思主义思想，自觉走上了革命道路。1925年冬，经四中教师、共产党员陈宇霆介绍，加入中国共产党。1926年秋，他回到狼神山高小任教，深受校长刘振家赏识。刘振家（1866—1933），原宜川县六区南山村人。1924年，榆林师范毕业后回到家乡狼神山高小任教。在阎志道的倡导下，狼神山高小推行白话文；尊师爱生，禁止打骂体罚学生；允许师生传阅《新青年》《向导》等进步书刊，经常组织师生排练演出新戏；并动员师生深入乡村，参加社会活动。阎志道还与校友孙世英一道在学校师生中间讲解马列主义学说，着手组建党、团组织。他们首先介绍校长刘振家加入中国共产党。1926年冬，受延安党组织委派，延安四中学生、共产党人赵正华、白彦博来到狼神山，正式成立中国共产党宜川（狼神山）支部干事会（后改称特别支部），阎志道任书记，刘振家任组织干事。同时，建立了中国共产主义青年团宜川（狼神山）支部。1927年下半年，狼神山党支部党员发展到20多名。

第三节 党组织的革命斗争

中共延长特别支部干事会建立后，在朱幼康领导下，积极发展壮大组织力量，开展革命活动。1927年春，特别支部干事会派党员在甘谷驿协助延长县第二高级小学组建党支部。朱幼康遵照上级党组织指示，利用国共合作成立国民党延长县党部的机会加入国民党，出任国民党延长县党部主任委员。朱幼康在合法身份掩护下，以延长第一高小为阵地，在学校宣讲马克思主义，允许进步书刊在师生中间传阅。组建学生会，组织学生利用节日和县城集会时间，通过上街张贴标语、集会讲演等形式，向群众宣传平等自由、爱国救国、减租减息、禁烟禁赌、破除迷信、放足剪发、解放妇女等主张和进步思想。

1927年4月，延长县特别支部组织发动了第一次学潮。第一高小师生集体上街游行示威，散发传单，揭露驻军和民团的胡作非为，开展反拉差、反勒索、反贪官污吏、反贪赃枉法的斗争。学潮期间，延长第一高小学生扣押因贪污被迫卸任的县长田仲实达数月之久。这一举动沉重打击了贪官污吏和土豪劣绅的嚣张气焰，使延长县的革命运动达到高潮。一度时间，延长县衙和地方民团慑于学生运动的威力，决定一些重大事项都与朱幼康等商量研究，使得共产党支部的革命活动公开化、合法化。1927年7月，中共延长特别支部党组织不断发展壮大，延长特支有朱幼康、董耀卿、周发源、朱镜清、李甫山、冯瑞珍（兆年）、胡金城、房永明、董希贤、冯成斌、王志匀、强全宇等10余名党员。共青团延长特别支部委员会也得到发展，在共青团延安地方委员会和共青团绥德县委员会双重领导下，建立健全了机构，书记强全宇，组织委员薛蔚，宣传委员李甫山，团员队伍逐步发展壮大。

中共宜川（狼神山）特别支部干事会深入开展革命活动。刘振家在狼神山高小成立学生会，发动学生罢课、闹学潮。组织学生走出校门，到农村组建农民协会，宣传共产党的主张，打击封建势力，把学生运动同农民运动结合起来，在当地产生了深远影响。利用安河逢集群众聚集之机，组织师生举行反剥削游行大会，宣传平等自由等进步思想。中共宜川（狼神山）特别支部干事会积极发展党组织，先后建立了3个支部干事会：第一支部干事会建于罗子山南山村，书记刘振家；第二支部干事会建于罗子山上西渠村，书记阎志庆；第三支部干事会建于罗子山益枝村，书记李明允。1927年，狼神山特支有党员刘振家、刘齐家、李育英、阎志庆、孙世英、刘思温、刘效英、李明允等。共青团宜川（狼神山）支部设在狼神山的宜川二高，隶属共青团延安支部和共青团延安四中支部双重领导，书记李育英，团员有刘徐娃、呼清荣、阎存善、王嘉善、贺俊彦、王永善、呼育之等。1927年4月，共青团宜川（狼神山）支部改称共青团宜川（狼神山）特别支部，隶属共青团延安地方委员会领导。

第四节 抗粮抗款斗争

1927年"七一五"反革命政变后，白色恐怖笼罩全国，延长县党组织活动被迫转入地下，革命暂时处于低潮，由共产党人直接控制的国民党县党部也被强令解散。朱幼康受到特务分子监视无法公开活动，一些已暴露的党员迅速转移到外地，其余党员都转入地下秘密活动。

一、发展壮大党组织

延长县党组织根据陕西省委把工作重点放到农村，到国民党统治最为薄弱的地方发动群众与敌斗争的指示，组织党员利用暑期奔走农村，宣传民主、平等、自由思想，组建农民协会，秘密发展农民党员，建立农村党支部，发动和组织农民与土豪劣绅开展斗争。1927年下半年，延长县党组织先后建立了阿青、交口、皇庆寺和董家河村4个农村党支部，发展了薛占财、高全声、冯玉明、王梦雄、薛如芝、雷学孟等20余名党员。新组建支部的党员组建农民说理会，清算地主账目，要求减租减息；倡导妇女解放运动，宣传动员妇女放足，冲破封建思想束缚，争取男女平等。延长农村的革命斗争蓬勃发展。

1927年10月12日，唐澍、李象九、谢子长等率领中国共产党领导的清涧起义部队途经延长县时，在延长县党组织的配合下，智歼国民党延长驻军第八十六师第十旅第二营两个连，击毙敌营长齐梅卿。这是中国共产党领导的武装力量第一次攻克延长县城。由于起义部队力量相对薄弱，攻克延长县城后旋即撤离，延长县城再次失陷。但此次战斗沉重地打击了陕北国民党将领井岳秀，极大地鼓舞了延长县共产党员、共青团员的革命斗志。

1928年1月，延长县党组织根据中共肤施县①委指示，在延长县城成立了中国共产党延长区委员会，领导全县党的工作，辖1个特支，7个支部。同时，成立共青团延长区委。春季，经过改组后的中共宜川（狼神山）特支划归延长区委领导。延长区委辖9个支部，1个特支，董耀卿任中共延长区委书记。5月5日，中共延长区委召开会议，纪念马克思诞生110周年，参会的党、团员代表共20多人。至1928年年底，延长共产党员已发展到200多名，团员300多名，其中较大的党团支部有皇庆寺、阿青。延长县党团组织的发展壮大为革命斗争活动的开展打下坚实的基础。

1929年1月，董耀卿出任国民党延长县教育局局长，按照"党员如在党外任比较主要职务者，在党内就不宜任主要职务"的规定，陕北特委委派夏滋生任中共延长区委书记。2、3月间，夏滋生代表延长区委出席了陕北特委在清涧县爬则山召开的5县区委书记联席扩大会议，听取了中国共产党第六次全国代表大会的决议及共产国际、中央、陕西省委、陕北特委各种会议的决议。返回延长途中，夏滋生与延川、延安参加会议的代表把"六大"确立的五抗（抗租、抗赋、抗税、抗捐、抗债）方针以及打倒蒋介石、打倒南京政府，打倒一切帝国主义的口号写成标语，沿途张贴。这一举措，使清涧、延川、延长、肤施县国民党政府极为惊慌。同年夏季，延长区委书记夏滋生因动员山西难民回归家乡斗争暴露了共产党员的身份，陕北特委考虑到夏滋生的个人安全，将其调回陕北特委，另委派朱省三任中共延长区委书记。

二、抗粮抗款斗争

1928年8月，肤施县党组织派白友山（化名白永昶）到狼神山协助特支开展党的工作，刘振家将特支工作交付白友山。是年年底，白友山受命调离后，刘振家继续担任特支书记。1929年，陕北发生严重的自然灾害，加之官府横征暴敛，贫苦农民的生活

---

①今延安市宝塔区。

极度贫困，难以为继。狼神山特支根据中共延长区委的指示精神，发动家乡农民群众开展了轰轰烈烈的抗粮、抗款、抗税、抗捐运动，向身处绝境的农民发出"要饭吃、要土地、要自由"的号召，同国民党政府抗争，维护了农民群众的利益，拉开了延长劳苦大众抗粮抗款的序幕。

1932年春末，延长县因连年遭灾，多数农民群众青黄不接，衣食困难。延长县党组织从农民群众生计出发，组织农民奋起抗争。共产党员谭生彬、高永光、李春光和史文章深入农民群众中间宣传动员，组织开展更大规模的抗粮抗款斗争。5月17日，组织起来的上万农民携带灶具、干粮，从四面八方拥向县城，举行围城抗粮抗款斗争，要求减免粮款。围城群众不达目的誓不罢休，经过十几天的坚持斗争，国民党延长县县长王俊杰迫于群众齐心协力，恐诱发大事端，答应减缓农民的粮款，并立即释放了围城前逮捕的抗议示威的农民群众，共产党人领导的围城抗粮抗款斗争取得最终胜利。这是延长县党组织领导的最大的一次农民运动，充分显示了农民运动的强大威力，也让人民群众体会到团结起来与官府抗争的强大力量。

延长县抗粮抗款围城运动期间，共产党员高朗亭赴延川县，争取得到延川县游击队的支持。1932年6月，高朗亭带领延川县游击队从延川王龙塬一带直奔延长，声援延长民众的正义抗争。2日，当游击队到达延长王家川时，延长县群众围城抗粮抗款运动即将结束，高朗亭带领游击队员转至延长县安沟二圪台村夜宿。因高朗亭率领队员途经延长县交口洋仙坪村在其同学张耀宇家吃饭时，偶尔被国民党南区区长张兆兴发现并向国民党延长县政府告密，国民党延长县政府连夜派县民团赶赴二圪台村，于6月3日晨8时左右将游击队包围。战斗打响后，高朗亭带领队员奋力突围，战斗中高朗亭受伤并成功脱险，1名游击队员当场牺牲，4名游击队员被俘后被杀害。

春季，中共狼神山特支党组织发动农民开展第一次抗粮抗款斗争，组织六区（辖今延长县安河、罗子山乡）民众参加宜川围城斗争。1932年10月，中共狼神山特别支部决定发动第二次抗粮抗款运动。同时，吸取了春季抗粮抗款运动没有武装保护的惨痛教训。抗粮抗款运动负责人刘丰功召集闫忠、冯毓灵、闫勇、杨希胜等人商议，决定此次运动采取在发动群众积极参与的同时，想方设法派人打入六区民团，里应外合夺取武器。此计划被国民政府密探贺文章告密，区公所暗通宜川县政府，欲将潜入人员全部逮捕。狼神山特支获此消息后决定抢先夺取民团武器，组织农民暴动。11月28日黄昏，刘丰功带领几十人埋伏在区公所外。闫忠独自一人以闲逛为由走进安河区公所，继而以看枪为名，把一团丁的枪拿到手，将子弹顶上膛，对着其他团丁吼道："不许动，谁动就打死谁！"团丁们没有一个敢吭声。闫忠只身缴获长枪10支，短枪2支。待刘丰功等人来到区公所后，共抓获区公所骨干人员3人（其中有一名县政府人员），其余团丁早已逃之夭夭。当晚，刘丰功等人决定连续作战，连夜到狼神山民团夺枪。结果民团提前得到消息，由刘尚年带领团丁逃往石云寨。刘丰功、闫忠只抓了地方官吏李国华，从其口中得知保安县警察局局长回古渡甸村探亲，带了冲锋枪和驳壳枪各1支，闫忠等人又带人赶往古渡甸村，从警察局局长处缴获了其所带枪支。30日，刘丰功、闫忠等人以俘虏的县政府和区公所人员为人质围打石云寨，迫使刘尚年缴出枪支20余支，抗粮抗款的农民武装占领了狼神山。12月2日，国民党宜川县政府派兵进驻狼神山利壁村和抗粮抗款民众对抗，后经双方谈判，达成协议，国民党县政府撤兵，粮款缓缴，刘丰功释放国民党县政府俘虏。

抗粮抗款农民有了武器后，12月10日狼神山特支决定奔袭五区民团驻地后九天寨，民团闻风丧胆，弃寨逃窜。12月15日，中共狼神山特支成立了抗粮抗款武装队，闫忠任队长，刘丰功负责政治工作，共有队员20多人。为了更有力地同敌人斗争，武装队决定北上安定（今子长市）一带寻找刘志丹和谢子长的队伍。经过几百里辗转，武装队没有找到刘、谢的红军队伍，在与围追的敌军作战中失败。1935年2月，闫忠带领仅存的七八人回到延长，隐藏枪支，分散人员，隐蔽活动。10月，遭叛徒秦振邦出卖，队长闫忠在张家滩丛座村被捕，11月被押至肤施杀害，年仅28岁。同年，抗粮抗款主要组织者刘丰功的两个兄弟被国民党当局杀害。

抗粮抗款武装队打响了武装反抗国民党反动派的第一枪，是延长地区共产党人领导的第一次农民武装暴动。

第五节 建立革命武装

延长县党组织建立后，一方面积极宣传新思想、新文化，发展壮大党员队伍，另一方面组织党员深入农村，发动农民开展农民运动，潜入民团组织秘密开展兵运工作，建立了党领导下的农民武装队伍。

一、开展兵运工作

1929年至1930年间，延长县党组织先后指派中共党员刘子善、谭生彬、李会有、贺延龙、杨峰、房怀章、房永明、阎存善等，秘密加入到宜川后九天杨庚午部队开展兵运工作。他们在杨庚午的部队里秘密地与其他党组织委派的党员取得联系，组建了党支部，成立了以中共党员为骨干的副官处，并以此为阵地，在士兵中秘密宣传进步思想，开展革命活动，扩大了党组织在部队的影响力。党组织开展的兵运工作，虽最终未达到争取该部队起义的目的，但却为后期党组织从事兵运工作积累了宝贵经验。

二、建立武装队伍

延长县党组织领导的抗粮抗款武装斗争，点燃了农村广大民众反剥削、反压迫的革命热情，为建立武装队伍打下了基础。1934年秋，由农民自发组建的延长县第一支赤卫军在交口镇南河村成立，队长为李志明。国民党宜川县政府十分恐惧，宜川六区（辖今延长县安河、罗子山一带）区长呼延如山纠集区民团、区公所团丁和当地豪绅盘踞石云寨，筑寨设防以求自保。1935年2月，中共狼神山特支指派党员李育英秘密打入石云寨民团，开展兵运工作。李育英在团丁中串连，先后策反3名班长和数名团丁，并将寨里的布防情况通报给党组织，于4月17日带领石云寨部分团丁发动起义，与党领导的1000多名攻寨群众里应外合，一举拔除了石云寨民团据点，消灭了附近的国民党地方武装。党组织用缴获的民团枪支，组建了一支由50多人组成的游击队，李育英任指导员，冯占君任队长。4月19日，游击队在安河与红四团会合，正式改编为红四团四连，李育英任指导员，李正海任连长。四连在党组织领导下连续作战，相继消灭了宜川县四区、五区民团组织。5月19日，党组织在宜川北部地区杨家圪垯村成立了六区（宜川）革命委员会，使陕北苏区扩大到宜川雷多河北部地区。

第六节 解放延长县城

1935年，陕北的革命斗争形势发生了深刻变化，陕北红军在谢子长、刘志丹领导下迅速发展壮大。5月，中共西北工委在王家湾召开军事会议，部署解放延长县城战役。25日刘志丹率领的陕北红军主力红二十六军、红二十七军自绥德县城南下，到达大连沟附近集结，决定采用声东击西战术，对延长国民党守军发动攻击。27日，刘志丹派红二十七军二团和游击队在延长县城东北20多公里的塬上开展打土豪、分财物活动。地主土豪的家庭财产遭到巨大损失后，纷纷赶至县城向延长县团总李铭武报信求援。28日，李铭武带领100多名团丁向城东北的塬上赶来，意欲驱离红军和游击队。红二团按照刘志丹计划，佯装败退，将李铭武所率团丁引诱至城东百里之外的茹子崾崄后进行阻击。刘志丹所率的红军主力秘密向延长交口和延川拓家川一带集结。29日下午，攻城部队迅速向延长县城运动，30日凌晨3时到达延长县城外围。延长县城北有寨山，城墙高筑；南有翠屏山，地形险要，暗堡林立。延河自西向东穿过县城。驻守县城的除县民团外，还有国民党第八十四师直属骑兵连和延长石油厂矿警队。最高指挥官县长董公绶（少将军衔）兼任保卫团团长。红军选择敌人城防较为薄弱的城东的东门砭和城西北的寨堡和西门外延长石油厂进行攻击,经过3个小时激战,毙伤俘敌近500人,生擒董公绶及骑兵连连长汪镜河,缴获枪支500余支,战马170多匹,银圆数万和其他军用物资。红军仅伤亡10余人。30日,李铭武得知县城被攻击后,连忙带着众团丁返回县城准备解围,双方激战1个多小时,李铭武所带团丁130余人被全歼,李铭武当场被击毙。

延长县城的解放,极大地震慑了反动武装。甘谷驿民团四五十人迫于红军威力,缴械投降,刘志丹派吴岱峰率部接收了民团枪支和人员。延川县城守军亦无心抵抗,弃城而逃。

6月2日,红军在县城的一个学校召开军民大会,请延长石油厂的工人前排就座。刘志丹在会上讲话,讲民族斗争和阶级斗争形势,讲革命道理,号召穷人起来闹翻身。会后,处决了国民党延长县县长董公绶。

第七节　建立苏维埃政权

延长县城解放后,为了巩固胜利成果,加强延长县党组织建设,中共西北工委决定,红军前敌总政委高岗暂留延长,领导建立地方人民政权。同时,委派白如冰(高超)为特派员,整顿和重建延长党的组织。6月初,中国共产党延长县工作委员会在县城成立,白如冰任书记,着手组建中共延长县委。西北工委还先后委派冯九如、马国栋、王保民、林昆山来延长县,协助白如冰开展党组织的筹建工作。1935年6月22日,中国共产党延长县委员会成立,白如冰任书记。县委设组织部、宣传部、军事部和一个专职秘书。同时,成立延长县革命委员会,谭生彬任主席,马国栋任副主席,李志钦任秘书。县革委会设财政部、粮食部、文教部、赤少部等5个临时工作机构和1个专职秘书,革委会接着成立了少共延长县委会、延长县妇女工作部等群团组织。此后,把全县划分为金沙、创造、红源、交乐、盘龙、赤安6个区,分别设立了党的区委会和革委会,以及各区属乡支部和革委会,任命了领导干部。自此,建立健全了延长县党政工作机构。

7月,蒋介石调兵10万,向陕甘(西北)革命根据地发动了第三次围剿。国民党东北军和十七路军"以20倍兵力克延长"①,延长县城沦陷。中共延长县委和革委会被迫转移到农村开展工作。

1935年9月中旬,经过两个月的紧张筹备,中共延长县委、县革委会在红源区赵家塬村召开延长县第一届苏维埃代表大会,选举产生了延长县苏维埃政府。大会选出县苏维埃委员25名,谭生彬当选主席,马国栋、王士俊、王子瑞、郝巨才当选副主席,李志钦当选为秘书。县政府设财政、经济等8个部和1个专职秘书。随后,又陆续建立了各区、乡苏维埃政府。

中共延长县委和苏维埃政府组建后,积极配合主力红军保卫和巩固革命成果,将延长游击队编入红军的正规部队,转战陕甘宁。同时,不断扩充红军队伍,壮大武装力量,1935年扩红600名。1936年开展两次扩红,共向红军输送新战士640名,并向游击队、保卫队、兵站、供给部输送队员72名,出色地完成了扩红工作任务。发展和整改地方武装,把延长一区游击队和延川县游击队部分队员合编为陕北游击队十八支队。整编后共有队员100多名,枪支100多支。在各区组建游击队,1936年6月组建区赤卫军大队。各乡设赤卫军连。并在各区组建了少先队(年龄14—22岁)、儿童团(年龄12岁以下)。新组建的农民自卫组织的主要任务是坚持生产、站岗放哨、锄奸反霸、保护家园;战时配合主力部队作战,支援前线,补充兵源。至1936年4月,延长5个区(六区划归红宜县,是宜川县第一个红色政权)赤卫军、少先队员发展到208名。7月,全县游击队得到迅速发展,赤卫军、少先队整班扩充到游击队当中,每个区游击队员达到百人以上。

中共延长县委和延长县苏维埃政府成立后,为了解放生产力,

---

①摘自中华民国24年7月24日《新秦报》。

充分发挥被解放农民发展经济的积极性，1935年冬季，苏维埃政府在全县开展轰轰烈烈的土地改革运动，专门派出土改工作队，深入农村发动农民打土豪分田地，实行耕者有其田，焚烧一切典当和高利贷契约，结束了几千年的封建土地制度，使广大农民真正成为土地的主人。县委和苏维埃政府还大张旗鼓地进行社会风气和传统习惯等方面的改革，宣传男女平等，动员妇女走出家庭参加革命。并且开办各类学校，创办了延长县第一所公办学校延长镇小学，动员所有的儿童上学念书。

各级政府千方百计做好拥军优属工作，组织妇女做军鞋，动员农民多交粮、交好粮支援前线作战。1936年，延长县苏维埃政府响应中华苏维埃政府的号召，在城关、甘谷驿、张家滩、交口、赵家河、木芽、郭家、临镇等区乡为搞活经济开展反封锁斗争，创办了8个合作社。为保障军民供给，还大力号召党、军、机关人员入股，增加合作资金。

第八节　东征会议

1935年12月17日至25日，中共中央在子长县瓦窑堡召开政治局扩大会议，即瓦窑堡会议，提出了"抗日反蒋，渡河东征"的口号。为了便于红军各军团将领聚集，中央决定在延长召开军事会议，具体落实瓦窑堡会议精神。

1936年1月26日，毛泽东主席率领的中央总部机关从瓦窑堡出发，途经延川永坪、冯家坪、王家圪垛，27日到达延长县刘家河乡后段家河村，住进村民段成章家。次日由段成章带路送毛主席到延长县城，住进延长城西何延年家。

1月31日，中共西北革命军事委员会在何延年家的土窑洞中召开会议，毛泽东、周恩来、彭德怀、叶剑英、杨尚昆、聂荣臻、左权等军委部分领导和红一方面军团以上干部参加了会议。会上，毛泽东分析了国内外形势，指出了东征的目的意义，制定了东征的战略方针和行动路线。他指出，东征讨伐阎锡山，在政治和军事上对我们都有利。我们的方针是"以发展求巩固"，希望在山西建立一块根据地，与陕甘根据地相连，在山西"筹款"扩红，解决红军的给养问题。毛泽东的讲话，打消了部分同志的顾虑，统一了大家的思想。会议决定组成"中国人民红军抗日先锋军"，由彭德怀任总指挥，毛泽东任总政委，叶剑英任总参谋长，杨尚昆任总政治部主任。组建左、右路军：红一军团为左路军，军团长林彪，政治委员聂荣臻，参谋长左权；红十五军为右路军，军团长徐海东，政治委员程子华，副军团长刘志丹。红二十九军和陕北的地方武装由周恩来、博古等直接指挥，担任陕北苏区的后方留守。这就是有名的"东征会议"。

会后，红军主力于2月20日渡河东征，在山西省境内转战75天，攻占50余县，共歼敌7个团，俘敌4000多人，缴获各种枪械4000多支，迫使西渡"进剿"陕北的晋绥军回撤，在军事上、政治上取得了巨大的胜利。

会议期间，毛泽东接见了中共延长县委书记高朗亭和县苏维埃政府主席谭生彬同志，征询了对东征的意见，听取了工作汇报，对延长的党、政、军、群、油矿及支援东征等工作做了重要指示。毛主席还特批，让红军总兵站站长杨立三送给谭生彬一支驳壳枪。延长党政领导根据毛泽东主席的指示，积极动员全县群众，筹备军需物资，支援红军东征。

2月1日，毛主席离开延长。临走时，延长石油厂请主席吃饭，延长县委书记高朗亭和县苏维埃主席谭生彬作陪。石油厂党支部书记（兼中央特派员）高登榜同志和几位石油厂领导迎候在石油厂的大门口。主席同他们亲切握手，亲切询问了工人的生活和厂里的生产情况，巡视了石油厂的工作。

陪主席吃饭的还有毛泽民、聂荣臻等几位中央领导同志。吃饭时，主席兴致很高，谈笑风生，还指着谭生彬风趣地说："我是大主席，你是小主席，你这个小主席搞得很不错嘛！"

第九节　坚持开展游击战争

1936年元旦刚过，延长县委、县苏维埃政府就接到上级通知，说今年春夏之间，国民党军队可能从几个方面向苏区进攻，有些县可能要变成游击区，要求各地积极开展备战工作。延长县党政迅速召开联席会议，要求全县军民紧急动员，在全力支援红军东征的同时，积极做好备战工作。会议决定成立战时指挥部，具体负责当前的备战工作和战时的指挥工作。指挥部针对敌强我弱的形势，对东征后如何开展武装斗争的问题，认真地进行了研究并做出相应的部署。一方面党政机关尽快搬到乡下办公，动员群众坚壁清野，党支部工作全部转入地下；另一方面抓紧武装力量建设，充实县保卫队，组织游击队，把各区乡的赤卫军、赤卫队编入游击队，增加游击队的力量。

由于战备工作扎实，国民党军队进城后，没有抓到一个共产党员和政府干部，县机关已先敌两个月，于4月初全部搬迁到县城以东50里的张家滩村办公了。同时还协助延长石油厂工人，将重要机器设备能拆的拆，能卸的卸，全部转移到山里坚壁。石油厂部分工人还加入了游击队，其余工人都暂时回家躲避，只给敌人留下一座空城"死矿"。

国民党军队占领延长期间，一些革命意志不坚定的党员、游击队员乘机叛变投敌。5月28日，在六区（罗子山）的水手游击队队长呼延盘、副队长李东文，在还乡团的收买下，枪杀了县委派来检查工作的组织部部长李春光、军事部部长高鸿奎、干部冯德胜和水手游击队指导员鲍殿元四同志，率部投敌。6月中旬，一区（黑家堡）区委书记邢振乾、游击队队长孙彦章带领区干部和区游击队员28人叛变投敌。10月，红宜县白区工作部部长赵步臣挟持苏维埃政府主席白兆武，带领红宜县游击队员12人叛变投敌。这些叛徒，此后有的在战场上被击毙，有的被我党组织和人民群众逮捕处以了极刑。

延长县委、苏维埃政府领导延长县人民拿起武器,开展游击战争。各村共产党员积极串联群众,各自为战,主动和国民党军队及还乡团展开了不同形式的斗争。

延长县党的组织和游击队,在人民群众的支持和配合下,运用灵活机智的游击战术,打击和袭扰国民党军队及还乡团,迫使他们只能龟缩在县城里,不敢轻易下乡"清剿"和征粮了。敌人只能困守孤城,广大的乡村仍在共产党领导下的人民群众手中,这种局面一直相持到年底的"双十二事变"。

1937年1月,留守延长县城的国民党二四七团和还乡团撤回国民党统治区,延长县重新回到人民怀抱。

是年2月,鲁迅师范学校由延安迁至延长,校址设在今延长县中学内。3月初,陕甘宁边区教育部决定加强鲁迅师范学校,教育部部长徐特立亲自到"鲁师"整顿。1938年3月日寇侵犯陕甘宁边区,鲁迅师范学校迁到旬邑县马家堡村。

4月19日,延长县民团80余人,由张志高、史中仁带领,全数回到延长县城,带回长枪130多支,参加到抗日行列。延长县城各机关团体、抗日救国会、武装部队、群众数百人出城四五里列队欢迎。次日下午,召开千余人参加的联欢会。

为了联合抗日,1937年5月,绥清(绥德、清涧)独立营、延长县游击队、延川县游击队、红宜县游击队统一整编为延长县保安大队,受延长县保安科和军事部指挥。

第十节　延长石油厂

清光绪二十九年(1903)十一月,陕西省府筹措白银一万两,并"因由赈款二十万两生息项下"①,作为开办延长石油的资金,

---

① 摘自光绪三十年十月十二日《陕西巡抚升允为自办延长油厂事致外务部咨呈》。

组织人员在延长县设立延长石油局厂。光绪三十一年（1905），陕西巡抚曹鸿勋委派洪寅聘请并随同日本人阿部正治郎来陕勘查延长石油，得出了油质极佳的结论。光绪三十二年（1906）七月，洪寅与日本技师佐藤弥市郎等六人，在汉口签订了《计赍呈石油师匠草合同》，并按日本技师开出的设备清单，从日本订购了钻井设备，于是年冬季运抵西安。其时，曹鸿勋组建的筑路大军，历时一年修通了铜川至延长310余公里的马车道。光绪三十三年（1907）正月，日本技师及第一批机器设备悉数到厂，延长石油厂前期筹备工作历经两载辗转运作，终于落下帷幕。

一、"延一井"

日本技师佐藤弥市郎到达延长后，对县城周边油苗及地质情况进行实地踏勘，几经权衡，在县城西门外确定了井位，即"延一井"。三月起安装钻井设备，四月二十五日调试机械，二十六日锻造钻头，二十七日正式开钻。五月末，陕西省衙任命洪寅为延长知县兼管延长石油厂事务。七月二十九日，钻至井深71.3米见油气及出水，三十日至75.3米处见油，日产原油150至200公斤。八月初三，钻至井深80.7米处停钻完井，初五采油100公斤，初六、初七各采油1500公斤。至此，"延一井"历经艰辛，终于在中国陆上孕育诞生。它的诞生，结束了中国大陆不产石油的历史，拉开了中国石油工业的序幕，填补了中国民族石油工业的空白。1985年，国务委员康世恩亲笔为"延一井"题词"中国陆上第一口油井"。1996年，国务院确定"延一井"为国家重点文物保护单位。

"延一井"完井出油后，石油厂加紧筹建炼油房，选址、绘图和建设仅用了一个多月的时间。光绪三十三年（1907）九月二十日，一台容量为六石的蒸馏釜安装就绪，炼油房竣工投产。当月炼制成品油14箱（约计344公斤）运往西安销售，这是我国第一批石油产品进入市场。当时，灯油每斤售价40文，每箱售价3两8钱。这是中国石油史上第一座炼油房，它的诞生结束了中国石油产品全部依赖进口的历史。至此，延长石油厂开启了钻、采、炼、销的生产模式，其产品向工业化生产迈出了坚实的一步。

二、艰难的开发历程

光绪三十四年（1908）春，陕西新任巡抚恩寿奏请朝廷大办石油事业，并着布政司拨银20万两，交财政总局，作为开采石油的资本，又拨生息银7万两，为扩充石油厂款项，解决了石油厂短期投资费用。六月，陕西省府遴选陕西高等学堂等学堂学生吴源澧、舒承熙、杨宜鸿赴日本越后油厂学习。由天章未被选中，变卖家产，自费同往日本学习。七月，陕西石油总局成立，具体负责石油厂开发建设事务。

宣统二年（1910）元月，省府聘请日本博士大家专一，测绘手田村升与留日学生杨宜鸿一同来到延长石油厂，在雷家滩、张家滩、胡家川、蓼子塬、烟雾沟、乔家石科估定油井24口。十二月，贾映南从日本购进的锅炉引擎陆续运回石油厂。宣统三年（1911）正月，经过长期筹备，石油厂完成了资金筹集、设备安装、井位测定等前期工作，技师、技工也一应俱到，当月安装好钻机橹台。二月初一，延二井正式开钻，两台锅炉交替使用，钻井工人昼夜不停打井。三月初五，在井深108.7米处完井，日产原油150多公斤。三月二十九日，在"延一井"北边高坡上开钻延三井，六月十日钻至183米深时无油停工。七月，洪寅外调褒城（今陕西省汉中市区中部）任知县，贾映南接任延长知县兼管石油厂事务。贾映南用厂内存银四千两，购买了机器、仪器陆续运到厂里，再图扩大生产规模。八月，延四井在县城东雷家滩购买的二十三亩五分地内开钻，因改用立式锅炉作动力，不太适用，以致钻井进度缓慢，当年未能完工。九月"省坦反正，北山骚然，厂事废弛"[①]。

三、民国时期的石油厂

1912年8月，陕西大都督张凤翙委任张允耀为延长石油官厂总理，刘廉生为副总理。到任后，继续开钻延四井，钻至40余丈，

---

① （摘自1918年张丙昌编撰的《延长油矿沿革史》）。

未见油而停工。随后，关步汉、张渊、章黼先后为总理及会办，均无建树。

1914年，中华民国政府迫于美国压力，不顾全国人民反对，同美国签订了《中美合办油矿合同》，开设溥利石油公司，在延长成立"中美油矿事务所"，对陕北油田进行勘探开发。美孚公司购置4台3600升汽动顿钻，在陕北各地钻井7口，总进尺约6402.19米，其中一口井见油少许，一口井遇旺油，日产两大桶，其余5口未见油。中美油矿事务所凭粗略的工作和很少的资料断定，陕北油层系石炭纪，无大规模开采之价值。1916年3月，中美油矿事务所解约停办，总计耗资270余万美元。

1916年7月，陕西省委派张丙昌为延长石油官厂总理。张丙昌，陕西富平县人，毕业于日本仙台高等工业学校工科。9月，张丙昌接管油厂事务，他利用所学知识修复旧井，恢复生产，并在延一井上采用唧油器采油，原油产量有较大提高。组织工人制作贮油铁槽，建成4间槽达洗油房，开始提炼擦枪油，运往省城销售。当月，他制定出各地代销石油规则10条，呈报省上，批准立案。代销规则对于代销商铺的选择、代销商铺的标志、收销记账、油品定价等内容都有详细的规定，这是中国历史上第一个由石油企业自行订立的石油代销规则。1918年6月，张丙昌所著的《延长油矿沿革史》一书编辑出版，这是迄今我国最早的较为系统完整的一部矿史资料。矿史对1895—1917年间延长油矿所发生的大事和"延一井"施工资料、厂史资料、产品销售及水陆交通等均作了记载。从该书所附图上可以看出，延长油矿建设初具规模，所建工人宿舍、食堂、柴房、浴室等设施虽然简陋，但一应俱全。并开辟了菜圃，在厂内进行了植树绿化。1919年，张丙昌所著《石油概论》出版，内容包含油田地质和钻井、采油、炼油方法等，是迄今我国最早的一部石油专著。

1920年，延长油矿将其生产的挥发油、擦枪油、硬性石蜡、软性石蜡分别冠以石马、双枪、雁塔、锦鸡商标，4月上报省实业厅，转呈省长公署批准注册。这是我国石油史上最早注册的石油产品商标。

1923年9月,张丙昌离职,任职7年内年平均采油158.5吨,较民国最初3年平均年产81吨增加近一倍,并于1916年起开始生产挥发油。

9月,陕西省实业厅委任赵国宾为延长石油官厂总理。赵国宾,陕西省蓝田县人,毕业于国立北京大学工科。赵国宾到任后,从规范石油官厂管理入手,组织制定了《延长石油官厂简章》14条,报请实业厅核准后,转呈省公署备案。该简章对石油官厂的定名、宗旨、经营以及机构设置均作了详尽规定。1924年5月,组织工人在延长县西门内人工挖凿延5井,1926年至井深100余米未见油而停工。8月,开钻延六井,在井深100米处遇到油层,开始产量很大,但递减也很快,用机器采油无法收回成本,便改为人力抽油。1925年7月,在延河南岸开钻延七井,11月因机器故障而停工。赵国宾任职期间,共钻井3口。1933年,他再次来延长,协助国民政府资源委员会陕北油矿探勘处勘探延长石油。

1928年11月,陕西省建设厅改延长石油官厂的"总理"为"监督",委任包恩骏为监督。12月9日到任后,着手调查石油官厂的历史和现状,总结日本人、美国人在延长打井失败的经验教训,提出了从陕北地形特点出发,采用轻便机器先钻新井,再图扩充的改良计划。1929年1月,包恩骏亲自研究、测绘,在距"延一井"西北约100米处择定了"新一井"井位。5月4日,"新一井"正式开钻,工人夜以继日钻井,8月1日钻井深172.7米处见油。次日,从早上8点吊至晚上7点,共出原油3250公斤。8月3日,加深至173.3米处完井。"新一井"是完全由中国人自主勘定井位并开凿的油井。8月4日,"新一井"出油每昼夜可达万余公斤。官厂全力专司采油、炼油工作。此后,省财政厅拨款3万元,用以购买机器设备,改良油厂。1928年至1932年,包恩骏任监督期间,先后打井5口,其中1口出了旺油,两口油量甚微,两口未见油。1930年原油产量为

110吨，1932年降为39吨。那时，全厂有工人45名，职员19名。官厂锅炉、钻机、抽油机、炼油釜、镟床、刨床、钻床一应俱全，初具规模。

四、陕北油矿探勘处

1932年，国民政府把石油官厂收归国有，由参谋本部国防设计委员会主管。11月，孙越崎任国防设计委员会专员兼矿室主任，开始筹备探勘陕北石油。1934年春，国防设计委员会与陕西省政府商定，成立陕北油矿探勘处，由孙越崎任处长。1933年9月，孙越崎、严爽、张心田在赵国宾陪同下赶赴延长，对延长、延川两地油源分布情况进行了调查。探勘处从上海新购的钻机、钻具及附属机件共95吨，于1934年4月中旬按时交货，准备启运至延长和永坪。孙越崎等人经反复研究论证，确定了钻井器材运送方式和路线。即先铁路运输1700公里从上海运抵太原，后转公路运输1150公里，从太原经汾阳运至军渡，再用水路运输170公里自军渡至延水关，最后用人畜运输由延水关至延长、永坪。所有设备从4月17日起运，历尽艰辛，于11月27日结束。

运抵延长的机器设备重约60吨，8月28日安全抵达延长。孙越崎仔细研究已开采油井和地质调查所王竹泉的油井井位确定规律，分别在延长县城周围确定了101、103、105三个井位，在县城东烟雾沟确定了102、104、106三个井位。以从平津招雇的技工、延长石油官厂的钻井工人及部分民夫为成员，组建了一支百余人的钻井队伍，这是中国石油史上首次组建的，具有一定规模的专业钻井队伍。

1934年9月5日，延长101井正式开钻，严爽担任钻井队队长。孙越崎、张心田与工人一起日夜加班加点钻井不止。钻至100米处出现油花，12月6日钻至112.38米处出油更多，遂决定停钻完井，安装油管采油，试油数天，初日产油1600公斤，后稳定在750公斤左右。石油官厂用两套炼油设备：炼制油品大的一号锅一次装原油3600公斤，两天炼一锅；小的二号锅一次装原油900公斤，每天炼一锅。

1935年冬,孙越崎调任焦作中福煤矿总工程师,严爽代理陕北油矿探勘处处长一职。严爽任职期间,带领探勘处职工钻井7口。其中,在延长钻井4口,"除101井外,102井深148.29米,103井井深117米,104井井深88米,每日产油分别为20、30、50公斤不等"[①]。

五、回到人民怀抱

1935年5月30日,红军解放延长县的过程中,延长石油厂一部分工人正在烟雾沟钻井,一部分工人在东、西厂坚持炼油和采油工作。石油厂安然无恙,没有受到任何损失。红军接管了陕北油矿探勘处和石油官厂,员工全部留在油厂并受到优待,职工总计116人。其中,职员11人,工人105人。

6月中旬,延长石油厂建立了党组织。工人郝巨才、高维新、李长青、郭宝仁等相继入党。

7月,国民党军队进攻陕甘(西北)革命根据地,延长县革委会组织大批群众,协同石油厂职工将可移动的机器设备移至山中坚壁。其间,延长石油厂的原油生产一直处于停顿状态。

10月,中共中央和中央红军到达陕北后,成立国民经济部,毛泽民任部长。为解决军需困难,决定组织力量恢复石油生产。任命严爽为延长石油厂厂长,高登榜为特派员兼第一任党支部书记。国民经济部将前方交回来的一批瘦骨嶙峋的毛驴、骡子卖掉,筹集到800元钱,交给石油厂作为生产资金。严爽、高登榜带领石油厂工人克服困难,齐心协力恢复原油生产。打井的钢绳用完了,工人们用旧的代替,长度不够,就将几截短的接在一起。吊油没有吊车,便用手摇辘轳;储油没有油罐,便用石板砌池储油。

延长石油厂生产恢复后,除生产汽油、煤油、石蜡、擦枪油以外,还研制出凡士林、石墨等新产品。石油产品源源不断地供给中共中央、

---

① (见《地质专报》第332页载《第七次中国矿业纪要》)。

机关团体、红军部队和陕北苏区群众,有力地支援了陕北苏区军事斗争。

毛泽民的《陕甘苏维埃区域的经济建设》一文记载:"1935年12月至1936年2月的三个月中,延长油厂共生产原油约3.5万公斤,每月平均炼3锅油,共计产挥发油200公斤,汽油1000余公斤,头等油1.25万余公斤,二等油6750余公斤,超过国民党任何时代的平均生产额,并附属生产了大批油墨、石蜡、凡士林。除充分供给红军与机关需用外,最近还大批运输出口。……3个月共有盈余2000余元。这是全中国仅有的石油矿。"为表彰石油工人功绩,毛泽东、朱德命令奖给延长石油厂每人铸有"西北油矿"字样的纪念章一枚。

1936年6月上旬,东北军进犯陕北,石油厂坚壁了钻井和炼油设备,原油生产再次停顿。

第二章　抗日战争时期

"七七事变"爆发后,日本帝国主义对我国发动了全面进攻,全国进入了艰苦卓绝的抗日战争时期。1937年1月,中共中央进驻延安。中共延长县委、延长县苏维埃政府积极响应中共中央发出的号召,把"动员一切力量争取抗战胜利,使已经发动的抗战成为全面的全民族的抗战"作为中心任务,发动组织群众踊跃参军支前,发展工农业生产,为抗日战争的胜利作出巨大贡献。

第一节　河防保卫战

1937年9月,日军占领山西北部后,迫近黄河东岸的大宁、吉县,延长、固临两县旋即成为陕甘宁边区抗击日寇的前沿阵地。中共中央抽调六个留守团,在北起府谷以南的贺家堡,南至宜川以北的圪针滩筑起了抗击日军的黄河千里防线。延长是山西晋西南地区通向中共中央所在地延安的必经之路和军事要冲,为了保卫延安和边区人民生命财产,巩固抗日大后方,八路军后方留守兵团命令警备五团赴延长、固临、延川三县驻防,并在延长县设立"两延(延长、延川)河防司令部",下辖警备五团及延长、固临[①]、延川三县的

[①] 今延安与宜川县部分辖区,1937年设县。

保安大队，以加强对黄河沿岸的防卫。中共延长县委和固临县委向军民发出抗击日寇，保卫边区的战备动员令，组织起了农民自卫军和担架队，随时准备抗击日寇对边区的侵犯。

1937年12月31日晚，日军集结300多人，在凉水岸渡口强渡黄河。当日军渡至黄河河心时，驻守凉水岸渡口的警备五团二营战士开始猛烈射击，击毙日军200多人。其余日军掉转船头败逃，二营营长高启甫亲率一连战士乘胜追击，一直追到山西大宁县境内，缴获了大量武器弹药。

1938年1月，日军在黄河滩东侧的大宁县曹娘娘庙向我马头关防守阵地炮击，但未敢派兵渡河。

同年，八路军三五九旅一部驻守马头关。为了巩固黄河防线，中共延长县委、延长县民主政府动员组织民众支援前线，协助三五九旅修筑了10公里左右的战壕以及碉堡、防空洞等防御工事，成为日寇难以逾越的屏障。1938年，中共延长县委和延长县民主政府组织农民自卫军3750名、基干自卫军1460名、少先队员666名，3次动员担架队2133名参加保卫边区、支援前线的战勤服务。

1939年1月1日，日军占领了黄河东岸的马头关、圪针滩渡口，用大炮、机枪向黄河西岸的警备五团阵地猛烈射击，随后出动10架战机扫射和轰炸我军阵地，并发射毒气弹数十发。炮击轰炸过后日军乘船渡河，我警备五团集中火力向日军开火，击毁日军部分船只，毙伤日军100多人，日军只得退回山西，构筑工事与警备五团隔河对峙。我军不断对日军袭扰，4日晚，日军全线撤退。我五团一部乘胜追击，消灭日军100余人后，又撤回河西。6月6日晚，日军一个联队占领黄河东马头关和圪针滩，用炮火轰击警备五团阵地，我军猛烈还击，日军未能接近河岸。此后，晋西北抗日力量日益强大，日军无暇西顾，放弃了对陕甘宁边区的直接进攻。

1938年3月至1939年12月，日军共向陕甘宁边区黄河防线发动了23次进攻，河防守军进行了78次战斗，其中延长防线反击进攻五次。在我边区军民的共同防御下，日军自始至终未能渡过黄河，边区军民经过一年又 10 个月奋战,最终赢得了河防保卫战的全面胜利。

第二节 党组织和民主政权建设

"西安事变"和平解决后,国共迎来了第二次合作,进入了共同抗击日本侵略者的新时期。中共延长县委、延长县民主政府在党中央和陕甘宁边区政府领导下,坚持独立自主原则,建立和完善了"三三制"民主政权,与国民党顽固派及敌特分子展开了针锋相对的斗争,为各项抗日中心工作的完成提供了组织保障。

一、党政组织建设

1937 年 8 月,根据中华苏维埃中央政府驻西北办事处"关于为团结一切抗日力量而在边区各县实行议会民主制"的指示,延长县召开了参议会成立大会,有 120 名各界代表参加了大会,选举了延长县第一届参议会参议员和参议长。县委书记王春华兼任议长。9 月,中国共产党延长县党员代表大会在呼家川召开,与会代表经过认真学习讨论,明确了党在抗日民族统一战线中的地位和当前的主要任务,选举王春华为中共延长县委书记。10 月,遵照陕甘宁边区政府指示,延长县参议会在县城城隍庙举行第一次会议,决定把延长县苏维埃政府改名为延长县民主政府,以适应全民族抗战的需要,并选举出县政府委员、县长。谭生彬当选为延长县民主政府县长。随后各区、乡苏维埃政府亦改名为区、乡民主政府。

早在 1937 年 7 月,中华苏维埃中央政府驻西北办事处决定将红宜县改为固临县。原中共红宜县委书记赵建基继续担任中共固临县委书记,原红宜县苏维埃政府主席赵建国继续担任固临县苏维埃政府主席。1937 年 10 月,成立了固临县参议会和固临县民主政府,郝显德当选为议长,赵建国当选为县长。

1938 年秋,成立中国共产党延长中心委员会,上级委派崔曙光任书记,领导延长、固临、延川三县工作。1939 年 2 月,中共固临县委书记高峰调任中共延长中心县委书记，固临县委书记一职由刘奋生接任，贺平山为副书记。固临县政府由固州迁往赵家河。

坚决贯彻"三三制"政策，加强民主政权建设。1941年10月5日至10日，延长县召开了第二届第一次参议会，绅士马金钟、刘树德被选入大会主席团。1942年4月28日至30日，延长县召开第二届参议会第二次会议，选举常驻议员及县政府委员。新选举的5名常驻议员中，党外人士有4名；11名政府委员中，有呼延荣、刘树德、张志皋、王辅相、王金岐等8名党外人士。7月11日，召开了延长县第二届参议会第三次会议，接受10名共产党议员辞去议员职务的请求，所缺名额全部由党外人士补充。特别是固临县民主人士郝显德当选为参议会参议长。

延长和固临两县下属区、乡亦由下而上进行普选，建立和完善基层"三三制"政权，全面推行"精兵简政"政策。1942年，中共延长县委、县政府警卫队由46名减到22名；中共延长县委工作部门由8个压缩到5个，工作人员由37名减少到25名；延长县各区政府工作人员均由6名减至3名。1942年4月22日，延长县政府召开整编自卫军工作会议，决定成立延长县人民武装临时委员会，由县长和保安大队副大队长兼任正副主任，负责地方武装的整编与训练，提高了战斗力。同时，固临县也严格落实党的"精兵简政"政策，切实提高了工作效率。

1942年初，中共中央指示在全党开展整风运动。6月，中共延长县委和中共固临县委分别召开会议，传达中共中央关于整风的方法步骤、内容及方针，对整风作了具体部署。1943年5月1日，中共延长县常务委员会再次召开整风工作会议,决定从5月1日到10月底，对全县党员分三期进行集中整党学习。整风运动使得延长、固临两县党员的政治觉悟和政策水平有了明显提高。但在结合整风进行的审干工作中，出现一些"左"倾错误和偏差，之后进行了纠正。

二、坚持同国民党顽固派及敌特作斗争

西安事变后，根据国共两党合作抗日，建立联合政府的协定，

国民党陕西省政府向延长派出县长，设立县政府，同共产党领导的县抗日民主政府并存。国民党县政府第一任县长是王正身，下设保安科（队），有10余人、枪10支。中共延长县委和延长县抗日民主政府处处以抗日救国大局为重，在坚持独立自主的原则下，给予国民党县政府以尊重和方便，主动将县委、县政府驻地搬至呼家川办公。但国民党县政府消极抗日，积极反共。特别是第二任县长周景龙多次制造反共事端，指示手下的保安队向街头巡逻的自卫军队员打黑枪，抢劫商人布匹，扰乱治安；又暗中指示国民党中统特务刺探我军政治、军事情报，从事破坏活动。中共延长县委、延长县民主政府和警备五团同国民党县政府针锋相对，有理有节地开展斗争，召开群众大会公审抢劫商人布匹的保安队班长，向广大人民群众揭露国民党县政府破坏抗日和国共合作的种种罪行。公审大会后，国民党县政府人心尽失，政治上日陷孤立，被迫于1939年9月撤出延长县。1940年2月，国民党陕西省政府委任的延长县县长被护送出境，结束了双重政权并存的局面。在锄奸工作中，1938年，延长县自卫军设立固定哨站50处，流动哨站近百处，盘查行踪可疑人员。特别是延长县锄奸团在自卫军的配合下，在交口破获直接受日本特务领导的汉奸组织——探访委员会，将该组织成员一网打尽。

固临县是陕甘宁边区东南边的一个小县，东隔黄河与山西日寇占领区相望，南与宜川国民党统治区为邻。抗战初、中期，敌占区时有日本特务和国民党便衣队混在难民中间，潜入固临县境内，刺探重要情报，攻击共产党的政策，从事破坏活动，煽动革命队伍中的异己分子叛乱。1940年3月，驻防滴水崖的县保安大队二连二排，在日本特务的利诱下，叛变投敌。1941年7月，县保安大队14人在林台村哗变，携械投敌。这两起叛乱事件使中共固临县委受到极大的震动，意识到治安保卫工作的失误，以及开展反投降、反分裂、反摩擦斗争的重要性和必要性，对国民党顽固派的反共阴谋必须给予坚决反击，遂采取了一系列措施，整顿加强边境防卫。由县长兼任县保安大队大队长，县委书记兼任政委，加强对地方武装的领导，在边境线设检查站,坚持昼夜巡逻检查,做好难民的安置和管理工作,严格审查甄别,以防敌特便衣破坏。发动广大人民群众,建立乡与乡、村与村之间的治安联防查防站,使得敌特便衣无隙可乘,县内治安情况好转,保证了抗战工作的顺利开展。

第三节　发展农业生产

1935年,延长县共有人口3588户,21062人。共有耕地169471.25亩,人均8亩。全县共有地主25户,人均占有土地62.6亩,且多为平地好地,高于全县人均水平近8倍。雇农162户,人均占有土地仅0.7亩。广大贫雇农遭受地主雇工和地租双重剥削,缺吃少穿,生活十分艰难。

1935年5月,红军解放延长县,成立了县革命委员会,并设置了土改委员会,组建工作组,分赴各区乡开展土地改革,没收地主、富农的土地,将牲畜分给贫雇农,贫苦大众翻身作主。

一、发展边区经济

1937年至1940年,延长县处在共产党领导下的抗日民主政府和国民党领导下的县政府两个政权并行的特殊时期,由于政令不一,除军队和官办经济实体有所发展外,民间经济实体几乎处于停滞状态。

1937年,为克服经济困难,夺取抗战胜利,驻军和民主政府开始办纺织厂、商店,以此保障部队和政府机关供给。是年,八路军三五九旅在延长县城开办河口商店,职员4人,经营布匹和日杂百货。延长县在县城、固临县在巨林村分别办起了纺织厂,利用当地所产棉花纺线织布,解决军民穿衣问题。1939年,陕甘宁边区政府光华商店设立延长分店,是延长县最大的店铺,共有职员20余人,主要经营日用百货,扶持棉花生产,代办边币、贷款发放、储蓄券和公债发行。并设立了安河支店、滴水崖支店、雷多支店,为活跃地方商品贸易,繁荣地方经济作出了贡献。边区政府还建立了边区银行延长办事处，领导光华商店，并设立现金库，履行发放边币和贷款职能。是年入春久旱，秋禾不能下种，延长县民主政府及时发放救灾粮款，并组织群众开展互助互济，共同度过荒年。

二、开展大生产运动

1941年至1942年，抗日战争处在最艰苦、最困难的时期。国民党加紧对我抗日根据地的经济、军事封锁，陕甘宁边区生产生活物资极缺，加之1939至1941年连续三年旱灾，野草食尽，群众生活极度困难。

1942年，中共中央和陕甘宁边区政府号召在解放区开展军民大生产运动。中共延长县委和中共固临县委分别召开了开展军民大生产运动动员大会，两个县均提出了"自己动手，丰衣足食""耕三余一，备荒自卫"的口号，掀起了轰轰烈烈的大生产运动。其中延长县各区、乡组织农民群众当年开荒2.67万亩，收获细粮37.62万石，交纳救国公粮1.33万石（以谷物为主），创历史最高水平。同年，延长县群众认购救国公债247 854元，推销有奖储蓄52万元。

1943年3月，中共中央发出开展生产竞赛活动的指示后，延川县向延长、固临两县提出挑战，随后三个县开展了全年生产大竞赛活动。其中固临县组织变工队605个，参加劳力3 083人，开荒46561亩，增收粮食95.22万公斤。是年，八路军三五九旅在延长县城西街设立卫生所，全部使用西药，除服务当地驻军外，还给当地群众治病，受到全县人民称赞。

1944年3月，边区政府撤销光华商店和银行办事处，其代行现金库业务由延长县贸易公司下辖的盐业公司和土产公司承接。6月3日，八路军三五九旅旅长王震带领的包括中外记者团在内共100多人来延长采访，内有苏联、美国和国民党的记者31人。县长焦生炳负责接待，并介绍了延长的情况。

为了改善县城西滩园子灌溉条件，边区政府建设所投资200万元（边币），并派员指导村民修建水渠，将西河子沟水引入农田，新增水地140多亩。

三、鼓励群众种植棉花

延长素有种植棉花的传统。据乾隆《延长县志·食货志·服食》记载："棉花不多种，唯川地爽垲为宜。苗不高长，结苞亦颇稀，花绒短，纺织不能促工，即成线亦难细。"1934年，延长共有棉田5000余亩，亩产皮棉9公斤，足敷全县之用。

延长县民主政府建立后，为了保障边区政府和前方战士棉花和布品需求，边区政府大力支持棉花种植。1942年，边区政府委托延长光华商店给延长县棉花种植户发放棉花贷款392705元，为扩大棉花种植面积提供了资金支持，并允许棉农用棉花折交公粮，调动了全县农民群众种植棉花的积极性。

1943年，棉花种植由1941年的5865亩增加到31304.5亩，全年生产棉花10.175万公斤，部分棉田亩产皮棉50公斤，还涌现出了年产皮棉1000至1500公斤的种植大户。延长县参议员、陕甘宁边区参议员、五区二乡的王生贵在抗战期间，为边区政府贡献棉花500余公斤，1944年被延长县民主政府评选为"植棉劳动英雄"，出席陕甘宁边区"劳动群众大会"。特别是固临县群众在大生产运动期间，大力兴修淤地坝种植棉花，亩户皮棉均在20至40公斤，作务好的农户亩产皮棉可达到60公斤左右。陕甘宁边区政府时期，延长县和固临县生产的棉花每年均占到边区政府收购棉花总量的60%以上。棉花不仅满足了边区军民所需，而且远销榆林、山西、内蒙古等地。

第四节　功臣油矿

1937年9月，陕甘宁边区政府成立。延长石油厂改称陕甘宁边区石油厂（简称边区石油厂），隶属陕甘宁边区政府建设厅。1938年3月，陕甘宁边区石油厂划归中央军委军事工业局（简称军工局）管理。后军工局委任张永清为厂长，刘玉亭为政治委员，陈振夏为主任工程师。1939年4月底，陕甘宁边区石油厂更名为中央军委军事工业局五厂（简称军工五厂），为后勤部直属单位。抗日战争时期，石油成为边区重要的工业能源和抗战物资，石油厂的石油和定边的食盐被称为陕甘宁边区的"两宝"。

一、恢复石油生产

1936年6月，东北军进犯陕北，延长石油厂生产设备遭到不同程度的破坏，油井被油杆、石、木等杂物堵塞，部分零件散落于民间。1937年，边区政府国民经济部组织工人利用残旧设备恢复原油生产。当时正逢陕北饥荒，粮食供应特别困难，国民经济部指示陕北省经济部为石油厂代购粮食，解决了工人的生活问题。厂长高登榜带领全厂20余名工人修复永坪201号锅炉机器，清理井内杂物，开工抽水，短短10天时间就恢复了永坪矿区的生产，每日可产原油50—250公斤。"每日油量都由会计处详记，清查原油后入账"[①]。"当时因打井机器零件损失过多，无法配备，延川地方政府召开群众大会，动员群众，把在红军撤离时散失的机器零件向乡、区、县政府报告或者送归油厂，政府给予奖励。因延川是老苏区，群众都有组织，大多数群众自动将机器零件送归油厂，但仍有一部分找不到，由贸易局代购回大部分机器配件及机器上必要的油壶等……"[②]

延长矿区将抽油设备搬到东厂门前的旧井抽油，由于油井内水多，昼夜抽水四个多月无法抽尽，遂停抽。永坪生产的原油全部用骡马运至延长炼油房提炼加工。当年，边区政府先后投入现金10574银圆用于恢复和扩大石油生产。

1938年6月，陈振夏带领工人前往永坪续打204井。8月204井出油，初日产量200余公斤。8月，延长石油厂从全民族抗战大局出发，将仅有的两台顿钻钻机及设备无偿支援国民政府用于开发玉门油矿，同去的还有油厂数名打井技术工人，为玉门油矿开发作出了重大贡献。

1938年9月，张永清任边区石油厂厂长。边区政府将"加强对

[①][②]摘自1938年2月高登榜的《油厂一年来的工作大略报告》。

石油、煤矿的管理，增加产量，提高质量"①作为边区工业经济建设的主要任务之一。边区石油厂支援玉门油矿后，厂里设备仅剩4根6英寸钢管。张永清、陈振夏组织工人加紧收集失散在各地的打井器材，并将唯一保存的一台蒸汽锅炉经河道水面人力拉运，历时两周从县城拉至烟雾沟。材料股股长刘国宝进入深山选伐大树运回石油厂，制成部分钻机配件。还在茶坊机器厂加工了部分配件。陈振夏带领老工人马进昌、李长青、郭宝仁、李青山、孟宪臣、董开荣、董开泰等日夜奋战，试制成功了木质钻机。1938年，延长石油厂共生产原油3527桶，炼制汽油167桶、特甲油1381桶、白蜡油856桶，边区石油工业初步建立。

1939年2月，工人用木质钻机在烟雾沟加深延18井，因为燃料、经费不足，打井时常是打打停停，8月钻至100多米处时，井内积水过多，导致打井无法进行，遂放弃。边区石油厂的工人在开展石油生产的同时，还响应党中央和边区政府号召，开展了热火朝天的大生产运动，组织工人开荒种地，仅1939年就收获谷子三四千多斤，还养猪、种菜、筹办消费合作社，尽全力补足日常生活所需。

二、打成起家井

1939年，日军对我抗日根据地发动了野蛮进攻，国民党亦推行反共政策，对陕甘宁边区实行军事包围和经济封锁，禁止一切工业品、生活日用品、工业生产资料及工具进入边区，边区经济特别困难，石油产品更加紧缺。

1939年冬，军工五厂厂部由烟雾沟迁至延长石油厂，厂里勘查选定了井位，确定为延19井。1940年春，延19井正式开钻。"锅炉、机器虽然是旧的，工人们还是爱护备至，油漆一新，擦得晶（铮）亮，主要干部和打井工人还在井口摄影留念。"②工人分两班作业，每班起钻两次，24小时只能进尺1米多。由于设备陈旧，经费困难，

---

①摘自1939年1月《陕甘宁边区第一届参议会报告》。
②摘自徐昌裕的《延长石油厂回忆片段》。

燃料不足，经常被迫停工。1941年1月，延19井钻至160米处遇到旺油，起初日产量1.6吨。延19井是在中国共产党领导下，由军工五厂自主勘定井位、自制钻机打成的第一口油井，职工欣喜地称之为"起家井"。当年，军工五厂生产原油199吨。

起家井打成后，军工五厂组织工人以木柴作燃料，用原有的两套炼油设备，采用常压蒸馏法，炼制出汽油、甲级灯油、乙级灯油（也称白蜡油）、机油和油渣。汽油和机油供应兵站，灯油和蜡烛供应边区各机关单位。油渣售给周边农民群众用来拌种小麦。工人还用油渣熏取炭黑制造油墨，供给中央印刷厂印制报刊和书籍。同时，"经济上有了发展基础，出油多了，职工人数也相应地增加，约有百人左右，成立工务和管理两科，添了医务人员。设备方面，从军工局调拨了一台六尺车床，手摇钻，手板子刨各1台，开始没有机工，有活时自己动手干。贮油方面，增添了一些用石板砌造的存油槽。延长抽油方面用柴油机代替蒸汽机，汽机筹备在七里村打井用，同时修复了一台由日本人探勘时已渗漏的锅炉和缺少零件的汽机备用"①。

三、开发七里村

1941年1月，边区政府颁布《陕甘宁边区三十年经济建设计划》，要求军工五厂"扩大石油的产量，最低限度应比去年提高三倍"。1942年12月，毛泽东在边区高干会议上论述边区经济问题与财政问题时指出，在发展边区的工业经济建设中，要把"增加煤油生产，保障煤油自给，并争取一部分出口"作为边区经济建设中的一项重要任务。

军事工业局加强了军工五厂的干部和技术力量，陈子良、张仁、徐文杰、张鹏等一批业务技术骨干相继调入军工五厂工作。1940年冬，军工局委派第一科科长兼工程师汪鹏协助军工五厂进行地质勘探工作。汪鹏（汪家宝），安徽怀宁人，1937年毕业于清华大学地

---

① 摘自陈振夏的《延长石油厂1938年至1945年概况》。

学系地质组。汪鹏在军工五厂配合下,在七里村一带开展地质调查,搜集了部分油井勘探开发资料,整理了几口井的岩心,鉴定后在七里村选定了五个井位。

厂长张永清、工程师陈振夏带领工人一面修配钻机,自己动手制作出螺丝和普通配件,一面派工务科长顾光(徐昌裕)赴七里村开展前期准备工作。"工厂派我和李琳同志带一批工人打前站,开辟新区。平整土地,挖窑洞,盖土房,先把食宿问题解决。接着就是紧张地井口布置。"①

1941年7月21日,七里村七1井如期开钻。8月,在井深35.35米处见油,初日产油1.44吨。9月8日加深至79.46米处遇油层完井,初日产油1.5吨。"考虑到那时边区财政正处于非常困难时期,工厂不但要靠自己维持开支,还得积累一些开发资金。如果继续打下去,打到蓄水层,可能前功尽弃,就决定暂时停打,先抽油生产,保证工厂的经费开支。"②成功开发七1井是军工五厂迈出"老城区"的第一步,油田从此迎来了大发展的曙光。

1941年年底,厂长张永清调离,军工局委任陈振夏为军工五厂厂长,叶坤为副厂长。1942年春,中央军委召开技术人员座谈会,毛主席接见了陈振夏、顾光、徐文杰等人,亲切地询问了军工五厂生产情况和他们的经历,称赞他们努力开采石油使得延安大放光明。

1942年,七2井顺利开钻,整整打了一年,打到150米完井,但产量不高,起初月产油5吨多。为了便于石油生产运输,厂里组织工人自力更生修通了县城至七里村的3.5公里公路。八路军总司令朱德拨给军工五厂一辆"道奇"卡车用来运输石油。

1943年4月13日,七3井开钻,工人们克服困难,钻头磨光了,支起烘炉锻打;钢丝绳断了,想方设法接住继续使用;锅炉、柴油机出了问题,技术人员与工人一起加工配件修理。军工五厂响

---

①②摘自徐昌裕的《延长石油厂回忆片段》。

应陕甘宁边区总工会号召,开展学习赵占魁运动。成立了厂竞赛委员会,提出了增产节约、技术革新、团结协作等各项竞赛的具体要求,组织各生产部门相互挑战开展劳动竞赛。竞赛期间钻井进尺提高了61%,节约煤炭1.89万公斤,并培养出了能独立操作打井、烧锅炉的工人8名。七3井在全厂职工的辛勤努力和期待中,于5月18日钻至126.94米处完井出油。七3井是一口空前的旺油井,起初日产原油20吨。1943年12月6日加深至139.78米,初月产原油106.4吨。

1943年6月,七1井出现水层干扰,原油产量直线下降,厂长陈振夏、政委石忠汉、工程师汪鹏多次到井场观察,寻找减产原因,决定先堵水后加深。陈振夏组织工人用三五九旅王震送来的一门从日军手里缴获的山炮炮筒,制成套水套头,用这种"空中套井法"套住了井内的水。1943年6月29日至7月2日,加深七1井至86.55米时,发生强烈井喷,起初日产量达96.3吨,一直喷了9天。一个月后,仍可日产原油16吨。

七3井、七1井两口旺油井相继问世,石油产量骤增,原油无处存放,工人们除了将所有能盛装原油的器皿都用上外,自己还动手挖土窑,用不渗漏的红胶泥泥裹,建成了代替储油罐的原油储存池。用石板砌成储存池存储成品油。炼油厂工人加紧炼制原油,由过去三天炼一锅改为一天炼一锅。并用美孚石油公司和陕北探勘处遗留的20多根套管,破开展平,赶铆了四口炼油锅和一台蒸气锅炉,炼油能力由每月80吨提高到120吨,增加了50%。当年,军工五厂共生产原油1279吨。

几个月之内连续打出两口旺油井,不但全厂职工喜气洋洋,也轰动了全边区。陈郁、李强、易秀湘等领导先后来厂视察。军委后勤部发布命令,要求各部队、机关团体要贮够半年的用油,以缓解军工五厂的存储困难。石油产品销售亦如火如荼,延长县城骡马成群,把所有的骡马店都住满了,其他店铺也都生意兴隆。军工五厂在延长县城建立了经销商店,调永坪分厂管理员王长清任经理。商店鼓励边区商人将油厂多余的蜡烛、成品油向边区外销售，指定换回边区紧缺的布匹、棉花、粮食、钢材、纸张、西药、通信器材等商品，由军工五厂收购。换回的商品大部分向延安后勤部输送，保障了党中央和边区政府的物资供给。

军工五厂在学习赵占魁运动带动下，钻井效率显著提高，1944年3月至1945年8月10日，相继打成了七4井至七10井。其中七4井、七5井、七10井未出油；七6井、七7井、七8井、七9井虽产油，但产量很低。

油厂厂长陈振夏，1938年来厂任技工，后任厂长。他带领工人自力更生，亲自动手修配钻机、汽机，制造打捞工具和制蜡机械，研制新产品。油厂在他的领导下，工人由20多人发展到159人，原油产量由最初的57吨到1943年一举突破千吨。油厂生产技术和机械装备也取得骄人成就，为保障陕甘宁边区油品供给作出突出贡献。正如1944年5月18日《解放日报》登载的《模范厂长陈振夏》一文所说："陈厂长不是一个共产党员，但他为革命、为边区经济建设奋斗的热情，是值得我们每个共产党员和非党的革命者学习的。他是一个光荣的非党的布尔什维克！"

1944年5月1日至5月25日，在陕甘宁边区工厂厂长暨职工代表大会上，边区政府给陈振夏颁发了"特等工业模范工作者"奖状，以资鼓励。5月22日，毛泽东在一方白色细布上亲笔为陈振夏题词："埋头苦干"，以褒奖他和石油厂职工为保障边区石油产品供应所作出的贡献。

四、民族抗战的功臣

抗战期间，陕甘边区石油厂共钻井12口，加深1口，总进尺2027.96米。据统计，1939年至1946年，延长石油厂生产原油3155吨，生产汽油163.943吨，煤油1512.33吨，蜡烛5760箱，蜡片3894公斤，石油生产取得了辉煌成就。实现了中共中央和边区政府提出的自给有余的奋斗目标。

延安窑洞的灯光指明了中国革命前进的方向。毛泽东同志在陕北工作生活了13年，其间写下了著名的《实践论》《矛盾论》《论持久战》等光辉著作112篇，成为中国革命史上不朽的篇章。所使用的灯油和蜡烛均来自延长石油厂，其中油厂为毛泽东特制的蜡烛特别耐用，一支能顶四支。

油厂生产和规模创建厂以来最高记录。石油产量"若以（一九）三八年产量为100，则（一九）三九年为114，（一九）四零年为118，（一九）四一年为450，（一九）四二年为511，（一九）四三年为2295，（一九）四四年为830；边区的石油生产设备如以（一九）三八年为100，则（一九）四四年时动力为290，打井设备为200，炼油设备为346，储油设备为475"[1]。实现了边区政府煤油产量"足供边区消费而有余"[2]。

第五节　支援抗战

抗战期间，全县人民在中共延长县委、县民主政府领导下，迅速动员起来，积极开展各项抗日支前工作，为赢得抗日战争的最终胜利作出了重大贡献。

一、动员民众参军

抗日战争时期，延长县党组织和抗日民主政府始终把扩充兵员作为支援抗战的头等大事，动员适龄青年踊跃参军，驱除日寇。主要采取以下三种形式补充兵源：一是升编群众武装，将地方游击队、县独立营编入野战部队直接参战。二是收编被俘和投诚起义人员。在河防保卫战和解放延长县城的战斗中，就有不少被俘国民党官兵以及国民党起义人员加入到人民军队。三是开展"归队运动"，动员私自离开部队或逾假未归战士归队，这一做法贯穿于抗日战争全过程。1936年，仅固临县就有113名战士归队。1941年至1944年，

---

[1] 摘自1948年2月19日西北局调查研究室的《边区经济情况简述》。
[2] 摘自任弼时1944年4月在陕甘宁边区高干会议上的讲话。

延长县人口维持在3万至3.2万之间，先后有8000多名延长籍战士先后投身到抗日战争中，占全县总人口的四分之一。有600多名延长籍英雄儿女为中国人民解放事业献出了宝贵的生命。

二、踊跃支前

抗日战争时期，日军对中国共产党领导的各抗日根据地发动了野蛮进攻，国民党亦推行反共政策，对陕甘宁边区实行军事包围和经济封锁，禁止一切工业品、生活日用品、工业生产材料及工具等进入边区，边区政府经济特别困难。加之1939年后的连续三年旱灾，延长县人民更是饥寒交迫，生活极其困难。中共延长县委、县民主政府提出"宁肯每天少吃一顿饭，也要节省粮食为抗战"的口号，战胜困难，开展大生产运动，积极缴纳粮物，尽最大的努力支援部队和边区政府。

1939年，全县民众参加互助组共8700名，代耕队5600名，妇女小组6600名，完成开荒任务12万亩。据统计，即使在灾荒的1939年至1941年，延长县共征收交纳救国公粮达19094.54石。

延长县人民在交纳公粮的同时，应抗战所需，筹集输送给部队大量的草料、粮款、菜、柴、衣物等，并为部队代购粮食，转运物资、推磨驮水、修筑工事、抢修公路，尽其所能支援驻县部队和抗日前线。

据不完全统计，1938年至1945年，延长县给部队代购粮10015石，向群众借粮53652石，购菜556500公斤，征集马料880石，饲草54万公斤；做军鞋220792双，捐献电杆3818根，纺线2497.5公斤，缝衣1440套，修工事、公路用工19346个，驮运公盐3530驮，运送军粮540石。

1937年至1945年间，中共延长县委、固临县委和县民主政府，根据战事的需要，动员组织民众组建担架队、运输队，肩负起边区政府和抗战前线光荣而繁重的任务。县里组建的担架队和运输队分为常备队（长期的）、普通队（短期或临时的），随时服务于边区驻军的生产和军事斗争。

1938年，为配合留守兵团河防保卫战，延长县先后三次动员组织2133名男儿随军参战，运送武器弹药、抬送伤员。河防保卫战取得胜利后，县政府组建运输队，将山西大宁和延长凉水崖缴获的战利品，连续抢运五昼夜，运送至安全地带。

1940年，延长县动员组织担架队和运输队，圆满完成了边区政府和驻军的运输任务。

1941年后，随着抗战形势的发展，支援前方的任务更加艰巨，中共延长县委、固临县委和民主政府依照边区政府和驻军的总体要求，克服困难，在积极应对饥荒的同时，尽最大努力动员组织民众出力、出牲畜、出担架、搞运输，为部队转运物资，推磨驮水，修筑工事，抢修公路，为支援边区政府经济建设和支援八路军对日作战作出巨大贡献。

三、拥军优属

抗日战争时期，为了激发前方将士爱国热情，献身国家，英勇杀敌，延长县先后成立优待抗日军人委员会和各界抗日后援会，负责拥军优属和支前工作。按照陕甘宁边区政府颁布的对抗属、军属、烈属实行优待的细则、条例和指示，对烈属和军属以包耕、代耕和帮工的形式，解决其农业生产中的困难，并对军、烈属实行免差、免勤杂，解决他们吃水、烧柴等方面的困难。1939年，延长县共组织代耕队员5600名，为军属、烈属义务代耕。1941年，为军、烈属代耕地9123垧。是年，延长县还给驻军和抗属送去菜、肉、面粉等慰劳品，增进了军民友谊。1942年，除开展慰问和拥军优属活动外，县妇联还邀请当地驻军、抗属举办联欢会，密切了军民、军地关系。1943年，组织在县城及区、乡开展拥军月活动，给抗属、工属拜年送年饭，给前方战士写慰问信，丰富了拥军优属活动内容。此后至抗战结束，拥军优属活动实现了经常化，活动方式灵活多样，并取得了显著成绩，保障了抗工属的基本生活，为边区双拥工作建立作出了重大贡献。

第三章　解放战争时期

抗日战争胜利后,国民党军队加紧对陕甘宁边区和各根据地军事围困,国内战争一触即发。遵照中共中央和陕甘宁边区政府指示,中共延长县委和固临县委一方面组织群众发展工农业生产,踊跃支前;另一方面积极整顿地方武装,加强战备训练,与国民党胡宗南部队展开了游击战,并配合西北野战军收复失地,重建民主政权。

第一节　整顿发展地方武装

1946年6月,全面内战爆发。7月国民党胡宗南部从关中、榆林两面夹攻,重兵包围陕甘宁边区,随时准备向我边区发动进攻。

1946年9月至10月间,国民党宜川县保警队连续进犯固临县尚落村兵站和雷多河检查站,打死打伤我方战士、民兵多人。为了保卫人民政权,扩大武装力量,中共固临县委撤销县保安大队,成立固临县游击大队,大队长和政委分别由县长和县委书记兼任。委任张月胜为副大队长,并下令各区迅速组建游击队,加强边境防卫力量,随时对来犯之敌进行反击。

1946年10月初,中共延长县委和固临县委分别召开两县县、区、乡三级干部会议,传达上级指示,部署战备工作。号召两县党政军民紧急行动起来,以最大的努力保卫边区,保卫中共中央。会后,各县军民全力做好备战工作。战备方面,组织游击队员和民众熬硝制作土炸药,打造石质地雷,并在国共边界地区安排民兵站岗放哨,盘查路人,严防敌特分子入境,监视国民党军动向。支前准备方面,动员民众缴纳公粮,延长县当年完成公粮27万公斤,其中小麦18万公斤,小米7.5万公斤,饲料粮1.5万公斤,以备战争需要。临时组建担架50副,随时准备支援前线战事。

10月,国民党宜川县保警队再次偷袭固临县尚落村,被解放军教导二旅击溃。为了增强地方武装力量,中共固临县委从各区征兵105名,组建固临县游击大队第一支队。抽调250名基干民兵集中进行军事训练,作为游击大队的后备兵员。

1947年3月,中共中央和边区政府主动撤离延安,胡宗南部随即占领延安。当月,胡宗南部第一四四旅四三〇团二营进犯延长,延长县独立营和县警卫队奉命阻击,歼敌一个排,缴获步枪14支、机枪2挺、子弹1200发、衣服30套。二区游击队在杨道塬一带布雷伏击,伤敌8人。

28日,胡宗南部第一四四旅由崖头村一带向交口进犯,延长县第一、第二、第三游击支队配合独立营进行阻击,激战至日落,因敌众我寡,我部安全撤离。次日,延长县独立营,延长、延川、固临三县保安队,延长油厂工人支队,县游击队700多人,在发旗村阻击敌军向延川进犯,各有伤亡。

胡宗南部占领延安后,国民党军队加紧了对固临县的军事进攻。3月下旬,宜川县保警队配合国民党正规军向固临县委、县政府驻地固洲村发动进攻,企图摧毁中共固临县首脑机关。得知这一消息后,固临县游击大队配合驻军在其必经之路神圪垯设伏阻击,并将其击溃。4月,又在德夫村击溃宜川县保警队,缴获部分武器。4月5日,胡宗南一部分主力军依靠其优势装备,由宜川保警队带路,越过延河,进占更乐、安泰两区,并向延川推进,固临全县成为游击区。

4月4日,延长县武工队配合第八游击支队主动出击,与前来抢掠的胡宗南第一四四旅四三一团百余人发生激战,击伤击毙数人,缴获面粉3袋，牲口12头。次日，延长第五游击支队配合垦区第十七游击支队在中塬村又与这股敌人交战，缴获无线电台1部，以及少量手榴弹、枪支、军衣等军品和国民党延川县政府牌匾及印章。4月8日，延长第一、二、七、九游击支队和县武工队在大道河设伏，袭击胡宗南部百余人的运输队，缴获了一批面粉、衣物等物资。同月，第七支队曹明、高明选在张家沟设伏活捉敌军2人及其所携带武器；贺生高带领游击队在关子口设伏，毙敌6名，缴获骡马22匹。

第二节　沦陷后的军事斗争

1947年4月13日，胡宗南部侵占延长县城，中共延长县委、县人民政府被迫转移到滑里河，继续领导全县民众同国民党军队开展游击战争。为支援前线对敌作战，县委、县政府在全县青壮年中广泛动员，在短短一个月内，从县游击队员中选拔补充主力部队战士1310名。为保卫民众、保卫粮食，县委、县政府先后组建起了延长县独立大队、延长县武工队与延长县保安大队。他们和各区游击队密切配合，协同作战，共同打击消灭敌军。

同时，固临县委、县政府也在山区流动指挥党政军民开展游击战争。

一、开展游击战争

1947年4月初，固临县沦陷后，中共固临县委及县政府机关主动撤离驻地固州村，并相继组建固临县游击第一、第二支队，协同各区、乡游击队和民兵武装，在固临县内坚持开展游击战争。他们利用境内天然次生林资源丰富，便于隐蔽行动的有利条件，巧妙地与敌周旋，致使进占县境内的国民党军在游击战争和人民战争的汪洋大海中寸步难行，并受到沉重打击。1947年5月17日，固临县游击大队和民兵主动发起郭家崾崄战斗，经过数小时激战，歼灭了大量敌军。此次战斗中，宜川县游击大队第一支队队长王清和壮烈牺牲。郭家崾崄战斗的胜利，一举扭转了敌我斗争的态势，国民党军被迫龟缩在狗头山孤守，负隅顽抗，后被我游击队全部歼灭。

9月，为了集中力量打击敌人，中共延长县委将延长县一、二、五区所属游击队整编为延长县第一支队；将三、四、六区游击队合编为第二支队。同时，抽调各游击队及县警卫队骨干，组建延长县独立营。县独立营抓住有利机遇，在交口寺塬坪和寺河沟与国民党军队激战，全歼国民党军一个机枪排。9月，国民党军主力在我西北野战军的沉重打击下，相继由米脂、绥德南撤，仅留部分兵力守备清涧、延川、延长、子长、绥德等县城。

二、安家渠会议

西北野战军乘胡宗南主力部队南撤，留守兵力不足之机，先后发起了延川关庄伏击战、岔口追击战，继而又将主力第一、第三纵队和教导旅、新编第四旅集结延安、延长、延川之间的文安驿、金沙滩一带，一面休整，补充兵员，筹集给养，一面加紧外线歼敌战术技术训练。

1947年9月23日，彭德怀司令员在延长县黑家堡安家渠召开第一纵队、第三纵队和教导旅、新编第四旅干部会议，决定分内、外两线配合作战。以第一、第三纵队和教导旅、新编第四旅继续在陕北执行作战任务，歼灭延川、延长和清涧等孤立据点之敌。以第二、第四纵队转入外线，进军黄龙山区、扩大解放区，解决粮食困难，并钳制西安可能增援之敌军，配合主力在内线作战。并当即部署作战计划，决定先收复延长、延川，然后攻占清涧。这是继东征会议后，在延长召开的又一次重要军事会议。

会后，主攻延长县城的教导二旅在县武工队、游击队、石油工人支队的配合下迅速运动到县城周围，封锁消息，制订攻城方案。9月30日，我军突然发起总攻，守卫延长县城的国民党军七十团第二营猝不及防，仓促应战，攻城部队击毙敌营长傅瑞光，俘虏副营长，顺利收复县城。10月，收复延长县全境。

同月，固临县游击大队和民兵配合肃清了县境内残敌，收复了固临县。

三、佛古塬会议

为粉碎胡宗南集团机动防御部署，我西北野战军根据陕北国共两军作战态势，决定发动春季攻势，转入外线作战，采取"围城打援"战术，以一部围攻宜川县城，吸引国民党援军解围，并借机集中优势兵力消灭增援之敌。

1948年2月12日，西北野战军司令员兼政治委员彭德怀、副司令员张宗逊、赵寿山率领第一、三、四、六纵队，分别从绥德、米脂、清涧、安塞地区向南开进。同时，命令第二纵队从晋南曲沃地区出发，经禹门口西渡黄河参战。野司派出了20多名侦察人员潜入黄龙地区侦察敌情，勘察地形。野司领导深入各纵队了解备战情况，征询对外线作战的建议和意见。16日，各纵队按照野司指令抵达金沙镇、甘谷驿、延长、固临县一带隐蔽集结，进行战役准备。

17日，西北野战军在延长县三区四乡佛古塬村一农户院子里召开了旅以上干部会议，与会者以农户大碾盘为主席台，围坐在一起分析研究战争形势，确定围点打援战役计划，下达作战任务。经认真讨论分析，大家一致认为，西北野战军若围攻宜川县城，国民党驻洛川、黄陵的整编第二十九军势必前来增援。增援的路线有三条。其一是沿洛（川）宜（川）公路经瓦子街到宜川，此路距离较近，但沟深林密，易受伏击；其二是经石堡（黄龙）到宜川，此路距离较第一条道路远一倍；其三是沿第一条道路以北，经晋师庙梁到宜川，此路遭西北野战军伏击的可能性较小，但需翻山越岭，重武器不易通过。以军长刘戡在陕北作战行动的规律及自身安危出发，可能取第三条路。但胡宗南急于解宜川之围，自恃兵强，取瓦子街路线增援宜川的可能性最大。彭德怀综合大家意见，决定以国民党军队取道瓦子街增援宜川为重点，兼取石堡（黄龙）及瓦子街以北的晋师庙梁两条道路部署阻击打援。并以第三、六纵队各一部合力围攻宜川县城，其他各部集中打援。2月20日，野司命令各打援纵队于22日前到达阻击位置，准备实施宜瓦战役。宜瓦战役按野司预期计划进行。此役我西北野战军全歼敌人一个军部、两个师部、五个旅共3万余人，击毙敌前线指挥第二十九军军长刘戡，取得战役的彻底胜利，一举粉碎了敌人阻止我军南下作战的计划。此次战役是西北野战军转入外线作战取得的第一个重大胜利。

第三节　支援解放战争

解放战争时期，延长、固临两县既是战争前线，又是战略后方，肩负着组织开展工农业生产，筹集军队给养，组织担架队、运输队支援前线作战等光荣而繁重的任务。延长、固临两县县委和县政府一方面整顿和扩建地方武装，开展游击战争，配合协助主力部队作战，收复失地；另一方面组织群众，开展以土地重新登记和评产为主要内容的土地改革运动，调动了广大农民的生产积极性，扩大生产，增加收入，踊跃支前，有力地支援了全国的解放战争。

一、供给给养

1946年，延长县给部队征收饲草134 943公斤，做军鞋5 018双。固临县为部队筹措军粮260石，做军鞋1700双。

1947年3月，国民党胡宗南部大举侵犯我边区，延长、固临两县正常的生产秩序被破坏。11月9日，国民党军再次侵袭延长县，造成了严重的人员伤亡和财产损失，全县六区198个村遭到不同程度损失，国民党军抓捕枪杀公职人员，抢劫粮食、财物。即使在这样艰难的情况下，延长县仍动员组织群众完成了支前军粮、饲草、军鞋等任务，并组织群众为驻军教导旅抢修工事，炒面、磨面、送粮，为西北野战军转战陕北提供了物资保障。

1948年4月18日和27日，国民党主力军两次进犯固临县，进行大肆搜刮抢掠，全县民众粮食、牲畜及家庭财产损失巨大，多数民众家庭生活十分困难。固临县委、县政府克服困难，组织民众完成军粮征购123.45石，并组织了500人的劳动队伍为部队修路送柴。

同时，延长、固临两县陆续设立了11个粮站，征集粮食支援我军南下作战部队。1949年，因远离作战前线，延长、固临两县征粮任务宣告终结。

二、组建运输队伍

为配合前线作战，及时转送伤病员，1946年10月，延长县政府遵照上级指示，组建了一支由2000人组成的运输队，任命县民政科科长肖维英为队长，随新编第十一旅开赴山西汾阳等地执行运输任务，历时一月有余。同时，固临县也组建了一支由666人组成的运输队，随军奔赴山西支援前方的军事斗争。固临县还抽调人员组建起了常备队和普通队，确保组织一声令下，就能奔赴战争前线。

第四节 烽火中的石油厂

抗战胜利后，1945年9月19日，中共中央发出了"向北发展，向南防御"的指示，从控制具有战略地位的东北地区的眼光出发，从各解放区抽调两万人多党政干部挺进东北。延长石油厂的佟诚、顾光等16名中层领导和技术人员奉命调往东北开展工作。

一、特殊时期的边区石油工业

1945年12月，陕甘宁边区留守兵团军事工业局正式接办延长石油厂，白世杰任厂长，徐文杰任工程师，张俊任打井部主任。全厂共有职工216人。

兵团军工局接管后，石油厂确定了以现有条件为主，力争外援，发展石油生产的方针。兵团军工局投入3万元作为生产和发展经费，要求石油厂1946年生产成品油两万桶。西北财经办事处派人从张家口、承德一带购置管线器材，准备扩大生产规模，因战事只运回部分器材。1946年，白世杰、张俊等组织工人按照佟诚所确定的井位共开钻6口，即七11、12、13、14号井和延21、22号井，钻成5口，七14井因备战停钻，创延长石油厂年度钻井和交井最高纪录。当年共生产原油49740桶，其中无水原油38253桶。生产汽油 6105 桶、特甲油 7285 桶、普甲油 6187 桶、白蜡油 2897 桶、机油 474 桶、蜡片 3894 公斤（589 箱），超额完成军工局下达的年度生产计划任务。

二、坚壁设备

1948 年 3 月，延长石油厂隶属军区后勤部工业部管理。5 月，延长石油厂改称工业部十三厂。1949 年 12 月 1 日，隶属西北军区后勤部兵工部，部长蒋崇璟，工业部十三厂改称兵工部十三厂。

早在 1946 年 6 月下旬，国民党当局公然撕毁"双十"协定，内战全面爆发。10 月，胡宗南部在陕甘宁边区周围大规模集结，准备向解放区发动进攻。1947 年 3 月，面对敌强我弱的不利局面，中共中央主动撤离延安与敌周旋。延长石油厂 3 月底前停止石油生产，按照上级指导开展坚壁设备工作，厂长张俊带领干部职工起早贪黑，不辞劳苦，像抓生产一样抓紧搬运掩埋石油生产设备。运输主要靠人拉肩扛，一台蒸汽机 2 至 3 吨重，从延长县运至段家河村，一天要走 50 华里，肩膀压肿了，手脚都打了血泡，可工人从不喊苦叫累，按时坚壁到指定地点。钻井用的钢丝绳运到七里村寨子河，沉入一个大水潭底下；钻井、采油、炼油和机修设备及部分成品油转移到老庄河一带掩埋；布匹转移到延川县田家川坚壁；笨重的设备、机器择地就近掩埋；油井用河沙填塞或盖上黄土后用爬犁犁平井口，并做好标记以便日后找寻。同时，延长石油厂利用自己的技术优势，组织翻砂工、钳工 10 多人，会同延长县派出的部分技工集中于老庄河村制造地雷，防御敌人进攻，其他职工则按照组织安排有序撤离。

三、战后原油生产

1947 年 10 月，延长县刚刚收复，国民党军还占据在延安一带。1948 年春，延长石油厂在饥荒和病疫的环境中开始恢复生产。在晋绥兵工厂生产的徐文杰等职工陆续回到石油厂。

石油工人支队派出两个分队，一个分队驻守在甘谷驿和关子口一带，防止国民党军骚扰和袭击。另一个分队与职工一起掏油井、挖设备、修厂房，抓紧恢复生产。1948年4月，陕甘宁晋绥联防军区司令员贺龙、副司令员王维舟视察延长石油厂。6月18日，后勤部兵工部部长蒋崇璟来厂检查指导，延长石油厂厂长柏映群向联司汇报工作，联司要求明年要尽快做到有20口油井正常出油；最低保证供20至30辆汽车所需用的汽油；更进一步做到每天供上300辆汽车的用油。

工业部十三厂职工在"多出1桶汽油，便可节省80头毛驴和80个人工"的口号下，努力恢复旧井，增加产量。1948年，采回原油158吨，超过了1945年的战前水平。徐文杰等人改进炼油方法，实行重油裂化法，汽油的回收率逐渐提高。

1949年2月，工业部十三厂改称兵工部十三厂。当时因全国解放战争正在进行中，所需套管无从采购，导致油层受上部水层影响产量很低。兵工部十三厂在厂长张俊领导下，在七里村相继钻成七14、16、17、18、19井。七17井出了旺油，七14、18井起初日产油数百斤，炼油部采用加压分解柴油，汽油收率提高到28.3%。

1949年，全年共生产原油820吨，仅次于打出喷井的1943年。加工原油628吨，生产汽油176吨，汽油产量比1943年翻了一番还多，为历年之最，为支援西北及全国解放作出了重大贡献。

第四章　社会主义革命和建设时期

1949年10月1日，中华人民共和国成立。全县人民在党和政府的领导下，努力恢复战争创伤，对农业和资本主义工商业进行社会主义改造，建立人民公社，大力发展集体经济，全县基础设施、工农业生产、社会事业取得了辉煌的发展成就。

第一节　发展以粮食为中心的农村经济

1949年10月后，延长县积极改善农业生产条件，推广农作物新品种，提高种植技术，农业生产飞速发展。

一、逐步建立集体经济发展模式

开展土地登记　1947年冬至1949年春，延长县组织开展土地改革运动，对全县7个乡的土地进行复查、登记、调整和评定产量。采取调查、群众自报、互查及逐块登记，重点调查无人管的公荒、社地、公地等土地，确定了7个乡6566人10万亩耕地的所有权。

农业生产互助组　中华人民共和国成立后，在党和政府土地政策的激励下，农民在自愿互利原则下组织起来，组成临时性、季节性的互助组或常年互助组，既解决了劳动力不足的问题，也增加了农民收入。1951年，全县共组织起临时互助组778个，参加劳力4530人。1953年，县上对912个（其中常年互助组217个，临时互助组695个）农业互助组分批进行整顿，涉及农户4654户，劳力5364人，占全县总农户的40%，总劳力的51.5%。农业生产中的互助活动有效地解决了单干户劳力、牲畜、农具等不足和困难，提高了农业生产效率。

初级农业生产合作社　1953年1月，延长县召开互助组代表大会，一区四乡杜家沟互助组组长李万厚提出，将互助组转为农业合作社，得到中共延长县委的大力支持。3月8日，全县第一个农业生产合作社成立，入社农户18户，人口73人，劳力39个，共有社员42名。这是群众在互助组的基础上，按自愿互利的原则，以土地入股和统一经营的方式组织的初级农业生产合作社。社员入社，土地所有权仍归社员私有；入社农具采取私有伙用、公修的办法；新增添农具为公有，由社统一管理；参加劳动者不分男女老少，均按"同工同酬"评分计工；会计财务日清月结，实行民主监督。1954年，杜家沟农业生产合作社粮食总产56471公斤，较1952年增产57.38%，同全县单干户相比，产量增加明显。1955年到1956年春，全县掀起建社高潮，共建初级社633个，入社农户11987户，占总农户的99%。

高级农业生产合作社　1956年1月，延长县在郑庄等地试办高级农业合作社，并在全县推广。3月，经过县、区、乡各级组织共同努力，在全县先后建立高级社638个，总计入社农户11629户，占全县总农户的96.9%。高级农业合作社实行生产资料公有制，按劳分配，以社为核算单位，由队组织生产，提高了社员劳动的出勤率。农村出现了"四不靠"现象，即富裕户不靠土地吃饭，妇女不靠男人吃饭，老人不靠儿子吃饭，二流子不靠逛荡吃饭。同时也调动了社员的劳动积极性，粮食产量大幅度增长。1957年，全县粮食总产1475.5万公斤，较1955年增长57.6%。

人民公社　1958年9月，县委贯彻中共中央《关于农村建立人民公社问题的决议》精神，将全县788个自然村416个农业合作社，合并成10个农村人民公社，全县实现了人民公社化。人民公社实行政社合一，下设大队、生产大队，以生产队为基本核算单位，即："三级所有，队为基础"。1965年调整为14个公社，一直沿袭到1984年。人民公社将原高级社集体所有土地、公共建筑、公益金、公积金、机械农具、牲畜等公共财产全部收归公社所有。社员的自留地、农具等原存个人生产资料一律折价入社作为投资。公社成立不久，以队为单位办食堂吃大锅饭，实行供给制和半供给制，出现生产关系超前现象，造成全县农村经济混乱。1960年，人民公社及时贯彻党和国家"调整、巩固、充实、提高"的方针，迅速扭转了农村出现的经济混乱问题。全县在主体推行人民公社的同时，农民群众还自发地尝试生产责任制改革，60年代一度推行的"三自一包""三包一奖"的做法，以及后期部分生产队实行季节性、临时性的生产包工和各类作业组及大家畜的饲养，羊的放牧等各种类型的责任制。1976年，黑家堡公社结合实际，在杨家湾大队试行联产到组责任制，将全大队划分成11个作业组（其中7个农业组，3个多种经营组，1个大队科研组）由大队统一管理，联产计酬，当年粮食总产290320公斤，较历史上丰产的1973年增产4万公斤，但由于政策限制，未能在全县推广。

二、粮食生产和经济作物种植业

50年代初至70年代末，延长县农业生产的目标始终以解决农民群众温饱为主，并交售国家下达的公购粮任务。延长县农业生产差异较大，东部塬面宽阔，土地条件较好，粮食种植以小麦为主，以糜、谷、豆等秋粮为辅；西部以川沟地为主，粮食种植主要以小麦、玉米为主，高粱、糜、谷、豆类杂粮辅之。

（一）主要粮食作物

小麦 小麦是全县广泛种植的农作物，也是全县主要粮食品种之一。1949年，全县小麦种植面积为19.24万亩，总产433万公斤，亩产22.5公斤。此后，因全县小麦以山地种植为主，农业生产受自然灾害影响，加之山地水土流失严重，山地小麦亩产一直徘徊在50至60公斤之间，农民终年辛劳但收获微薄，口粮不足困扰着多数农户家庭。1981年，全面推行土地承包经营责任制后，时任刘家河公社党委书记张明庭认真总结山地小麦种植的方法和经验，在县农业局、农技站的支持下，在西苏家河村用山地水平沟法种植小麦，播种时按残塬坡地等高线水平走向，自上而下开沟，在沟内条播种植小麦，利于保肥保水提高产量。试种小麦300亩，平均亩产达到106公斤，较传统点播种植法增产一倍。1982年，西苏家河村山地水平沟播种小麦面积达到500多亩，个别田块亩产达到200公斤以上，创历史新高。1983年，全公社普遍推广山地水平沟播种小麦，面积达到1.1万余亩，并喜获丰收，平均亩产105.45公斤，农民群众一举扭转了广种薄收的落后局面，实现了粮食自给有余，生活水平显著提高。同时，部分公社也积极推广刘家河山地水平沟种植方法，1984年，全县小麦种植面积达到20.79万亩，总产2221.5万公斤，亩产106.85公斤。刘家河公社山地水平沟种植法得到了国家和西北五省农业部门的充分肯定，青海、甘肃、宁夏、山东等省、区组织干部和农业科技人员1万多人次前来西苏家河村现场参观学习。延安、榆林地区在刘家河还多次召开现场会推广这一做法。农业部多次来刘家河公社拍摄山地水平沟种植科教片。1985年6月，北方旱作农业技术研讨会在延安地区召开，全国18个省、市主管农业的副省（市）长、农业专家出席会议。刘家河乡山地水平沟小麦种植法被确定为经验推广。延长县委书记冯良印，刘家河乡党委书记杨志仁参加了会议。此外，中共中央总书记胡耀邦亲自到会，在报告中对陕北提出的反弹琵琶的工作思路，即由过去的粮、经、贸向林、牧、草方向转变给予了充分肯定。

玉米 延长县1956年开始种植"金皇后"玉米良种，单位面积产量显著提高。1967年至1976年"文革"期间，为增加粮食产量，延长县大力推广"两杂"（杂交玉米、杂交高粱）种植，玉米由50年代的3万亩左右增加到1976年的8.85万亩，高粱由1959年的1.16万亩，增加到1975年的4.56万亩。

70年代中期，延长县大力推广大垄沟种植玉米方法，即在种植时，先开沟起垄，将农作物种在植沟垄内，在苗禾生长期间，进行中耕除草，把一部分垄土培在禾苗根部，使种植作物的原沟成垄，以达蓄水保墒，主要用于玉米抗旱早播技术。1978年，全县玉米面积9.28万亩，总产量1937万公斤，平均亩产176.5公斤。

谷子 谷子是延长主要粮食作物之一，具有耐旱、抗瘠薄、适应性强、营养丰富的特点，种植面积约占秋粮总播种面积的三分之一到四分之一之间。1949年10月后，谷子种植面积稳定在5万亩左右，但因栽培技术落后，品种混杂，平均亩产未突破50公斤。70年至80年代，全县推广"两杂"（杂交玉米、杂交高粱），限制种植谷子。1983年，全县种植谷子5.11万亩，总产557.5万公斤，平均亩产109公斤。

糜子 适应于在新开垦荒地内种植或复种，是延长县群众喜欢种植的传统粮食作物之一。1953年禁止开荒后，糜子种植面积逐年减少。1962年，种植面积达到9.79万亩，占秋粮播种面积的31.1%，为群众度过经济困难起到了支撑作用。1966年，由于小麦歉收，延长县组织农民开展以秋补夏、种植糜子11.31万亩，总产达558万公斤，占全年秋粮总产的23%。

此外，延长县还广泛种植大豆、马铃薯（俗名洋芋）、红薯等作物，以及绿豆、豌豆、蔓豆、荞麦等秋杂粮，实现了粮食种植的多样性，丰富了农民群众食用品种。

种植技术上，逐步推广间作套种，即夏秋作物间作、禾木科植物和豆类作物套种及高秆作物和低秆作物套种；生物肥田，即草田轮作，把耕地先种草让其自然固肥，然后再垦殖；青草压肥，将豆类作物作原料翻入耕地作肥料，然后按农时季节播种农作物。新法栽培技术的推广应用，迅速提高了全县粮食产量，为解决城乡群众生活困难问题作出了积极贡献。同时，改革耕作制度，1949年至1957年，耕作制度基本沿袭传统习惯，粗放经营，广种薄收。1958年起，逐步推行土地连年种植，并以豆类作物和高产粮食作物进行倒茬，改变了只种不养的种植方法，开始推广优良品种，施用化学肥料。1966年，全县粮食总产量上升到2446万公斤，比1957年增长65.7%，平均递增率2.53%。1978年，全县粮食总产量达到3740.5万公斤。

（二）经济作物

延长县素有种植棉花、油料，栽植梨、枣等经济作物的传统。1949年10月后，又相继引进了桑蚕、苹果、酥梨、葡萄等种植技术，并取得了较大发展。

棉花 1949年10月后，延长县棉花种植主要集中在安河、罗子山、南河沟、雷赤等东部黄河沿岸地区，1952年棉田面积5.2万亩，占当年经济作物种植面积的72.8%。1954年引进"五一七"棉花良种后，产量和质量显著提高。60年代至70年代初，延长县被列为全国特早熟棉区县之一，种植范围遍及全县。70年代中后期，因棉花收购价格偏低，棉农收益偏少，种植面积持续减少，1979年仅有1000亩。

桑蚕 中华人民共和国成立初期，延长县只有零星桑树，没有成片桑园，蚕茧年产量约500公斤。1951年栽植桑树1985株，其中春蚕产量146.5公斤。1964年，从江苏、浙江调回大批桑树种子，落实农村生产队开展育苗和建园工作，县农林畜牧局着手培训县级养蚕技术人员，并对养蚕村推广快速养蚕技术，全县蚕茧产业迅速发展。1965年，共产蚕茧13785公斤，是1949年蚕茧产量1050公斤的12.1倍。1966年，全县桑园面积由1949年的100亩发展到1900亩。1967年后，由于国家片面强调"以粮为纲"，导致蚕茧生产大幅度下降，成片桑园荒芜，养蚕业衰落。

烟叶 1958年前，延长县烟叶栽培以农家土品种小烟、大烟（以烟叶片面大小而分）为主，且供自己消费，未形成商品生产，种植面积也在1000亩以内。1975年，县委、县政府为增加县财政收入，实现农民增收，满足延长县卷烟厂烟叶所需，大力扶持农民种植烟叶。引进推广红花大金元、AC89、四川溜子等优良晒烟和烤烟品种，烟叶种植范围和面积迅速扩大。1978年全县种植烟叶面积约5000亩，产量约4000吨。

梨果 1949年10月前，延长县梨果主要品种有斤梨、红果、林檎、奈子、桃、李、杏等。1952年，县城关公社寺家河口村村民张德仁从外地带回几根国光苹果枝条，在自家奈子树上芽接成功始有苹果。1964年，县农林水牧局在黑家堡公社中村和刘家河公社林河山各建立50亩苹果园。进入挂果期后，产量逐年提高。1968年，又陆续从眉县和洛川县引进苹果苗进行栽植，品种也增加到40多种，产区遍及七里村、安沟、张家滩、黑家堡等公社塬区大队和生产队。1983年，全县有大小苹果园336个，总面积10022亩，产量153.17万公斤。

延长县当地梨树有斤梨、木瓜梨、夏梨、平顶梨等品种，且集中于罗子山、安河一带。50至60年代，是延长县主要外销水果之一。特别是1970年后，罗子山公社石佛生产队的斤梨以其汁甜、个大、易储存享誉周边，一度销往西安市场。

（三）油料作物

延长县主要的油料作物有油菜、花生、小麻子、蓖麻、芝麻等。1949年，全县油料总播种面积2.28万亩，总产量38.13吨；之后油料作物播种面积逐年减少，1971年，播种面积0.78万亩，总产量15.83吨。

花生 延长县1949年花生种植面积约1000亩，平均亩产50公斤左右，且多分布于延河川道和黄河沿岸的沙质土壤地区。1954年，花生亩产突破106公斤。80年代初期，县委、县政府号召大力发展花生种植业，各公社、大队大量种植花生，成为主导产业之一。

油菜 油菜以零星小块种植为主，产品主要为农民群众自食自用，不做商品。1962年，总产仅450公斤左右。1978年，种植面积扩大到2400亩，平均亩产15公斤，总产36.4吨。

此外，群众为满足油料自给，还零星种植当地传统油料小麻、芝麻、蓖麻等，播种面积稳定在1000亩左右，亩产15至25公斤。此后仍保持在1万亩左右，实现了农村群众食用油自给自足。

三、改善农业生产条件

农业灌溉　中华人民共和国成立初期，开始推广使用"解放"式水车，全县投入使用的"解放"式水车约60部，可灌溉1500亩。1956年，农业合作社后，延长县水利事业快速发展，县政府利用延长油矿电力在城郊延河岸边的槐里坪村试建机电灌溉站，施工7个月，建成电机抽水站。首次抽水浇地时，县长王志浩带领县级机关负责人到现场庆贺，中小学学生身着节日盛装载歌载舞，打腰鼓，扭秧歌，盛况空前。

随后，延长县又在黑家堡公社白家角、康家坪村修建机械抽水站，动力机械初为锅驼机，起动困难，耗能多，效率低，60年代改为柴油机。1966年，全县建成抽水站4处，水浇地面积增至1846亩，其中机灌面积为610亩。

1972年至1974年，延长县接通姚店35千伏输电线路，给县城以西供电，抽水动力始由柴油机改为电动机。并对黑家堡、郭旗、郑庄、七里村西部公社抽水站进行电力改造，抽水站建设进入大规模发展阶段。至1976年，全县抽水站发展到170处，其中电力抽水站43处，水浇地面积2.22万亩，比1966年增加20374亩。1977年7月，延河发生百年不遇的特大洪水，延河两岸川道抽水站及灌溉渠道损失殆尽。

1978年起，延长县人民发扬自力更生、艰苦奋斗的精神，迅速掀起灾后重建工作，逐步恢复抽水站和灌溉渠网等灌溉设施。

水土保持　延长县土层疏松，植被差，受表流冲刷、侵蚀及人为破坏，全县水土流失面积达1870.11平方公里，占总土地面积的79%。全县年输沙量为1117万吨，属黄河中游水土流失重点县之一。

1950年至1969年，延长县水土保持工作推行单一工程措施，以改沟渠打土坝为主。其间全县涌现出了不少建坝典型村，如郭旗公社五一大队建淤地坝、小谷坊近100座。郑庄公社三狼砭、七里村公社西河子沟小一二型淤地坝、杜家沟大坝获国务院嘉奖。但水土保持范围小，综合效益发挥不够。

1970年至1980年，延长县贯彻延安"复电"精神，开展了轰轰烈烈的"农业学大寨"运动，水土保持以建设"四田"（梯田、墕地、坝地、水地）为中心。县政府采取打破核算单位，社队抽调20%劳力，组成常年基建专业队，坚持长年治理。冬季农闲全部劳力集中治理，统一规划治理一道川、一条塬、一座山。沟谷打坝，小沟修墕地，坡地修梯田，川道滩平整修水浇地，开展了声势浩大的农田基本建设。各生产队利用农闲时间，组织男女劳力打坝修地，兴办水利，"四田"面积逐年扩大。涌现出了安沟公社学赶大队等人造小平塬，建设新农村的先进典型，成为全县学习追赶的榜样。1975年，全县人均"四田"面积近1亩，农业基本条件大为改善。1980年年底，"四田"面积累计12万亩，修建10余座小一、二型水库和淤地坝，改善了农业生产基本条件，促进了粮食生产。但因重工程措施，轻生物措施，重治沟轻治坡，忽视保护生态环境，治理效果较差。

人畜饮水 延长县群众历来有随水而居的习俗。川、沟自然村旁都有山泉水源，用人工担水解决人畜用水。然而塬区村庄水源多在1至2.5公里外的沟内，人畜用水多用畜力驮运，也有个别塬势低缓的村用人工担挑。塬区村庄驮水路陡，每畜一次驮水仅50余公斤，耗时1至2个小时，导致人畜用水非常困难，每逢雨雪天气，道路泥滑，人们只能接食雨水和积雪融水，直接影响到群众日常生活和农业生产。

1949年10月后，延长县筹措资金，全力解决塬区村庄人畜用水问题。1969年，安沟公社罗家岭头村自筹资金1140元，国家投资8000元，试建人畜用水三联泵抽水站，将泉水从沟底抽到高塬蓄水池内，一举解决了全村人的人畜用水问题。10月3日试水成功后，罗家岭头村男女老少齐声欢呼，奔走相告，全村群众从此告别了畜力驮水的历史，此消息迅速传遍了全县。随后，延长县推广这一做法，在有条件的农业社陆续建设人畜用水机站。1979年，全县建成三联泵水上塬工程 74 处。

延长县黄河沿岸乡村泉水含氟量较高，7 个公社 66 个行政村，134 个自然村 21000 多人受到氟病危害，占全县总人口的 17.53%。对此县政府成立专门机构和队伍，组织开展防氟改水工作，设立专项资金，采取在蓄水池内设置防氟器，在人畜饮用水中投放防氟药物等方法改良水质，防治氟病。

水面利用 1959 年张家滩公社二里半水库竣工后，次年 7 月延长县从湖北省汉口购买的鲢鱼苗 80 万尾试养，未见成效。70 年代，随着农业学大寨和农田基本建设的兴起，全县水库建设喜报连连，累计建成库坝 3000 多座，水利用面积达 1600 多亩，可养殖面积 1390 亩。1971 年先后在安沟公社王良沟水库、郑庄公社后刘天河水库、郭旗公社王良寺水库试养鱼苗成功。

农业机械 50 年代中叶，延长县进行农具改革，推广滚珠轴承化，推广使用改良农具和胶轮大车、架子车等。60 年代，始用电动机、水泵。1969 年，全县拥有手扶拖拉机 12 台，排灌机械 108 马力 /7 台，农副产品加工机械 285 马力 /30 台。70 年代，倡导"农业的根本出路在于机械化"，农业机械发展迅速。1978 年，全县 14 个公社全部建起拖拉机站和农机管理站。至 1980 年，全县拥有机械总功率 4.38 万马力，农机总价值 649.5 万元，实现农田水利排灌机械化，90% 以上的旱塬村庄人畜饮用水上塬；农副产品加工开始向机械化发展。

四、北京知青在延长

1969 年 1 月，大批北京知青响应毛主席"知识青年到农村去，接受贫下中农再教育，很有必要"的号召，来到延长县插队落户，被分配到黑家堡、郭旗、郑庄、七里村、张家滩、安沟、交口、刘家河等公社部分生产队参加农业生产劳动。先后来延长插队的北京知青共有 2374 人，北京干部 101 人。

北京知青到来时，适逢陕北普降大雪，延长县组织干部群众及学生冒雪夹道欢迎，让北京知青亲身感受到陕北人民的热情和淳朴。

北京知青们被分配到生产大队后，各生产队都给予高度重视，将农户最好的窑洞腾出来供知青居住，部分大队还专门为知青办起了灶房。北京知青们也怀着一腔热血，投入到农业生产当中，并将先进的文化和思想带到普通百姓中间，带到了田间地头的劳动氛围中。各公社和生产队充分发挥北京知青的作用，挑选有能力的知青当村赤脚医生和小学教师，为公社和大队的教育与卫生工作发挥了积极的作用。

多数北京知青来延长插队时间并不长，经过1970年大招工，1971年、1972年的小招工，北京知青被招走一大半，留下的也大多被招录到县党政企事业单位工作。北京知青赴延长插队，既是对自己人生的一次意志锻炼，留下了难以泯灭的美好记忆。同时，也给延长带来了新思想、新知识、新观念，对延长县广大的农村产生了深刻的影响。

安沟公社王良沟大队插队的北京知青张大力，看到本队群众缺医少药，小病大病都要到公社卫生所就医，便暗下决心做一名村卫生员，用所学文化知识服务贫下中农。1970年4月，他参加公社举办的卫生员培训班。在解放军医疗队的精心指导下，他刻苦学习，苦练本领，并在大队的协助下，办起了合作医疗站，担负起王良沟、崾梁、南掌三个大队社员的医疗救治责任。他不分黑天白日，不管刮风下雨，社员群众有病随叫随到，从不推托。1970年冬日的一天清晨，张大力出诊时，被社员家的一只狗追咬，不慎从崾畔上跌落，以身殉职。在公社为张大力同志召开追悼会的那一天，乡亲们纷纷来到王良沟会场，黑压压的人群为一位曾用自己的心血为乡亲们解除病痛的"赤脚医生"送行。

来延长县插队殉职的还有参加农业生产劳动中被雷电击中殉职的银淑珍、王艳丽两位女知青；刘家河公社刘党家沟大队插队知青韩小顺，因拾柴不慎从崖畔跌落殉职，他们的名字将永远被延长人民铭记在心中。

第二节　建立社会主义工商经济体制

1949年10月后,延长县借助区域资源优势,大力发展煤炭、机械及手工业,为建立工业经济进行了积极探索。

一、工业经济

石油　1949年10月19日,中央人民政府政务院组建燃料工业部。1950年1月,兵工部十三厂交由燃料部直接管理。同年9月,成立西北石油管理局延长油矿。1958年7月,石油工业部将延长油矿划归陕西省人民委员会管理,更名为陕西省延长油矿。1959年10月,延长油矿总部由延长七里村迁至延川永坪,在七里村设置延长油矿延长综合车间。延长县境内的石油生产与管理由中央和省人民委员会直接管辖。

煤炭　陕甘宁边区政府成立前,煤炭被私人窑主占有,生产的煤炭多用于石油厂打井和提炼石油,且矿工工资低,生活困难,人身安全得不到保障。1941年,军工五厂原油产量逐年增加,打井和炼油煤炭需求量大,县政府、油厂、私人联合入股开采煤炭,主要用于打井和加工提炼原油。1943年,军工五厂原油产量猛增,炼制原油的煤炭供不应求,边区政府决定由油厂独自开采,主要用于炼油,并协助军工五厂修通了石马科煤矿至七里村的马车路,便于煤炭运输。1952年至1954年平均每年产煤4000吨。1956年成立公私合营煤矿,次年转为县办国营煤矿,年产煤4751吨。"文革"期间,生产受到影响,原煤产量降到最低点,年产量为3744吨。1979年后更新改造煤矿,扩大生产规模,增添生产设备,产量逐年上升。石马科煤矿重视职工福利、劳动保护和人身安全,从制度、安检、安全设施、文化娱乐、卫生医疗等方面,全方位地改善优化职工生活、生产环境。此外,1970年,延长县革委会在郑庄公社筹办张台煤矿。1971年建成投产,当年产煤4900吨,产值8.43万元。1978年张台煤矿并入石马科煤矿。

机械 1949年10月前，延长县从事铁器手工业户约30余户。1954年，在对手工业进行社会主义改造期间，将12家个体铁匠组织成铁业合作小组。1957年，发展成为铁业工厂，主要生产小型农具及生活用具。1959年，并入县木业合作厂，职工由30人增至159人。为解决生产设备不足问题，县政府为厂调拨6台旧车床，发动职工自己动手，大胆革新，改装整修拼装成全县第一台生产车床，并用从延长油矿借用的1台电机作动力，投入生产。厂组织职工进行技术革新和发明创造，经反复试验，制造出铁刨床、木刨床、电锯、立式钻床、土元车、6寸元车等11台生产设备，生产出了各地急需的轴承、轴档，满足了工农业生产需求。1960年，全厂转为地方国营农业机械厂。1961年，农业机械厂与县发电厂合并为国营延长县农业机电厂，当年成功试制出棉花播种机、玉米脱粒机。1965年，农业机电厂大搞技术革新，制造出第一台弹簧锤，并革新磨光机、砂轮机等设备8台。1969年改称农机修理制造厂，试制出弹花机、碾米机和排灌水泵，围绕全县工农业生产发展需求，因陋就简，土法上马，克服设备、技术和资金困难，组织生产农机具和运输工具配件，既服务了工农业，也发展壮大了自己。1977年，生产南泥湾牌手扶拖拉机拖车500台，支援了农业运输所需。

电力 中华人民共和国成立初期，延长县仅延长油矿有工业及矿区照明用电。延长县充分利用延河水能，1965年，县城西门水电站建成并发电，供城区机关照明用电。之后陆续建成呼家川水电站（1971年）、杨家沟水电站（1974年）、李家湾水电站（1976年），装机总容量905千瓦，基本上解决了西部川道部分地区的农业、工业及照明用电。

1974年，接通了姚店至延长渠口39公里35千伏高压线路，县内水电站发电并入大网，解决了沿线部分乡镇、村庄照明、抽水、农副产品加工等方面用电需求。

建材 1954年，在对手工业社会主义改造时，将县城周围的几户砖瓦匠组织起来，成立了建筑材料生产合作组，有职工18人。当年生产砖 21 万块，瓦 5.2 万页。1958 年，建材生产合作组改为延长县砖瓦厂，系集体企业。1978 年后，为适应城乡建设需要，建材业得到迅速发展。县城周围的七里村、张义夫子村率先建成队办集体砖厂，满足了县城及矿区土建项目的需求。

1970 年，县政府在郑庄公社筹建延长县水泥厂，次年投入生产，当年生产水泥 367 吨。1978 年，生产 400 号水泥 346 吨，产值 1.66 万元，上缴税金 4900 元。

印刷 1953 年，宁兆信等 3 人始办立城石印局。1955 年，改称延长县印刷合作社，转为集体单位，主要印制信封和表册。1970 年，转为地方国营企业，购进设备，开展铅印业务，年产值 1514 元，上缴税利 207 元。1980 年，改称延长县印刷厂。

粮食加工 1958 年，县上投资 4 万元，购置了组合式磨面机，次年投产。1959 年，县办副食加工厂建成投产，主要生产面包、蛋糕、饼干等。60 年代增加了一套同型号设备，至 70 年代初淘汰。1971 年，为满足城乡商品粮供应加工，延长县建成月产 150 吨面粉流水生产线，提高了生产效率。此后，有条件的生产大队相继建成了电动磨坊，为村民加工粮食提供了便利。

手工业 1949 年 10 月前，延长县木器、铁匠、银炉等手工业店铺一应俱全，但从业人员少，生产规模小。1956 年起，延长县对个体手工业进行社会主义改造，组成手工业联社。至 1957 年，全县有铁、木、砖瓦、皮麻、柳编等行业 54 个社组，职工 605 人，个体工匠 157 人，产品 464 种，产值 31.37 万元。

1958 年人民公社化后，各公社根据人才、技术等实际条件兴办起农具厂、综合厂、运输队、副业队等约 160 个，从业人员增加到 650 人，年产值 20 万元。1959 年，贯彻中央"调整、巩固、充实、提高"的八字方针，纠正"一平二调"，社队企业相继下马。1963 年，手工业发展到巅峰，全县手工业总产值 20.2 万元。"文革"后，手工业遭到限制，生产停顿。1975 年，恢复社办农机修配厂，部分大队相继办起农副产品加工厂，社队企业猛增至 300 个，但经济效益普遍不佳。1979年3月，县政府成立了社队企业管理局，负责管理指导社队企业生产经营。是年，社队企业发展到520个，从业人员1689人，工业总产值66万元。

二、国有商业

私营与合作商业 延长县私营商业贸易活动由来已久，对于地方经济发展具有巨大推动作用。1951年，全县个体商业户共有226户。1955年，政府对个体商业户进行了全面普查，全县共组建公私合营合作商店、合作小组24个，从业人员95人，全县已改造的工商户达到97.2%，初步建立了以集体经济为主的社会主义经济模式。

1961年8月，延长县按照有利于调动集体商业人员积极性，提高服务质量；有利于商业流通，繁荣市场；有利于人民生产生活需要的原则，对50年代过渡为国营商业的原集体商业人员重新调整，归口组织，成立百货、五金、照相、饮食4个集体店组，独立核算。

供销商业 1949年10月后，供销联合社（简称县联社）基层社（中心商店）归商业局管理。1956年，改为供销合作社。各供销社收购的农副产品主要有粮食、棉花、中草药材、家禽、家畜及手工业、农具。此后，又相继增加了苹果、梨、核桃、花椒、红枣、蚕茧、蜂蜜、野禽、兽皮、废旧物资。

1959至1965年，国家对棉布、棉花实行凭票供应；食糖、煤油、火柴、肥皂等生活日用品实行定量供应；烟酒则实行分配供应。1960年，少数经济收入好的生产大队创办了代购代销店（简称双代店），为基层供销社代办业务，主要代销生活日用品和少量生产资料及农副产品和中药材。其时，全县有代销店20处，极大地方便了群众的生活和生产所需。1966年，缝纫机、自行车等紧俏工业品实行分配供应。1977年起，取消凭证供应。

国营商业 中华人民共和国成立初期，国有商业发展迅速，延长县根据国家计划经济管理需要，先后建立健全了国有商业机构。

主要有延长县糖业烟酒公司（1953年始建，先后称延长县专卖事业公司、延长县服务局、副食公司）、延长县新华书店（1954年成立）、延长县百货公司（1955年2月始建）、延长县药材公司（1959年成立）、延长县物资综合公司（1965年成立）、延长县农机公司（1966年成立）、延长县饮食服务公司（1974年成立）、延长县粮油公司（1976年3月成立）、延长县石油公司（1977年成立）、延长县外贸公司（1977年成立）、延长县烟草公司（1985年成立），主要承担经营全县日用百货、烟酒专卖、纺织品、工业品、粮油等产品销售。

  国营商业实行计划经济经营管理模式，偏重于行政管理，经营上仅靠下达指令性计划指标，逐级分解。年初，县计划委员会同上级业务部门下达当年购、销、利润、费用等计划指标。各专业公司再分解到店、组、门市。专业公司实行单独核算，盈利全部上交国家财政，亏损由国家财政补贴。干部职工实行固定工资，企业盈亏，个人工资不受影响。企业经营的经济效益、社会效益与企业管理干部的奖罚关系不大，职工干好干坏，均按级别发工资，职工的劳动积极性、创造性未能充分发挥。

  粮食贸易 中华人民共和国成立初期，粮食自由交易。1953年，国家对粮食实行统购统销，取销集市贸易。公粮、商品粮（即购粮）由国家统一经营，当年征收公粮108万公斤，统购195万公斤。统购根据农户种植面积、常年产量、年消费量等，民主评议、任务到户，农户留足自用粮油，征得自愿将余粮全部统购。城镇居民按年龄、工种定标准长期供应，农村缺粮户每年评定1次，按何时缺何时供应及当地有啥供啥的原则，保证供应。统销由国家补贴，平购平销，价格倒挂。粮食价格长期稳定。即使提高统购价格，国家对职工采取粮食差价补贴办法，不增加粮食提价后的个人支出，销售价则相对稳定。

  1955年，农村实行合作化，根据新的农业体制，实行定户、定购、定销政策，一定三年不变。同时，为了鼓励农民完成公购粮任务，对缴售踊跃，超额上缴任务的集体农户进行奖励。农业学大寨期间，对超缴夏粮1000公斤以上和全年超缴2500公斤以上的大队、生产队奖售化肥、布票或名牌自行车、缝纫机。同时，为了减轻农民负担，使农民休养生息，调整了征购基数，一定五年不变。

1979年后，开放了粮食集市贸易，市场活跃，经营量不断增加。

对外贸易 中华人民共和国成立初期，外贸商品由基层供销社经营。1958年，由县农副公司经营。1976年3月，成立延长县对外贸易公司，1977年正式营业，时年有干部职工11人，外贸商品有土产、轻工工艺、畜产品三大类34个品种，主要有杏仁、羊毛、羊绒、皮张等。

三、城乡基础设施建设

干线公路 中华人民共和国成立初期，延长县干线公路延（长）—延（安）公路，路面宽5米，全长72公里，为延长油矿专用线。为了推动经济发展，1952年至1953年，对延—延公路进行大整修，恢复通车。其中，延安—甘谷驿段属210国道，甘谷驿—延长县城为205省道。1958年改建取直，铺沙砾路面31公里。1975年，铺筑了延长县城至黑家堡公社35公里柏油路，这是全县第一条柏油公路。1977年延河特大洪水后，对延（长）—延（安）公路进行了整修，新增油路罩面42.71公里。

乡村道路 1949年10月后，延长县按照"乡乡通公路"要求，全面贯彻"民工建勤""民办公助"方针，动员群众投工、投劳、捐款修建乡村公路。1956至1959年连续四年，整修大车马道和架子车道1567公里，实现了社队全部通大车和架子车。60年代，开工修筑渭清线，全长250公里。70年代，又相继贯通了东西方向的延马公路和南北方向的渭清公路，初步建成了四通八达的乡村道路公路网。

渡口 延长县黄河主干道共有马头关、凉水岸、八面窑、冯家岔、毕家山、王满六个小渡口，摆渡运输工具为小木船和筏子，主要摆渡人畜和农副产品，是秦晋省际人员、物资来往交流的主要运输通道。

特别是马头关和凉水岸渡口船运繁忙，为秦晋两地人员往来和经济发展作出重要贡献。

运输 民间运输方面，中华人民共和国成立初期，货运运输主要为驴、骡、马驮运，运输工具以木轮车、胶轮车、铁轮车、架子车为主。1956年，组建延长县群众运输队，运输工具为胶轮大车和架子车。1970年以后，随着公社、大队、生产队拖拉机不断增加，拖拉机成为民间主要的运输工具。

汽车客运自1952年始，建成延长县汽车站，营运延长至延安客运。1960年至1974年，陆续开通县城至张家滩、交口、安河、罗子山、雷赤的班车。汽车货运始于1973年，延长县成立汽车运输公司，主要从事货物运输。至1978年，运输公司货运汽车发展到17辆，年货运量10148吨，货运周转量13.11万吨公里。

邮电 1935年5月，红军解放延长后，在延长县成立红军无线电训练班，12月迁至瓦窑堡。当时设两条邮路，一条经固临至宜川；一条经甘谷驿至瓦窑堡，两路班期均为2日。1949年，延长邮政局成立。1952年，区、乡邮政业务由各供销社代办，除已有的延安至延长邮运，新开辟东路延长—交口—安河—赵家河—雷赤—张家滩—延长；西路延长—七里村—郭旗—郑庄—延长两条邮路，全长252公里，靠人力行走发送邮件。当年邮电业务量9600元，发行报刊19098份。1957年，邮路发展到7条，其中3条邮路用自行车邮送，4条步班。区、乡发展邮路10条，行程732公里。1971年，县城至各公社邮路一度实现摩托车邮运，邮路322公里。

延长县1953年始有长途电话通讯，并开办长途电话业务，直通延安。1955年，延长油矿电报业务由单纯为内部服务转为全县民众服务。1956年，电话增开市话、农话业务。1959年开通延长至延安载波电路，电话机大量增加。1961年，开办国际电报业务。1965年，拥有会议电话交流机、晶管会议机各1部，市话用户发展到76户。1971年增设短波收发报机设备和服务。1976年，开通延安至延长电传电路专线。

城镇建设 1949年10月前，县城城墙围合，牌楼醒目。主街道为石板路面，街道狭窄，坎坷不平。店铺简陋，房屋破旧。东、西、南三面筑有城门。城内有牲畜粮食市场，铁木作坊及零星摊点等。中华人民共和国成立初期，受经济条件制约，县城建设发展缓慢。

1972年，县革命委员会决定修建北洞渠涵洞，动员县城机关单位干部职工、教职员工和学生及街道居民，参加义务劳动。当年建成石拱涵洞，连东西街为一体，极大地方便了人们出行。其时，县城主街石板路面因长期踩踏，多成碎石，加之街道狭窄，弯曲不平，每至雨季，泥泞不堪。1975年，县革委会动员县级单位干部职工利用业余时间打石子，地区公路总段供沥青，完成了县城主街道改造工程。同时，改造沿街巷道，铺设沥青路面。1978年春，新建环城路护岸河堤，并改造街道排水设施。1979年，统一规划，选配中槐和杨树，对县城街道进行绿化、美化。安装路灯，开辟环绕公路。至1985年，建成三条街道主排水渠，完善了排水功能。

城区供水 1969年前，城区居民饮用水主要是岩隙泉水和地表常流水。当年，县革委会决定修建自来水厂，在西河子沟上游663米处建截流拱形坝及500平方米蓄水池，日供水量800立方米，1974年建成并开始供水。1977年，水厂被洪水冲毁。1978年，重新改造恢复。

集镇建设 中华人民共和国成立初期，延长县仅有县城、交口、安河三个集镇。1952年至1956年间，先后新建皇庆镇（即张家滩）、郑庄、雷赤三个集镇。1975年，随着社办工商业和服务业的迅速发展，集镇日益兴盛，已成为乡村政治、经济、文化服务的中心。

乡村建设 中华人民共和国成立初期，农家窑洞以土窑方格窗为多，石窑洞很少，且多为古式石窑。一直到20世纪70年代全县广大农村群众因经济收入低，大多居住在土窑洞内，经济收入较好农户则居住在以石头接口或以泥基接口的土窑内。1971年至1975年第四个五年计划期间，兴起建设新农村热潮，安沟公社学赶大队，黑家堡公社瓦村、白家角，刘家河公社高家河、张家滩公社谭家河村建成了统一规划,整排建设的石(砖)窑洞。

爱国卫生运动 1952年,延长县成立爱国卫生运动委员会,发动全县人民大搞室内外卫生,防病治病,改造环境,开展捕鼠、灭蝇蛆运动,累计清除垃圾11.93万吨,铲除杂草0.16万吨。1958年,大搞灭鼠、灭蝇蛆、灭麻雀等运动,清理垃圾、杂草,疏通下水道,新建改建厕所,制作垃圾箱、垃圾台,全县卫生面貌大为改观。1960年,在做好日常环境卫生工作的同时,修建花、果、菜、药园181亩,并洗刷门窗、墙壁,仅拆洗被褥就达三万多床。1963年4月,开展了为期10天的卫生突击运动,每天参加人数达2000人,清除垃圾,整修厕所、猪圈,改善了城乡居民生活环境。

四、实行计划经济

财政 中华人民共和国成立初期,中央人民政府为了实现财政收支平衡和市场物资供求平衡,有效地制止通货膨胀和物价飞涨,制定了一系列统一国家财政经济的方针、政策,财政收入全部上缴中央,支出由中央拨款,县财政实行统收统支,实报实销,不敷部分由国家补贴。

延长县财政收入主要来源于企业利润,工商税、农业税和其他收入。1950年,征收公粮150万公斤,附加粮17万多公斤,税收16.13万元。第一个五年计划期间(1953至1957年),财政收入124.75万元,年平均24.95万元,较恢复时期的1952年年增长18.9%。财政支出371.5万元,年平均74.3万元。

1958年国家下放财政,省政府规定收支归县,划定留解比率,经常性开支由县自求平衡,实行以收定支,原则上固定三年不变。

1958至1959年,国民经济"大跃进",炼铁、面粉、发电、机械等新型企业兴起,财政收入"旋风式"增长至180多万元。第二个五年计划期间(1958至1962年),财政收入共计364.12万元,年平均72.8万元,较"一五"期间年平均增长192%。财政支出763.76万元,年平均152.75万元,较上一个五年计划期间年均增长106%。

1962年，又将财政体制改为划分固定收入和比例分成收入的办法。1963年，财政管理恢复"总额分成，一年一定"。1970年国家再次下放财政，县财政实行"收支大包干"。

"文化大革命"开始后，因武斗等因素，生产时断时续，财政收入极不稳定。特别是1967年，县财政收入仅20万元。"文革"期间，财政收入共447.96万元，年平均收入44.79万元，较上一个计划时期年平均增长7.4%。财政总支出1930.8万元，年平均193万元，较调整时期的1963至1965年年均增长63%。

金融 全县先后建立了6个金融机构，即延长县保险公司（1951年1月成立）、延长县人民银行（1951年4月成立）、延长县建设银行（1954年10月成立）、延长县信用联社（1954年成立）、延长县农业银行（1956年6月成立）、延长县工商银行（1985年1月成立）。1949年10月后，随着国民经济的发展和现金管理的加强，企业、机关、财政、团体存款逐年大幅度增加。1952年存款余额为13.8万元，1966年增长为40.7万元，1976年增长为127.7万元。

工商信贷1952年仅为6.2万元，1957年为155.4万元、1978年641.8万元。农业贷款1952年5.3万元、1957年32.3万元、1978年370万元。农村信用社存贷款1957年6.7万元、1976年67.6万元。1952年保险业务收入25800元，1953年46200元，赔偿35000元。

计划经济 中华人民共和国成立初期，国民经济处于恢复时期，粮食播种面积持续增长，造林种草面积逐步扩大，饲养牲畜增多，以手工业为主的副业开始兴起。1953年，我国第一个五年计划正式实施，延长县国民经济发展进入了计划经济时代。至"一五"末的1957年，全县粮食总产1475.5万公斤，较1949年增长18.47%；农业总产值614.1万元，较1949年增长48.8%；工业总产值98.16万元；社会商品零售总额456万元，比1949年的303.6万元，增长50.20%。"大跃进"和三年调整时期，在全民大办地方小工业的高潮中，延长县先后兴办起造纸厂、电厂、陶瓷厂、油矿、木业厂、酒厂、铁业合作工厂等县办企业，促进了工业经济的发展，工业总产值254.1万元，较1957年增长1.59倍。但因盲目办厂，设备缺乏，技术不过关，产品质量差，多数厂因无法维持经营而下马，少数厂合并。

1960年至1968年，农业经济由于受三年自然灾害和"文化大革命"的影响，发展缓慢，年平均播种面积55.28万亩，年平均粮食总产2006万公斤，较前十年增长39.7%；人均247公斤，较过去十年下降了15.12%。工业经济得到发展，特别是地方工业崛起，延长县铁业合作社，职工达180多人，年平均产值60.94万元，成为县域经济发展的中坚力量。

"文革"时期，由于受各种运动冲击和干扰，国民经济发展极不稳定，出现了计划高，完成低等不切合实际的计划经济时段。1970年，粮食总产量计划3572万公斤，实际完成2415万公斤，只完成计划的67.62%；棉花计划总产38.5万公斤，实际完成16万公斤，完成计划的41.56%。工业总产值计划48万元，实际完成35万元，完成计划的72.9%。1976年，粮食总产量计划5150万公斤，实际完成3888万公斤，完成计划的75.1%；工业总产值计划180万元，实际完成179.7万元，完成计划的99.98%。

1978年，全县国民经济发展出现重大转机，稳定的国内形势，为经济恢复发展提供了保证。当年，粮食总产量3740.5万公斤，工业总产值378.71万元，财政收入达94.29万元。

人口普查 1953年，延长县开展了第一次人口普查，全县共有14 660户58 579人。1964年，进行了第二次人口普查，全县共有18 658户，82 789人。1982年，进行了第三次人口普查，全县共有26 918户，119 774人，较1964年净增36 985人，增长44.7%，年平均递增2.1%。

物价 中华人民共和国成立初期，人民群众渴望稳定物价，发展经济。延长县根据中央"整理收支、稳定物价"的政策，对市场物价实行计划管理。及时调整国营贸易公司的牌价，大力组织商品供应，确保市场物价处于平衡状态。第一个五年计划期间，延长县采取调整少数不合理价格，提高农产品收购价格，对粮、棉、油实行统购统销，取消季节差价，稳定了物价。1960年至1962年三年困难时期，对关于人民群众生活必需的粮食、棉花等18类消费品实行凭证供应。同时，根据市场需求形势，适时调整供求关系，平衡人民群众对商品的需求和消费。

"文革"期间，物价管理受到严重影响，黑市价格波动较大，变相涨价很多，影响生产和人民生活。十一届三中全会后，中央调整不合理的价格，大幅度提高粮食、油料、生猪、鲜蛋等收购价格，平均提高价格29.5%，调动了农民的生产积极性。在提高收购价的同时，销售价却保持不变，由政府给每个职工每月增发五元副食补贴金来保证消费者的利益不受损。

第三节　党的组织、思想、制度建设

1949年3月4日至12日，中国共产党延长县第一届第一次代表大会在县城召开，会议总结了农村土地工作，并部署了1949年工作，选举产生了中共延长县委员会，高鼎明当选为书记。通过了加强在职干部教育、培养、提拔，加强农村支部工作、加强青年和妇女工作、学校教育、保卫工作、发展煤矿、改善战勤负担等8项方案。会后，组织区级以上脱产干部学习党的七届二中全会决议，为迎接全国解放作了思想准备。8月，在农村开始历时7个月的整党、整风工作。至年底，全县共有农村支部46个，党员2168名。

1951年5月，开展"镇压反革命"运动，成立了由县委书记宋世宽任主任，县长南怀礼任副主任的镇反审判委员会，审判委员会下设审讯小组、材料调查宣传组。当月，抓捕了26名反革命分子和一贯道道首。1952年春，开展"三反"运动（反贪污、反浪费、反官僚主义），处理了一批证据确凿的贪污盗窃分子。

1952年1月15日至22日，召开中国共产党延长县第二届第一次代表大会召开，会议汇报增产节约、婚姻法宣传情况，总结整党工作，制定1953年整党计划，选举产生了第二届县委会，宋世宽当选为书记。会议还认真总结了1935年至1949年整党建党的经验与教训，认为1935年以来，全县33个乡党组织发展党员采取先接收后教育的办法，许多党员形式上入了党，但思想并未完全入党，并且存在无党员的村子，决定继续抓好整党建党，把党的组织、思想建设列入各级党组织主要议事日程，制订计划，做好安排，抓出成效，充分发挥党在社会主义建设中的领导作用和党员的先锋模范作用。是年，重点以工农业生产及"三反""五反""镇反""抗美援朝"《婚姻法》宣传为重点，县区干部普遍成立学习小组，党组织生活制度普遍建立，党员干部学习、组织生活逐渐形成制度，党的宣传教育逐步走上正规化。

1952年9月28日至30日，召开中国共产党延长县第二届第二次代表大会，会议总结了"镇反""三反""五反"运动和三年恢复时期的经验和成就，补选了三名委员，李献祥同志当选为书记。会议认为，全县人民在毛主席《复电》精神指引下，通过几年艰苦奋斗，不仅恢复了战争的创伤，而且为社会主义改造和有计划的经济建设奠定了思想和物质基础。1953年，广泛宣传党中央过渡时期总路线和社会主义"三大改造"，县委成立学习委员会，县级各单位和区、乡成立学习小组，组织干部职工学习党的方针政策，统一了全县干部职工思想。

1954年6月13日至17日，召开中国共产党延长县第三届第一次代表大会，会议传达了中共中央七届四中全会精神，通过中共延长县委关于进一步加强党的团结，健全党委制，加强集体领导的决议。会议总结了春夏生产和1953年粮食统购统销工作，安排布置"三夏"工作。制定了"边整顿边生产，边巩固边提高"的工作方针和1954年延长县农业互助合作规划。选举产生了第三届委员会，李献祥当选为书记。

1956年4月2日至6日，召开中国共产党延长县第四届第一次代表会议，会上传达了《全国农业发展纲要》（1956—1967），制定延长县1956—1967年农业发展规划，选举产生了第四届委员会委员，惠世昌当选为书记。会议明确指出在重点抓好改造农业的同时，也要对城镇小手工业者和资本主义工商业进行社会主义改造，尽快确立社会主义公有制。是年，成立县委干部培训班。1957年，开展整风反"右"斗争，26名干部被定为"右派"。县委干部培训班培训农业合作社社长85名，组织他们学习《农业合作社示范章程》《中国农村的社会主义高潮》《中国共产党第八次全国代表大会文件》《中国共产党党章》和《关于正确处理人民内部矛盾的问题》等。号召各级党组织带领全体党员，认真开展整风运动，全面进行一次政治战线和思想战线上的社会主义革命，形成一个又有集中、又有民主，又有纪律、又有自由，又有统一意志、又有个人心情舒畅，生动活泼的政治局面，以利于发展生产，改善人民生活，加速社会主义建设。在整风运动推动下，掀起了声势浩大的农业生产新高潮，为实现各项工作的全面大跃进做好了充分的思想准备。

1958年，中共中央公布社会主义建设总路线。县委领导全县人民掀起以兴修农田水利为中心的农业生产、工业技术革命新的高潮。工业要兴办工厂；农业粮食要达纲要，兴修农田，深施肥，农民实行食堂制、薪金制。各级党组织通过农民政治夜校、有线广播、黑板报、文艺演出等广泛开展总路线、《人民公社条例》宣传活动。县委党校培训生产大队党支部书记、大队长232人。1959年4月，成立17个公社党委会，同时成立县级机关党委。11月，全县开展历时65天的整风、整社运动。

1960年5月，全县开展新"三反"运动，查出贪污、挪用公款、盗窃等问题人员308人，撤职开除30人，法办3人，处分81人。7月25日，在郑庄镇召开中共延长县第五届代表大会第一次会议，重点讨论如何彻底改变领导作风，充分发挥人民公社优越性，大搞农业技术改造，加速农业"更大跃进"的问题。选举产生县委会，书记为高兴海。同时，新设立监察委员会，书记为张宏荣。会议决定，认真贯彻中共中央制定的"调整、巩固、充实、提高"八字方针，动员全县人民大办农业，大办粮食，组织各行各业支援农业，鼓足干劲，集中全力夺取农业生产大丰收；克服困难，贯彻人民公社"三级所有，队为基础"的制度，纠正一平二调"共产风"，保证公社化运动健康发展。

1962年5月26日，召开了中国共产党延长县第六届代表大会第一次会议，号召全县人民继续贯彻执行"八字"方针，实行精兵简政，压缩城镇人口，认真贯彻毛泽东主席提出的党的社会主义建设基本路线，开展阶级斗争，开展"五反"和"四清"运动。8月，在县级26个单位开展为期1个月的社会主义教育运动（又称四清：清政治、清组织、清思想、清经济），共查证落实贪污盗窃、投机倒把，参与自由市场、私自挪用公款行为的72人。1963年，全县开展增产节约和"五反"（反贪污盗窃、反投机倒把、反铺张浪费、反官僚主义、反分散主义）运动，全县26个单位484名干部职工参加。运动中提出意见3849条，并进行了适当处理。

1964年5月，全县开展学习毛泽东著作活动和社会主义教育运动，重点整顿社、队两级，进行"四清"。12月23日至27日，召开了中国共产党延长县第七届一次代表大会，讨论"三五"计划、加强党的组织建设和政治思想工作，会议提出突出政治，大学毛主席著作，认真改造世界观，实现思想革命化；学习、宣传贯彻"二十三条"，解决农村工作中的一些突出问题；学大寨，争上游，大打农业翻身仗；做好备战工作，支援世界革命。大会号召全体共产党员和全县人民，鼓足干劲，埋头苦干，为迎接实现"三五"计划、实现四个现代化而奋斗。

1966年，全县开展学习毛泽东《为人民服务》《纪念白求恩》和《愚公移山》以及《矛盾论》《实践论》等著作。下半年"文化大革命"开始，贯彻《十六条》，进行大辩论，批斗"走资本主义道路的当权派"。1967年，"文化大革命"造成人民群众思想混乱，"夺权"引发的派性，舆论代替了正常的宣传教育，继以"文攻武卫"

为幌子，开展武斗，逐步升级，导致社会秩序混乱，党的基层正常组织生活几乎停摆。1968年，成立延长县革命委员会，实行党的一元化领导，革委会内设立党的核心领导小组，研究决定重大问题。1970年，全县开展清理阶级队伍和"一打三反"运动。

1971年3月25日，中国共产党延长县第八届第一次代表大会召开。会议总结革委会成立后的工作，落实中共第九次代表大会提出的各项任务，选举产生了第八届委员会委员，李仲发当选为书记。1973年，全县开展"批林批孔"运动，学习无产阶级专政下继续革命理论，社会主义历史时期的基本路线和批林整风及批林批孔文件。脱产干部学习《哥达纲领批判》《反杜林论》《法兰西内战》《国家与革命》4本书。1974年2月20日，县委常委会决定，撤销办事组、政工组、生产组、政法组以及所属各小组。重新设立县委办公室等县委机关，县委工作恢复正常化。各人民公社党委机构相继恢复运转。1975年，全县开展"工业学大庆""农业学大寨"运动。全县大搞农田水利基本建设。经过四年不懈努力，全县实现社社、队队通公路，新修"四田"（水地、梯田、坝地、埝地）30908亩，成片造林13.7万亩。1976年，开展揭批"四人帮"活动，党的宣传工作重新走上正轨。1978年，全县开展"一批两打"（批"四人帮"，打击贪污盗窃、投机倒把）运动，进一步肃清"四人帮"流毒。

为了加强党的纪律检查工作，中共延长县委成立临时纪律检查委员会，受理和查处党员违纪问题。1979年，对未作结论或结论不正确的人员重新作了实事求是的结论，并为7名干部平反昭雪。对受株连的家属和子女作了妥善安置。在拨乱反正中，中共延长县委领导全县党员干部和群众，就真理标准问题进行学习和讨论，统一了干部职工思想。

人民武装 延长县人民武装部，隶属于延长县委、县政府和中国人民解放军陕西省军区延安军分区多层次领导。它在巩固人民民主专政、维护社会治安、动员征集兵员、加强民兵建设、拥军优属等方面，作出了一定的贡献。

1949年10月后,为了适应社会主义革命和建设的需要,1951年3月,将延长县武装科改为人民武装部,辖军事、政治两股。1954年,全国第一部《兵役法》(草案)颁布,规定实行义务兵役制。同年7月,延长县人民武装部改为县兵役局,县委书记兼任政委,辖兵役、民兵两股。1958年9月,毛泽东同志发出"大办民兵师"指示,延长县民兵组织迅速发展壮大,全县民兵编为1个师、12个团、56个营、167个连,共18248人。10月,县兵役局复改为人民武装部。1960年民兵积极分子、老英雄郝树才和高鸿敬出席了全国民兵群英会,受到了毛泽东等党和国家领导人的亲切接见,中央军委授予每人56式半自动步枪一支,子弹50发。

郝树才(1904—1986),中国共产党优秀党员,无产阶级忠诚战士。原籍清涧县郝家崖沟村,6岁时随父迁居延长县交口镇谭石塬村。自幼家贫,没上过学。1935年8月,参加陕北工农红军,被编入红二十五军二五〇团机枪连。1935年冬,在崂山战役中,郝树才和4名战友一起,用手榴弹炸毁敌一一〇师指挥部,被授予"战斗英雄"称号。此后,他肩扛机枪,冲锋陷阵,先后参加陕北、陕甘边苏区第三次反"围剿"、东征、西征和抗日战争、解放战争,在直罗镇、榆林桥、兑九峪、平型关战役等战斗中,三次负伤,荣立四次特等功,一次大功,两次被评为特等战斗英雄。1941年,郝树才在三五九旅任排长,边区军民响应中共中央号召,开展大生产运动,郝树才一天开荒4.23亩,创造了全军开荒的最高纪录,大家都亲切地把郝树才唤作"气死牛"。郝树才在大生产运动中,多次被评为劳动英雄,两次出席陕甘宁边区劳动模范代表大会,被授予"特等劳动模范"称号。毛泽东、朱德总司令等中央领导接见了他。

1955年,郝树才响应党大办农业的号召,自愿复员当农民,并把自己仅有的2000元复员费和残废金捐献给农业合作社,为社里买牲口、羊崽。他担任党支部书记20多年,始终保持战争年代的热情和拼命精神,为改变家乡贫穷落后面貌献出毕生精力。他多次出席县、地、省、西北军区、全国先进人物和积极分子代表大会。国务院、民政部、西北军政委员会、西北铁路局、陕西省人民政府、甘肃省人大常委会和甘肃省军区、江西省人民政府等单位，先后给郝树才颁发"人民功臣""劳动模范"等奖章和纪念章。

1961年，成立中共延长县人民武装委员会，各公社也同步成立了人民武装委员会。1962年，贯彻落实毛泽东主席关于民兵工作要做到"组织落实、政治落实、军事落实"的指示，进一步加强民兵建设。1966年5月，"文化大革命"运动开始，10月根据中国人民解放军总参谋部的有关规定，陕西省延长县人民武装部改称中国人民解放军陕西省延长县人民武装部。1967年1月，延长县人民武装部奉命执行"三支两军"（支左、支工、支农，军管、军训）任务，对稳定当时局势起了积极作用。1969年，毛泽东发出"提高警惕、保卫祖国、准备打仗"的指示，县武装部迅速组建了武装基干民兵团和部分专业技术民兵分队，加强民兵训练，使其达到一兵多能，提高民兵战斗力，以适应战时的需要。从此，民兵训练统一赴县城进行集中训练，训练对象为18至25岁男女民兵，训练内容为射击、刺杀、投弹、爆破、土工作业及防原子、防化学、防细菌知识技能，学习偷袭战、围困战、地道战、地雷战等民兵传统战术。1979年，按照《民兵工作条例》规定，县武装部恢复预备役登记工作。

中国人民武装警察部队延长中队担负着警卫、看押等任务。1951年3月，延长县成立公安中队，受陕西省公安总队延安专区公安大队和延长县人民政府双重领导。1955年7月，公安部队整编，县公安中队归县公安局领导。1966年3月，县人民武装部接管县公安中队，称中国人民解放军陕西省延长县中队。1976年1月，改称陕西省延长县人民警察中队。

第四节　群团组织建设

工会　1951年4月，恢复延长县工会联合会。中共延长县委组织部兼管工会工作。1963年4月，召开延长县首次工会会员代表大会，选举产生了延长县第一届工会联合会工作机构。1968年,遵照全国总工会指示,延长县工会联合会改称延长县总工会。延长县总工会组织在中共延长县委领导下,积极开展工作,充分发挥了在社会主义革命和建设中的作用。1963年至1965年连续三年,被陕西省总工会评为先进工会,有7名会员先后受到陕西省总工会表彰和奖励。1966年秋,"文化大革命"开始,工会工作停止。1973年,恢复工会组织,同年8月7日,召开了第二次会员代表大会。

共青团 1949年4月25日,召开了中国新民主主义青年团首次代表大会,选举产生了新民主主义青年团延长县第一届委员会。1957年7月,根据《中国共产主义青年团章程》(草案),中国新民主主义青年团延长县委员会改称中国共产主义青年团延长县委员会。在社会主义革命和建设时期,团县委领导青年、团员开展红在农村、青在农村、艰苦奋斗建设社会主义新农村的活动;号召全县青年学习老英雄郝树才,争当建设社会主义红旗手;积极响应毛主席发出的"向雷锋同志学习"的号召,开展轰轰烈烈的"学雷锋比自己,争当五好青年"活动。全县涌现出大批优秀团员和青年,有力地促进了社会主义革命和建设的发展。从1949年至1966年,延长县共召开7届7次团代会。1966年受"文革"影响,团组织瘫痪。

1972年,团组织恢复。1979年4月、1982年8月、1985年8月,先后召开中国共产主义青年团延长县第十、十一、十二次代表大会。团县委在中国共产党延长县委员会的领导下,积极响应中共中央关于抓好"两个文明"建设的号召,带领广大团员青年深入开展"五讲、四美、三热爱""学雷锋、树新风""人人争当新长征突击手"的活动,提高广大团员青年的共产主义觉悟,积极参加社会主义建设事业。1979年,北京知青、县中学教师李永康被团中央命名为全国新长征突击手,受到表彰奖励。在1984年义务采集树种,支援甘肃省的造林活动中,共青团延长县委被评为全国先进团县委,受到团中央的表彰和奖励。

妇联 1949年1月，遵照陕甘宁边区妇联指示，延长县各届妇女联合会改称延长县民主妇女联合会。1958年遵照陕西省妇联指示，将延长县民主妇女联合会改称为延长县妇女联合会。中华人民共和国成立后的17年里，延长县妇联积极宣传和贯彻《婚姻法》，为保护妇女儿童合法权益、实现男女平等、提倡婚姻自由等做了大量工作，取得了显著成绩。同时，组织领导全县妇女积极参加生产劳动，投入社会主义建设事业。1958年全县妇女种试验田200亩，平均亩产200公斤。郑庄妇女试验田，亩产达到400公斤，创全县最高纪录，受到全国妇联的嘉奖。在"农业学大寨"运动中，治山治水，大搞农田基本建设，妇女也做出了一定的成绩。1966年"文化大革命"开始，各级妇女组织瘫痪。

1979年10月、1984年11月，先后召开延长县第八、第九次妇代会，选举县妇女联合会主任和组成人员。延长县妇联带领广大妇女围绕新时期的总任务，发挥"半边天"的作用，大胆创新，广开门路、发展商品生产，脱贫致富迈新步。同时加强对妇女的教育，提高妇女的政治、文化素质，培养具有时代特色的"五好家庭"和"双文明"户，争当"三八"红旗手。1982年，黑家堡乡的李玉花荣获陕西省"五好家族标兵"称号，1983年，她光荣出席全国妇联第五次代表大会，被选为执行委员。1984年，全县评出"三八"红旗手158名，其中50名分别受到全国、省、地妇联的表彰。同年全县涌现出妇女养殖专业户1255户。1985年，以妇女为主体的个体服务点225个，占全县第三产业的52%，七里村乡冯桂英被选为陕西省个体劳动者协会委员。同年，7名妇女干部分别受到省、地妇联表彰。

工商联 1953年5月16日，召开延长县工商业联合会第一次会员代表大会，选举产生了延长县第一届工商业联合会工作机构，下设各集镇工商小组。"文化大革命"中，工商联瘫痪。

科协 1958年6月7日成立延长县科学技术协会。1959年6月30日成立延长县科学技术委员会。科协和科委两个机构，一套班子。

全县各公社、厂矿、学校成立科技组织，共有科协分会、学会39个，会员1374人。1962年贯彻中央"调整、巩固、充实、提高"的方针，县科委、科协撤销。各基层科协分会、学会也随之解体。

1977年10月，成立延长县科技局。1978年全国科学大会后，根据中央关于建立各级科协组织的通知，1982年11月，延长县科技局改为延长县科学技术委员会，同时恢复延长县科学技术协会，两个机构，一套班子。1985年1月，成立科技干部管理局。科委、科协、科干局合署办公。延长县科协恢复后，贯彻党的科技工作方针，围绕经济建设和社会发展战略目标，进行科普宣传、学术交流、技术推广、技术培训，促进了工农业生产发展。

贫协 1965年2月，召开延长县第一次贫下中农代表大会，选举产生由21名委员组成的延长县贫下中农协会第一届委员会（简称贫协），县委书记高兴海兼任贫协主席。选出李献祥、郝树才等26人为出席省贫下中农代表大会代表。各人民公社、大队成立了贫协，各生产队成立了贫协小组。1966年"文化大革命"开始，贫协停止活动。

1973年9月，召开了延长县第二次贫下中农代表大会，大会交流了"农业学大寨"的经验，选举产生了由15人组成的贫协领导组织，刘指民当选贫协主席。1981年7月，遵照陕西省委指示，撤销贫下中农协会及各级贫协组织。

第五章　改革开放和社会主义现代化建设时期

1978年12月，中国共产党十一届三中全会胜利召开，确定把全党的工作重心和全国人民的注意力转移到社会主义现代化建设上来。从此，延长县人民在改革开放政策指引下，加强党的组织作风建设，大力发展工农业经济，加快城乡基础设施建设，提升公共事业服务质量，建立社会救助体系，全县社会经济进入快速发展、繁荣鼎盛的新时期。

第一节　中国共产党组织建设

改革开放以来，中共延长县委高举中国特色社会主义伟大旗帜，坚持邓小平理论、"三个代表"重要思想和科学发展观，加强政治思想和组织建设，充分发挥党组织的战斗堡垒作用，为全县经济社会发展提供了组织和思想保障。

一、加强全县党建和经济工作的领导

1984年11月25日至28日，中共延长县第十次代表大会召开，选举产生了县委常委会，冯良印当选为县委书记。为了解决党政不分，以党代政的问题，决定进行政治体制改革。实行党政分开，撤销了公社党委，成立了乡党委、镇党委。为了加强党的建设，从1985年11月开始，全县各级党组织集中时间进行全面整顿。在一年多的时

间里，各级党组织和党员通过自我教育、自我检查、自我总结经验教训等方法，对党员进行思想教育，提高了党员的政治思想觉悟，使党在思想建设、组织建设等方面，出现了一些可喜的变化，党风和社会风气较前有所好转。

1985年8月至1987年3月，按照中央、省委、地委的安排部署，延长县分县、乡（镇）、村三批进行整党，严肃查处了各种违纪案件。通过整党统一了党员的思想认识，提高了党员政治素质；党的组织建设得到了加强，战斗堡垒作用得到发挥。

1987年，县委提出了"大力实施以县办工业为鸟头，以粮食生产为主体，以乡镇企业为两翼"的"飞鸟型"发展构想，促进了延长的经济发展。

1988年1月11日，召开了中共延长县第十一届党代会第一次会议，按新党章规定，选举产生由29人组成的中共延长县委员会，左有才当选为县委书记。讨论制定出"以粮食生产为基础，以6个骨干项目（花生、烟叶、苹果、葡萄、羊子、肉兔）为龙头，以乡镇企业为突破口，促进农、林、牧、副、渔全面发展，工、商、建、运、服务综合经营"的发展规划。

1990年5月，县委、县政府作出《关于全县农村推行"双田制"的决定》，进一步深化农村体制改革，推动农业发展。《决定》明确提出了推行"双田制"的重大意义、指导思想、实施办法和政策落实。5至6月，利用20天时间，集中力量在全县推行"双田制"。同时，制定印发了《关于在全县推行"双田制"的实施细则》，明确了"双田制"划分、承包以及义务建勤工等一系列工作的具体办法，推动了"双田制"在全县顺利实施。9月出台了《关于加强党的建设的决定》和《关于加强对党建工作领导的意见》，明确了全县深入开展党建工作的奋斗目标。

同时，结合全县党政干部考察任用实际，制定出台了《关于科级干部任免升降的若干规定》。规定拟提拔对象需在乡镇工作两年以上，或下乡包村一年以上做出优异成绩，一般不在县级机关中直接提拔。年内调整干部151名,同时从县直机关中选拔了10名优秀中青年干部下乡、镇担任领导职务。

1991年1月27至29日,召开了中共延长县第十二次代表大会,会议选举产生了十二届全委会领导班子,左有才当选为县委书记。会议确定了延长县"八五"期间工作总的指导思想,提出了加大工作比重,狠抓措施落实,努力把党建工作提高到一个新水平的奋斗目标。确定在32个农村党支部中开展创建"庙沟式"党支部活动,在20个机关党支部中开展"创三优"(即创优化管理,增强"两个"作用;创优良作风,提高办事效率;创优质工作,出色完成任务)活动。树立了10名优秀共产党员典型,号召全体共产党员向他们学习。9月,县委作出《关于在全县农村开展创建"庙沟式"党支部活动的决定》,明确提出创建"庙沟式"党支部(原延安市庙沟村党支部从本村实际出发,团结带领广大党员和群众艰苦发展,人均产粮和经济纯收入实现"双过千",走出了一条山区农村经济发展的成功路子,成为当时农村党支部的先进典型)活动的重大意义、培养对象、创建标准、具体措施、考核办法。此次活动全面提升了农村党支部的工作水平。同时,采取集中考察和平时考察相结合,以平时考察为主的办法交流干部33人,并根据扶贫开发和产业开发工作需要,给黄河沿岸三个贫困乡、镇各配备1名科技副乡长,增强了干部工作力量。1992年,县委、县政府下发《关于稳定和加强乡镇干部队伍的若干规定》,包括加强对乡、镇工作的领导、注重提高乡镇干部队伍素质、建立健全后备干部制度、优化乡镇干部结构、实行政策倾斜、改善办公住宿条件等方面内容,为稳定和加强乡镇干部队伍建设发挥了重要作用。作出了《关于党政机关兴办开发性农业产业和第三产业经济实体的决定》,明确了兴办开发经济实体的服务、示范、转能政策措施,鼓励党政机关、事业单位干部职工停薪留职,辞职领办或创办经济实体。同时,推行乡镇机制改革,在各乡镇普遍推行"两聘三岗四下放"(两聘,乡镇党委书记、乡镇长聘用片长,片长聘用包村干部;三岗,根据聘用情况推行上岗、试岗、待岗制度;四下放，将干部管理、工作任务、工资和资金发放下放到片长手中），提升了基层工作效率。

1993年1月1日至3日，召开了中共延长县第十三次代表大会，选举产生了十三届委员会委员，郝福才当选为县委书记。会议确定了以建立社会主义市场经济体制为目标，以提高经济效益为目的，依靠科技进步、主攻烟油、大上林果、搞活流通、配套服务、系列开发、高点起步、突出典型、超常发展，推动全县经济建设跃上一个新台阶的改革和经济发展指导思想及奋斗目标。制定出了《关于七项党建经常性工作的具体规定》和《关于党的基层组织建设的三年规划（1993—1995）》，城乡配套抓创建，促进了全县党建工作的深入开展。全县有12个农村党支部基本达到"庙沟式"支部标准，有13个机关支部基本达到"三优"标准。

十三届委员会期间，县委、县政府作出了《关于深入开展向王思明同志学习活动的决定》，在全县掀起向罗子山乡下西渠小学教师王思明同志学习的热潮。

王思明，1946年生于陕西省延长县罗子山乡下西渠村。1968年担任民办教师。任教以来，他咬定"千万不要误了娃儿们"的坚定信念，发扬艰苦创业精神，带领学生依靠勤工俭学，三迁校址，四修校舍，终于建起了两层12间的一座教学楼，使山沟里的娃娃们进了"洋学堂"。他忠诚党的教育事业，发扬锐意改革开拓的创新精神，刻苦钻研业务，探索出独特的"自治自理""自学自醒"的教学方法，找到了适合山区复式教学的新路子。他坚持传播现代文明，怀着对家乡的一腔热情，用学校勤工俭学的收入，购置了风力发电机、电视机、录音机、小型电脑等，是全县山区小学第一个把现代文明的气息引进山沟沟，让祖祖辈辈"面朝黄土背朝天"的山里人受到了现代文明的熏陶。他在平凡的岗位，创造出了载入共和国史册的非凡业绩，先后荣获陕西省劳动模范、全国勤工俭学先进个人、全国优秀班主任、陕西省优秀共产党员、全国教育战线劳动模范、全国先进工作者等几十项荣誉称号，曾受到邓小平、江泽民、胡锦涛等党和国家领导人的亲切接见。地委、行署,省委、省政府先后作出决定,号召全区、全省各行各业干部群众深入开展向王思明学习活动。李岚清副总理称"王思明这个典型具有鲜明的时代特征,是新时期学习的楷模"。1997年,他光荣地当选为党的十五大代表。

结合黄河沿岸产业发展实际,县委、县政府作出了《关于在黄河沿岸建设万亩花椒基地的决定》,使花椒产业真正成为黄河沿岸群众脱贫致富的主导产业。鼓励科技人员实行产业技术承包,允许兼职、在职承包。1996年,在郭旗乡试点的基础上,分两批对全县乡镇党委进行整建。开展了村级组织整顿工作,组建了三支宣讲团,深入乡镇进行《党的十五大报告》巡回宣讲,统一了干部群众的思想认识。

1998年1月1日至3日,召开了中共延长县第十四次代表大会,选举产生了十四届委员会委员,薛天云当选为县委书记。会议确定了延长县1998年至2002年发展的指导思想:集中精力实施"烟果富民、石油强县"战略,实现国民经济快速发展和社会全面进步。十四届委员会期间,在全县开展农村财务清理工作,推行财务公开、民主管理制度。先后下发了《关于大力发展非公有制经济的若干规定》和《关于放开搞活国有小企业的决定》,对非公有制经济的经营范围、经营政策及放开搞活国有小企业的措施和办法作出明确规定。开展以延长土地承包期、减轻农民负担、进一步实现村务公开为主要内容的农村工作。在开展"高扬圣地党的旗帜、再造延安秀美山川"党建主题活动中,确定郑庄镇张台、散岔、赵庄三个村为一区的双文明建设示范区,制定高标准建设规划,落实镇党委包建责任制。结合机关单位政务公开工作,重点查处县电力局等单位在"三通"(村村通电、通公路、通电话)中加重农民负担的案件。

县委、县政府先后下发了《关于大力发展非公有制经济的决定》《关于进一步加强基层干部教育的决定》和《关于进一步加强农村基层干部教育的决定》,在全县农村基层干部队伍中开展实事求是的思想路线、农村基本政策、法律法规、走向市场四项教育,坚持实际、实用、实效原则，提高干部素质，转变干部作风，解决突出问题，全面提高干部正确执行政策、依法行政、善于做群众工作的能力，推动农村经济和社会事业的全面进步。组织实施了黄河沿岸乡村扶贫开发项目，使黄河沿岸3乡镇23个行政村46个自然村全部通电、通路、通广播电视，户均一口窖、百株枣、人均百株花椒，村村有小学。在全县开展农村税费改革工作，切实减轻农民负担，促进农村经济发展和社会稳定；下发了《关于加快大棚菜产业发展的意见》，加快建设无公害绿色蔬菜生产基地县。作出了《关于加快畜牧产业化建设的决定》和《关于实施优果工程的决定》，提高畜牧业和梨果在农民收入中的比重。下发了《关于进一步整顿和规范石油生产秩序的意见》，明确党政机关彻底退出石油开采市场，原油实行统一价格，统一销售。

2003年2月13日，召开了中共延长县第十五次代表大会，选举产生了十五届委员会委员，杨霄当选为县委书记。会议确定了延长县2003年至2007年发展的指导思想：牢牢把握"团结稳定、加快发展、实干兴县"的工作大局，按照全面建设小康社会三步走规划，继续围绕"果畜富民，石油强县"特色经济发展战略，建设"五大工程"，开发"四项产业"，坚持每年办成办好"十件实事"，实现经济社会的跨越式发展，出色完成2003年至2007年全县经济和社会发展目标。

十五届委员会期间，集中精力抓国有企业改制，确定了县属工商企业改制形式、职工安置标准，完成了石马科煤矿、药材公司、机械厂、冷冻厂、阎家滩电站5个企业的改制工作。全县分三批开展了保持共产党员先进性教育活动，下发了《关于巩固退耕还林成果的若干规定（试行）》，对退耕户农田建设、主导产业开发、征占退耕林地、农村新能源建设、退耕还林管护体系、退耕还林地复垦、野外放牧等作出具体规定。下发了《关于加快基本农田建设的决定》，提出至2010年年末，全县农民人均达到2亩高标准基本农田，远期实现人均2.50亩高标准基本农田的目标，以确保粮食安全。

下发了《关于加速科学技术进步的实施意见》，确定全县"十一五"期间科技发展的主要目标，是建立与市场经济体制相适应的科技工作体制和运行机制，做到科技工作制度化、群众化、社会化、经常化，进一步完善科技设施，壮大科技人才队伍，健全科技服务体系，增强科技创新能力，提高各级领导干部科学决策水平，使科技对经济发展的贡献大幅上升。下发了《关于建设社会主义新农村的实施意见》，提出"生产发展、生活富裕、乡风文明、村容整洁、管理民主"建设新农村的总要求。十五届委员会期间，延长县思想政治建设和社会经济发展均取得了长足的发展，城乡基础设施明显改善，人民生活水平显著提高，是改革开放以来一个空前发展和繁荣的时期。

2006年10月25日至27日，召开了中共延长县第十六次代表大会，会议选举产生了十六届委员会委员，杨霄当选为县委书记。2008年，吴胜德接任延长县委书记。会议确定延长县2006年至2011年经济社会发展的指导思想：牢牢把握"团结稳定、加快发展、实干兴县"的工作大局，继续实施"项目带动、城镇带动、果畜富民、石油强县"经济发展战略，紧扣社会主义新农村建设这条主线，坚持教育、交通两个优先发展，开发梨果、草畜、棚栽三项产业，着力城市与乡村、小康与扶贫、经济与社会、人与自然四个统筹，建设"五大工程"，坚持每年办成办好"十件实事"，推进农业产业化、经济民营化、城乡一体化进程，加快经济结构调整和增长方式转变，提高经济增长质量和效益。

十六届委员会期间，县委、县政府就构建和谐社会、主导产业开发、教育科技等联系延长实际作出重大决策，强化措施落实，推动了延长县经济社会的持续发展。出台了《关于构建和谐延长的实施意见》，明确提出构建和谐延长的战略设想。下发了《关于积极发展现代农业、扎实推进社会主义新农村建设的十条实施意见》，推进新农村建设进程。

在全县开展创建省级计划生育优质服务先进县活动，通过宣传教育、优质服务、利益导向、综合治理，实现了计划生育工作思路和工作方法的转变，促进了人口与资源、环境和经济社会协调可持续发展。持续推进以苹果为主的绿色产业建设，其产业收入占农民纯收入的比重由2007年的52%提高到70%以上，从事主导产业的农户占总农户总数的80%以上。下发了《关于进一步加强全县领导班子和干部队伍建设的意见》，干部队伍建设坚持革命化、年轻化、知识化、专业化的方针和德才兼备的原则，以全面提高领导班子的能力为目标，以建设高素质干部队伍为重点，以建立和完善科学的领导体制和工作机制为保证，坚持正确的用人导向，引导各级干部牢固树立科学发展观和正确政绩观，以期建成政治坚定、品德高尚、作风优良、纪律严明、廉洁勤政、敢战能胜的高素质领导班子和干部队伍。出台了《延长县创建全国退耕还林试验示范基地实施方案》，全力建设集水土保持、生态恢复、生产开发、科技示范、体制创新为一体的功能齐全、特色突出、辐射带动能力强的退耕还林示范基地，全县水土流失治理程度由42%提高到了60%以上。

二、思想宣传

1990年至2002年，延长县思想政治工作围绕学习宣传贯彻十三届全会及十四大、十五大精神为主线，通过印发宣传资料，组建辅导队伍、办理论学习培训班和组织考试测验等方式方法，提高了学习教育的实效性。其间，结合形势，1990年开展了以治理整顿，深化改革为主线的形势教育活动，引导干部群众坚持四项基本原则，反对资产阶级自由化。1993年，组织开展城市社会主义思想教育活动，学习贯彻邓小平南方重要谈话精神，教育干部群众坚定改革开放信念，并于次年起在干部群众中普遍开展了建设有中国特色社会主义理论和社会主义市场经济理论学习活动，通过连续多年的宣传教育，使干部群众牢固树立建设有中国特色社会主义国家的理念。2000年，以"三讲"（讲学习、讲政治、讲正气）教育为契机，在全县机关干部中普遍开展理论学习活动。市、县两级组织百人理论辅导团，巡回宣传"三个代表"重要论述、邓小平理论等内容。2001年组建了"三个代表"理论宣讲团，在干部群众中开展"三义、三德、三观"（"三义"即爱国主义、集体主义、社会主义；"三德"即社会公德、职业道德、家庭美德；"三观"即世界观、人生观、价值观）教育活动，教育广大干部群众牢记"三个代表"宗旨，牢固树立为人民服务的思想。

学习活动中，注重培养树立典型，教育干部职工以典型为标杆，立足本职，争做时代先锋。1996年，号召全县人民弘扬全国劳模、山村优秀教师王思明精神，像王思明那样立足本职，献身山区教育事业，自己动手，改善办学条件；发挥学生的聪明才智，提高教学质量，成为全国教育工作者的楷模。同时，重新编写了《延长县百例典型汇编》，注重典型教育，收到显著成效。

加强精神文明建设。1990年，在全县开展了"创佳评差"和评"三户"（遵纪守法户、五好家庭户、双文明户）活动。从1992年起，县文明办与乡镇党委和18个窗口单位逐年签订精神文明建设责任书和"创佳评差"责任书，开展学雷锋活动和文明单位、文明小区建设，评"三户"活动及"创佳评差"活动。此后，将"创佳评差"、学雷锋文明系列创建、群众性精神文明创建作为精神文明建设的主打品牌，持之以恒坚持开展，涌现出一大批先进单位和先进个人，推动全县的精神文明建设工作。

对外宣传工作坚持"宣传延长、服务经济、活跃生活"原则，印发了《关于加强新闻报道工作意见》和《通讯员守则》，加强对新闻宣传单位的指导，落实宣传部门责任，大张旗鼓地宣传延长各条战线取得的重大成就，营造奋发向上的舆论氛围。

2003年至2012年期间，党员及干部群众思想教育工作以主题教育实践活动为主题，以为群众办实事、解难题为宗旨，宣传倡导科学发展观，构建和谐社会战略思想。2003年，延长县掀起学习贯彻党的十六大精神，"三个代表"重要思想、党的十六届三中全会精神学习高潮，并结合延长经济发展实际，开展了"四个大讨论"（解放思想、我们想什么？建设小康社会，我们靠什么？学习白河县，我们做什么？转变作风，我们干什么？）活动，形成凝聚力量发展经济的共识。2006年，组织开展以社会主义荣辱观，公民思想道德建设和新农村建设为主要内容的主题宣传教育活动，通过举办"知荣辱、树新风、促和谐"座谈会及知识竞赛，"知荣明辱我能行"征文比赛等形式深化教育活动，成效显著。当年，在《陕西日报》社举办的"辉煌十五·和谐陕西"大型新闻调查活动中，延长县被评为省"十五"经济快速增长县。2008年，围绕中国特色社会主义理论体系、科学发展观以及县委重大决策等广泛开展多层次、多形式的形势政策宣传教育，并在机关单位开展了以"解放思想求创新、埋头苦干促发展"为主题的新一轮解放思想大讨论活动。还通过在电视台《延长通讯》《印象2007》《高举旗帜、科学发展延长发展大家谈》《思想大解放，推动大跨越》和《苹果建园直通现场》等栏目创新宣传形式，促进思想政治工作与发展经济工作的深度融合。2010年，延长县广泛开展建设学习型党组织建设活动，制定下发了《延长县推进学习型党组织建设的实施意见》，并结合经济社会发展实际，有针对性地开展以"七个怎么看"（怎么看我国发展不平衡、怎么看就业难、怎么看看病难、怎么看教育公平、怎么看房价过高、怎么看分配不公、怎么看腐败现象）宣讲活动，让干部群众正确认识和对待社会问题，牢固确立在发展中解决矛盾和问题的理念，团结一致发展县域经济。

三、纪检监察

延长县根据不同时期党风廉政建设要求，结合延长实际，确定党风廉政建设宣传内容、形式，制定相关制度和办法，规范和约束党员干部的工作行为及生活作风。

1980年10月，县委纪律检查委员会成立，1983年10月改称中共延长县纪律检查委员会。1984年升格为副县级单位，当年在全县开展重点经济清查和财务整顿，至1985年受理党员因贪污盗窃、行贿受贿、违反计划生育政策方面违纪案件33件，15名党员受到党纪、政纪处分。

1989年，全县开展廉政建设，制定了《关于进一步加强廉政建设的十项措施》，实行"两公开一监督"，对全县1984年以后超计划生育二胎和多胎的干部职工分别作了党纪政纪处分。1990年至1991年，开展以延安精神为重点的党风党纪教育活动，教育党员干部时刻铭记艰苦奋斗、勤俭节约的革命传统。开展中小学乱收费和加重农民负担、企业负担监督检查工作，对公路乱设卡、乱罚款、乱收费及小汽车修理费进行专项整顿。

1990至1997年，先后制定了《关于全县党政机关事业单位开展领导干部廉洁自律工作的安排意见》《公费安装住宅电话的规定》《小汽车购买、使用、管理、维修的规定》等规章制度。推行廉政公开制度，对党政机关购买超编小汽车、公款吃喝、党政干部违纪违法建房及公款装修、住房公费安装私人电话等多方面进行清理，从源头上杜绝了腐败行为的发生。同时，坚持查办案件"事实清楚、证据确凿、手续完备、程序合法、定性准确、处理恰当"24字方针，重点查办领导干部贪污、受贿、挪用公款、以权谋私、失职渎职等违纪违法案件，1990年1月至1993年4月，县纪委立案查处党纪案件74起，处分86人；政纪案件31起，处分57人。贯彻落实纠风工作九条措施，狠抓工作人员利用工作之便乱收费、乱罚款、贪污、挪用款项、吃拿卡要等群众反映强烈的热点问题，1992年查处违纪违法问题48起，涉及人员57人，金额525625.17元。1998至1999年，推行党风廉政建设责任制，领导干部离任审计、廉政鉴定、廉政档案、招待费、修车费登记季报公开制度，制定了《全县党政机关厉行节约、制止奢侈浪费行为的实施细则》等制度。

2000年至2004年，先后开展"三讲"（讲学习、讲政治、讲正气）教育、党风廉政教育和警示教育活动，以领导干部述职述廉为主的"艰苦奋斗、廉洁从政"教育活动及"求真务实、勤廉为民"主题教育活动，筑牢党员干部防腐倡廉防线。结合"三讲"教育和警示教育活动，重点对党政事业单位超编超标配备小汽车、多占住房等行为进行查处；对退耕还林（草）钱粮补助政策兑现工作进行专项检查；整顿建筑市场、规范工程招投标程序；实行住院医疗费"一日清"

制度，开展创建"放心药店"活动；全县中小学收费实行"一费制"，减轻了学生家长负担；实行药品定点采购，集中招标采购，全年集中采购药品占医院购药总金额的32.60%。推行收支两条线管理制度、人事考察责任制和任用失察失误责任追究制，党风廉政建设责任制和县级会议定点制度。制定《领导干部廉洁从政提醒教育制度》《科级领导干部诫勉谈话（暂行）办法》等规章制度，推行任前廉政谈话制度。制定《党员领导干部警示训诫制度（试行）》《延长县重大项目财务管理实行"五笔会签"制度》等，对党员干部进行岗内岗外全方位监督，有效杜绝了各类违纪违规问题的发生。

  2005年至2008年，先后开展学习《党章》和《建立健全教育、制度、监督并重的惩治和预防腐败体系实施纲要》及相关法律法规活动，强化《党章》《中国共产党纪律处分条例》学习教育，在全县党员干部中开展机关作风纪律整顿和"廉洁从政，从我做起"主题教育活动，党员干部廉政承诺活动；以开展"十个一"（即：举办一期党政主要领导干部廉政教育培训班、开展一次领导干部讲廉政党课评比活动、举办一次党政纪委法规知识竞赛、编排一台廉政文艺晚会、编写一本廉政教育读本、开展一次"送纪送法百千万工程"活动、开展一次家庭助廉活动、建成一面廉政文化墙、建一批廉政文化示范点、树一批廉政典型）活动为主题，建设"五个"（即：开办延长廉政网站、创办《延长纪检监察通讯》、开设《廉政之窗》电视节目、在《延长通讯》和《延河水》杂志设立党风廉政专题栏目）载体，推进廉政文化"六进"（进机关、进社区、进家庭、进学校、进企业、进农村）活动，全面推进党风廉政建设。县委、县纪委实行党风廉政建设工作"一票否决"制，出台了《延长县招聘录用机关事业单位工作人员监督实施办法》《延长县政府采购监督办法》《延长县经营性土地使用权招标拍卖挂牌出让监督办法》《延长县县级领导干部开展警示训诫谈话的规定》等，对行政工作实施问责问廉问效。制定了《进一步加强和改进干部作风的十五条决定》《加强公务人员作风建设的十条禁令》和《延长县建设工程招投标监督管理暂行办法》等制度办法，完善了单位及个人重大事项报告、述职述廉、廉政承诺、廉政谈话等制度。其间，清理党政领导干部拖欠公款，投资入股煤矿问题。推行问责问廉问效工作，对106个单位和55个重点项目实施"三问"（问责、问廉、问效）；解决拖欠农民工工资问题，清理中小学违规收费。2009年至2010年，开展"筑防线、保廉洁、树形象"作风建设主题教育活动，以活动为主线，加强党性修养，对党员干部中存在的铺张浪费、吃拿卡要、弄虚作假等问题进行查处。制定出台了《延长县〈建立健全惩治和预防腐败体系2008年至2012年工作规划〉实施办法》，在机关单位全面推行反腐倡廉"七项制度"（即：党风廉政建设责任制、党风廉政建设责任制追究制度、党风廉政建设责任制考核制度、领导廉政谈话制度、领导干部任前廉政谈话制度、诫勉谈话制度、党风廉政建设监督检查制度）；在农村推行村级重大事件"四议两公开"（党支部提议、两委会商议、党员大会审议、村民代表会议或村民会议决议，决议公开、实施结果公开），规范基层管理工作。其间，对教育卫生、医疗服务等行业变相增加收费项目，乱收费行为进行治理；开展教育收费、医疗服务、征地拆迁、食品药品安全、环境保护、安全生产、专项基金和专项资金监管，以及招生、征兵、就业安置、城乡低保等方面的专项检查和执法监察。2001年7月至2010年12月，共受理群众来信来访774件（次），初查初核违纪线索774件，转立案549件，结案735件；处理违纪人员757人，受党纪处分634人，受政纪处分163人。

四、政治协商

政协延长县委员会始终围绕团结和民主两大主题，履行政治协商、民主监督、参政议政职能。

为了贯彻中共中央"长期共存，互相监督、肝胆相照、荣辱与共"的统一战线工作方针，1983年8月，延长县召开了政协延长县第一届委员会筹委会，经酝酿和推荐筛选，推选出了第一届委员会常务委员。1984年3月11日至14日召开了政协延长县第一届委员会会议，选举产生了委员会委员，刘扶义当选为县政协主席。

1984年至1987年，政协延长县第一届委员会期间，县政协同各界人士团结合作，参政议政，献计献策，发挥了人民政协综合人才库的职能作用，并在调查研究、落实政策、编辑文史资料、办理提案、发展商品经济方面做出了一定的成绩。

1987年5月17日，召开政协延长县第二届第一次会议，选举产生了委员会常务委员，刘扶义当选为县政协主席。政协延长县第二届委员会期间，收到委员提案79件，经审查立案62件。重要的提案有关于尽快制止乱开荒地的提案。水利水保局根据有关规定做出规定，对乱垦滥伐除没收荒地上的全部产品，除赔偿林草地的全部损失外，并对所开垦荒地按亩予以处罚，个别严重者除罚款外，报请公安、司法部门依法惩处。1991年8月，政协延长县第二届第六次常务会议，以"沿海更开放、我们怎么办"为主题，结合延长实际，就如何进一步解放思想，更新观念，确立改革开放意识，如何正确看待沿海与内地差距，加速全县经济建设及如何摆正政协在经济建设中的位置等问题进行深入讨论，提出有价值的意见、建议40余条，供县委、县政府研究采纳。同时，延长县政协高度重视文史资料征集编纂工作，先后出版第二、三辑延长文史资料。

1990年5月7日至11日，召开了政协延长县第三届委员会第一次会议，选举产生了第三届委员会常务委员，王志锦当选为县政协主席。政协延长县第三届委员会期间，收到委员提案128件，立案98件，涉及农林牧和经济建设方面的24件。重要提案有关于加速延长县部分乡镇脱贫致富步伐，确保粮食稳产高产的提案。县委、县政府高度重视，认为提案所提问题切中延长县农业生产的要害，地、县已将延长县黄河沿岸的三个乡作为"八五"重点开发区，制定出了切实可行的开发规划，变过去一般扶持为全方位倾斜，实行领导、技术、物资、资金配套输入综合扶持。加强对黄河沿岸经济开发的领导，做到资金项目一次到位，每年扶持三分之一的行政村。经过三年的努力、黄河沿岸三个乡建成四万亩梨果基地，人均实现两亩经济林。关于加强林木管护，保证林业发展的建议，县委、县政府专门对林业的管护问题作出规定，并从组织力量和措施上加强林业的管护，给部分乡镇的行政村配备林业副村长，对1991年以来破坏林木的不法分子进行严肃处理，为林业健康发展保驾护航。关于加强社会治安，严厉打击城内一小撮经常行凶打人称霸的违法犯罪分子的提案，县政法委召开专门会议，采取综合措施进行严厉打击，维护了社会治安秩序，受到了干部群众普遍赞誉。

1993年1月2日至8日，召开了政协延长县第四届委员会第一次会议，选举产生了政协延长县第四届委员会常务委员，王志锦当选为县政协主席。政协延长县第四届委员会期间，收到委员提案184件，立案157件，按照归口办理的原则，提案及时分送县委、县政府有关部门和单位办理。到1997年12月31日，收到办理提案复文104件，占交办提案的100%。重要的有关于切实加强农药、种子经营管理的提案，组织对县种子公司、植保站等单位的经营活动进行检查，重新换发营业执照，取缔了违规经营者。关于提高教学质量，解决校舍紧缺，学生入学难等问题的提案，县政府高度重视，采取力争外来资金，挖掘内部财力的办法，先后修建了西校、东校、七里村中学、黑家堡中学教学楼，解决了学校校舍不足问题。同时，加强目标管理评优树模和兑现奖惩工作，调动了教师的工作积极性，教学质量逐年提升。

1998年1月4日至5日，召开了政协延长县第五届委员会第一次会议，选举产生了政协延长县第五届委员会常务委员，巩剑若当选为县政协主席。政协五届委员会共召开常务委员会议5次，常务会及常委会扩大会议14次。其间于1999年7月组织委员结合秀美山川建设，对全县酥梨开发建设的典型村、户进行视察调研，形成了《关于对我县酥梨发展情况的调查报告》，2002年2月形成了《关于我县非公有制经济建设和发展问题的建议》，为全县经济发展建言献策。收到提案101件、立案91件，办复提案91件，办结率100%。重要的提案有关于修建公路改善基础设施的建议，县委、县政府高度重视，抓住西部大开发历史机遇，加大基础设施建设的投入力度，每年投资数千万元用于公路建设。关于解决县城居民吃水难问题，县委、县政府列为2001年十件实事之一，予以实施，彻底解决城区居民吃水难的问题，受惠居民三万余人。

2003年2月16日至20日，召开了政协延长县第六届委员会第一次会议，选举产生了政协延长县第六届委员会常务委员，刘江当选为县政协主席。政协六届委员会期间，经视察调研形成了《关于加强我县医疗卫生服务体系建设的建议》和《关于我县退耕还林（草）工作与扶贫开发工作专题调研报告》。先后组织委员对张家滩、雷赤、南河沟、安河等乡镇退耕还林（草）工程建设进行视察，还视察政法系统各单位，召开了座谈会，对政法系统工作中存在的问题，提出了建议，形成了视察报告。听取了全县新农村建设工作进展情况汇报，并提出意见和建议。

政协延长县第六届委员会，收到委员提案235件，审查合并归类后立案142件，25件建议转有关部门参考处理。提案内容涉及全县经济社会发展的各个方面，提案办复率100%，提案人对提案办理表示满意和基本满意率达99.60%。提案涉及"十一五"规划编制、石油开发、新农村建设及农业产业化推进、科技创新体系建设、非公有制经济发展、生态环境建设与保护等方面，贴近基层、关注民主的明显增多。关于扩大就业再就业、促进农民增收、实现教育公平、加强网吧管理、解决看病难看病贵、完善社会保障体系、维护弱势群体利益等方面的提案，和在新小区增设蔬菜市场、增开公交线路、建立水质监测体系等具体建议得到及时办理，维护了人民群众的切身利益，密切党和政府与人民群众的关系，推动社会和谐发展。同时，恢复设置延长县政协文史资料委员会，于2006年完成了第四辑、第五辑延长文史资料（《延长石油》）的编辑出版工作。

2007年10月11日至13日，召开了政协延长县第七届委员会第一次会议，选举产生了政协延长县第七届委员会常务委员。刘江当选为县政协主席。政协七届委员会组织委员视察了新农村建设、果业发展、农村交通道路建设、城市建设、职教中心建设，召开座谈会讨论提出的意见和建议。关于治沟造地、增加耕地面积和加快对全县水毁坝系维护的建议，被采纳或吸收到全县"十二五"规划纲要和有关决策之中。关于城区居民区内修建步行桥、拓宽道路以及修建定点屠宰场的建议得到落实。关于建立县城卫生环境长效机制、建立县城交通秩序长效监管机制、规范全县物业管理的建议，通过有关职能部门的积极办理，提升了县城的文明程度，促进了省级卫生县城的创建工作。关于加强中小学生心理健康教育的建议，教育部门高度重视，在各级学校开展中小学生心理健康教育专题活动，建立心理健康辅导室，配备专门教师，将心理健康教育纳入教学课程，每周定期开展学生心理辅导、心理咨询等心理教育工作，有效消除了学生的心理阴影。其间，编辑出版了《王思明》《昨夜风雨》《曹秀兰戏剧曲艺选》等文史资料。

贯彻落实多党合作的政治协商制度，认真履行党外干部管理、考察、推荐及民族、宗教、海外、对台工作的职责。对党外干部和党外代表人士进行不定期培养和推荐。1994年，下发了《关于全县党外人士实职安排的五年规划》，将党外人士选拔任用列入重要议事日程逐步实施。建立党外后备干部人才库档案。2001年起，每年定期组织对党外人士进行党的理论、路线、方针、政策、统一战线理论和市场经济理论培训。2008年，完善更新了150名党外后备干部人才库档案，同时加大对党外后备干部的使用力度。是年年末，全县已配置党外领导干部73名，其中县人大代表中党外人士占代表总数的35.5%；政协委员中党外人士占委员总数的56.4%。

做好民族宗教协调引导工作。2002年，针对基督教乱传教、私设聚会点、信教群众增长迅速的状况，采取"早发现、早引导、早规范"方针，着重开展党的宗教政策宣传，加强对全县宗教活动堂点的管理工作，引导宗教与社会主义社会相适应，促进宗教活动健康规范开展。2009年，加强统战宗教联络员队伍建设，确定县、乡、村及统战宗教联络员334名，组织开展三级统战宗教联络员培训活动，落实了联络员的通信、交通、误工补贴政策。

积极稳妥做好海外统战及对台工作。1993年,开展"我为延长做贡献一封信"活动,通过给在台同胞写信方式,宣传延长县改革开放以来政治、经济、文化等领域所取得的成就。1994至2002年,走访台属42户,坚持开展"和平统一、一国两制"宣传教育活动。2003至2010年,接待来访台属40人次,帮助他们解决道路、环卫、生活方面的困难和问题。

积极开展政治协商与经济统战。2006至2009年,坚持每年召开两次情况通报会,向社会各界人士通报全县经济运行情况。2010年,继续贯彻县级党员领导同无党派人士联络交友和定期通报会制度,召开通报会和协商会12次。组织全县非公有制企业参与"一企帮一村、共建新农村"活动,全县先后参与的企业31个,帮扶村31个,吸纳农民工1630名。

五、政法

改革开放以来,延长县政法委根据各个时期政法工作形势需要,积极开展严打整治、矛盾调处,加强队伍建设,为全县社会稳定做出了积极贡献。

严打整治 县政法委根据各个时期的治安特点和斗争形势,适时开展"三三三一行动"(三次破案战役,三次专项斗争,三次打击流窜犯罪行动,一次反盗窃斗争)和重点地区治安"两打击、两查禁"(打击抢劫和盗窃,查禁赌博和黑恶现象)追逃、秦风蓝盾一号等一系列专项行动,严厉打击了违法犯罪行为,维护了社会大局稳定。及时破获了"4·19"特大金融盗窃案、"5·13"凶杀案和"8·6"抢劫杀人案等大案要案,彰显了社会的公平正义。开展了以"打黑除恶"为重点的"严打"整治斗争,干警们群策群力,破获刑事案件,抓获犯罪嫌疑人,摧毁犯罪团伙,受理治安案件,为清除社会毒瘤作出了重要贡献。加强城区治安监控体系硬件建设,建成了"三台合一"电子智能化监控系统,在城区重点部位安装了探头,在社区和农户住宅区安装联户群呼防盗报警器和天线防盗报警器。全面推行社区警务战略，建成社区警务室、中心警务室、农村警务室，聘请辅警，充实基层干警队伍。

矛盾调处 坚持"谁主管、谁负责"的原则，推行四级目标管理责任制，全力化解各级各类矛盾，维护社会稳定。1991年，延长县社会治安综合治理委员会办公室成立，各乡镇成立了社会治安综合治理委员会办公室，各行政村成立了治保和调解两个委员会。当年成功调解民事纠纷167起，成功率96.40%。

1992年起，实行信访接待日制度，安排专职人员处理群众来信来访，至2002年，成功调处纠纷1500余起。2003年起，实行县级领导信访接待日制度，建立重大信访案件"三定、三包"（即：定包案领导、定包案工作人员，定查结时间；包调查、包处理、包稳定）责任制，至2007年，先后解决了退耕还林等重大信访问题97件。2008年，县、乡、村分别成立了矛盾纠纷排查调处中心、矛盾纠纷排查工作站，与综治工作中心实行"一站式"办公；调处民事纠纷456件，成功率98.60%，实现了"一控制、两下降"维稳工作目标，获市委、市政府平安建设先进县称号。2010年，推行民情报告制度，各类群防群治组织深入基层听民声、访民情、解民意，调处民事纠纷293件，调处成功288件。

自身建设 延长县把严肃查处干警违法乱纪工作列入了重要议事日程，有重点地开展警风警纪整顿活动，及时处理违法违纪干警，清退了不适合从事政法工作人员。1991年起，大力开展爱国主义、集体主义和社会主义教育，组织全体干警参观延安精神教育展览、延安革命纪念馆，赴"四八"烈士陵园扫墓、宣誓和敬献花圈，教育广大干警继承和发扬延安精神，树立正确的人生观和价值观，自觉抵制拜金主义、享乐主义和极端个人主义。成立延长县政法系统党风廉政建设领导小组，制定《廉政建设制度》《党员干部行为规范制度》和《八不准制度》，严格规范政法干警的执法行为。1997年，从加强精神文明建设和职业道德教育入手，实施"形象工程"，开展"立功创模"活动和"塑行业形象、树公安新风"活动，提高政法干警思想素质。1998年6月,组织县人大法工委、组织等部门对政法系统的执法、执纪、财务和班子进行专项检查,通过抽查各类案件、查看账目票据、走访干警群众,对检查中发现的问题及时处理。2000年,拟订了《中共延长县委政法委员会执法执纪督查实施办法》,加大执法执纪督查力度。2003年,贯彻中央提出的"八个坚持,八个反对"要求,认真查处和纠正个别干警身上依然存在的索贿、徇私枉法、随意执法、野蛮执法以及吃拿卡要等问题,切实改进工作作风,提高服务水平和服务质量。2006年起,在政法部门实行审务、检务、警务等公开制度,聘请执法监督员,加强执法监督,促进执法公平正义。重点开展"一个专题学习、两个集中培训,三个主题教育活动",组织政法部门领导干部学习《江泽民文选》,观看《居安思危——苏共亡党的历史教训》影片,增强领导干部的政治意识和政法责任感。2010年,把学习实践科学发展观活动和深化"大学习、大讨论"成果结合起来,强化理论学习,积极开展研讨,深入查摆问题,广泛听取群众意见,学习实践活动取得了阶段性成果,促进全县政法队伍建设。

六、人民武装

延长县人民武装部 1981年,延长县人民武装部贯彻中央11号文件精神,从四化建设和战备要求出发,本着"压缩年龄、缩小范围、减少数量、提高质量"的原则,因地制宜,对全县民兵组织进行了较大调整,将全县民兵组织调整为286个排,人员压缩到23 390名。1988年,再次压缩为3个营、18个连、103个排、12 355名人员。民兵的武器装备不断更新,达到了70年代后期解放军步兵团的装备水平。1990年,延长县人民武装部为副县级地方建制,隶属中共延长县委,设军事、政工、办公室三个科室。按照在乡镇建立基干民兵连、行政村建立基干民兵排、村民小组建立排或班,普通民兵与基干民兵合编为营或连的原则进行了编组。同时,在党团组织健全、经济效益较好、人员比较稳定的企业,组建民兵连或排。1992年1月,延长县卷烟厂和王家川钻采公司分别设立人武部。1996年,武装部收归军队建制,改称中国人民解放军陕西省延长县人民武装部,团级建制,设军事、政工、后勤三科。

1998年,县人武部及时更新战备设施,完善"两室一库",建立了战备图库,配置了野战作业箱,每名现役干部均配备野战作业包和行军背囊,并按要求配齐了相应的作业工具。压缩调整基干民兵数量,以乡镇政府所在地为中心,相对集中编制连(排),以期达到便于领导、便于集结、便于活动之目标。民兵整组工作安排在冬季或春节后农闲季节,整组的主要内容包括宣传教育、出入转队、调整编组、调配(改选)干部、清点装备、健全制度、基干民兵集合点验等,整组时间县为1个月,乡镇10至15天,基层民兵连(营)7天。民兵训练在做好"民兵应急分队、专业技术分队、对口专业技术分队"三支队伍训练的基础上,重点开展民兵应急分队训练,增强执行急难险重任务的战斗力。开展高科技训练,成立了以部长、副部长为正副组长的科技练兵领导小组,学习高科技知识。

开展战备教育,采取多种形式进行战争与和平问题的教育,明确敌对势力总是玩弄假和平与真战争的手段,树立常备不懈的思想。强化战略上藐视敌人,战术上重视敌人的教育,把各项战备工作做细做好;以维护社会稳定为重点,加强经常性战备教育,完善各项预案,提高机关、民兵应付突发事件和执行任务的能力。

2010年,全县民兵整组工作基本达到了"规模适当、门类齐全、专业技术精、人员素质强"的总体要求,基干民兵28周岁以下退伍军人和经过军事训练的民兵在编率100%。全县民兵6 652人,其中基干民兵785人,普通民兵5867人。

贯彻国家《关于征集公民服现役的政治条件的规定》《警卫部队特种政治条件兵的规定》和《征兵政治审查工作规定》等规章制度,采取"三级把关、三方联审"的办法,严格政审,严把身体、文化条件,圆满完成年度征兵工作,1990年至2010年累计征集兵员1904人。

驻延武警部队　1990年,武警延长县中队受延安地区支队和延长县公安局双重领导,连级建制,担负着延长县看守所外围武装警戒任务及协助公安机关执行武装拘捕、追捕、押解、公捕、公判以及县内重大会议、集会的安全保卫,特殊情况下的武装巡逻等临时勤务。1998至2005年,武警延长县中队协助公安机关追捕、押解犯人,执行各种任务300余人次,为维护地方治安发挥着不可替代的作用。

消防部队 1990年,延长县公安局设防火股,1993年,更名为防火科。1995年,成立延长县消防大队,副营级建制,隶属延安地区消防支队,业务上接受延长县公安局指导,主要承担延长县境内灭火、抢险救援和消防监督、建筑工程消防设计和审核验收、火灾事故调查等任务。消防部队组建以来,组织排查火灾隐患,及时扑灭了多场火灾,将人民群众的财产损失降到最低,受到了群众一致好评。

七、人民团体建设

改革开放以来,延长县总工会、共青团、妇联、工商联、残联各人民团体在中共延长县委的领导下,切实履行职责,加强组织建设,开展各类活动,团结带领全县各阶层人民积极投入到社会经济建设中,为全县经济社会全面发展发挥出不可替代的作用。

工会 1979年、1983年分别召开了第三次、第四次会员大会,工会工作得到重视和加强,基层工会组织普遍建立。1987年4月,召开了延长县第五次会员代表大会,工会组织在企业中的职能作用得到充分发挥。

1990年,贯彻"为职工说话办事,维护职工合法权益"方针,在组织职工学习《工会法》的同时,开展了困难职工摸底调查工作和看望困难职工及劳模活动。邀请省地级劳动模范、先进工作者、部分单位党政工领导,召开了庆"五一"座谈会。1993年,全县政府机关、事业单位全部建立起工会组织,并按照县总工会的要求,普遍召开了职代会,《企业法》赋予职代会的"五权"得到各级党政领导的重视。县石油公司、卷烟厂等工会还重点开展了车间、班组民主管理,增强了职工群众的责任感。1994年至1995年,先后组织在全县广大职工中开展向王思明、孔繁森学习的活动，把学习活动同本职工作相结合，突出"岗位学先进，单位树新风"的活动宗旨。1997年，各工会组织采取不同形式，广泛开展向雷锋、徐虎、李素丽等先进人物学习的活动及"学理论、学文化、学科学、学技术、学管理、学法律"六学活动。机关干部曹沛芝、北阳村党支部书记李生明被评为省级劳模，受到省委、省政府表彰。开展基层工会整顿和调查工作，对组织不健全的工会进行改选和完善，建立健全了工会组织。2000年，按照缺什么补什么的原则全面进行工会组织整顿，配齐配强了工会领导班子，在有条件的私营企业建立了工会组织。县总工会成立了与困难职工、下岗职工交朋友活动领导小组，工会机关干部带头联系困难职工和下岗职工，保持联系，定期走访，有针对性地进行帮扶。下发了《关于在全县科级以上党政干部与困难职工"交友帮扶"活动的意见》，全县141名党政领导干部和企业领导与141户困难职工结成帮扶对子，交友帮扶，给困难职工送去生活用品，帮助其生产自救。2003年，对基层工会进行整建，推行"八有十整齐"目标管理。至6月底，80%的基层工会组织达到"八有十整齐"目标要求。

2004年，县总工会开展创建职工之家活动，首批建立基层工会职工之家60个。其中县医院、郑庄镇政府工会被认定为市级先进职工之家。2006年11月22日，延长县农民工联合工会首届会员代表大会暨政务公开大会召开，会议选举产生了延长县农民工工会领导机构，并在12个乡镇成立了农民工工会。同时，在农民工比较集中的县建筑公司、城建局、水利局等县直部门成立了农民工工会组织；年底在4个社区成立社区工会，并在社区中建成了高标准的职工之家。

2006年至2010年，延长县中学、延长县第二中学、钻采公司、县医院、北区采油大队等单位坚持每年召开一次职代会，向职工报告行政工作和工会工作，完善民主管理制度。各工会都能购置图书、乒乓球、羽毛球、象棋等活动用品，为职工开展文体活动创造条件。

开展外出农民工普查工作,并建立外出务工农民工档案,实行动态管理。组建非公有制企业工会,泽隆工贸有限公司、延长驾校获市级"先进职工之家"命名。建立困难职工援助中心,并配备专职工作人员,负责困难职工、农民工信访接待工作,为来信来访的职工、农民工提供便捷服务。认真履行"第一知情人、第一报告人、第一关心人和第一帮助人"的职责,2010年春节期间,广泛开展了慰问一线职工和困难职工活动。

共青团 中国共产主义青年团延长县委员会在中共延长县委的正确领导下,充分发挥党委联系青年的桥梁纽带作用,加强全县团员、少先队员自身建设,积极开展青少年、少先队员思想政治教育工作,为青少年树立正确的人生观、价值观发挥积极作用。

团县委在青年思想教育中重点突出马列主义、毛泽东思想基本理论教育,国情教育,雷锋精神教育和共产主义人生观教育"四个教育",提高青年思想理论水平,增强青年反腐倡廉、奋发向上的革命意志。学校少先队组织主抓"学雷锋、学赖宁"等形式多样的社会实践和文化娱乐活动,丰富校园生活,培育"四有"新人。经常组织少先队员到革命圣地延安接受延安精神教育,特邀老红军、老干部作革命传统报告,青少年教育取得丰硕成果。1991年至1994年,团员教育工作继续突出和深化"四个教育",弘扬革命传统,激发青年艰苦奋斗和乐于奉献的精神,强化"团员意识、奉献意识",提高反"和平演变"能力,在全县团员青年中掀起了"学史爱党"热潮,举办党团知识竞赛、"党的光辉照我心"演讲会和便民服务"国旗飘飘"活动。全县少先队工作继续开展"学雷锋、学赖宁"活动,组织他们走上街头,开展丰富多彩的便民服务活动。开展"三热爱"(爱国、爱党、爱家乡)教育活动,大力提倡社会实践活动,组织征文竞赛和举办少年儿童书画作品比赛,开展"让孩子唱孩子的歌"活动,纠正少年儿童文化消费成人化倾向。

1991年,团县委启动实施青少年营造黄河防护林工程,在沿黄三乡(罗子山、南河沟、雷赤)造林1.41万亩。1992至1993年,实施二期黄河防护林工程，团员青年春秋两季累计造林9050亩，育苗510亩，补植、技术改造、重造14000亩。1994年陕西省青年营造黄河护林工程第七次协调会暨全省青少年植树造林表彰会在延长县召开。

1992年起，团县委启动延长县希望工程，接收日本中国留学生捐款55.10万日元，为罗子山乡木芽村建成了第一所希望小学。1993至1994年，团县委接收各类希望工程3万余元，救助失学或即将失学的儿童158名。同时，持续推进"1+1（家）""1+2（家）"希望工程，使400名失学儿童重返课堂，延长县连续两年被中国青少年发展基金会授予希望工程建设奖。

1995至1999年，团县委在团员青年中持续开展"学雷锋、学赖宁""远学孔繁森、近学王思明、争当好干部、一心为人民"等主题教育活动；开展邓小平理论、党的十五大理论学习活动，开展"三义、三德、三观"（即：爱国主义、集体主义、社会主义，社会公德、职业道德、家庭美德，世界观、人生观、价值观）教育，举办"爱祖国、识县情"演讲比赛。全面启动跨世纪青年文明工程和跨世纪青年人才工程，培养星火带头人，创办农村青年技术学校，举办农村青年培训班，全力培养有知识、有能力的社会主义建设者。

关工委老同志定期赴延长中学、东校、西校作教育专场报告，加强对少年儿童的理想培养教育。组织开展春游和郊游活动，举办"讲传统、学英雄"报告会等，全面加强对少先队员进行爱国主义、集体主义、社会主义教育和延安精神教育。1995至1999年，希望工程共接收捐赠资金44万元，救助困难学生1844名，援建"希望书库"14个，建设希望小学10所。

2000至2002年，各学校少先队开展"迎接新世纪，创建新业绩"主题教育活动，实施新世纪读书计划，以"五自"（自学、自理、自护、自强、自律）教育为主要内容，以"雏鹰争章"和"雏鹰假日小队"活动为主要载体，全面提高少年儿童自身素质。围绕全县"果畜富民"战略部署，开展实用技术培训和培养青年星火带头人活动，举办青年科技培训班,全县团员青年积极参与保护母亲河工程,累计造林96531亩,育苗16321亩。

2003年至2006年,组织在青少年中开展党的十六大精神和"三个代表"重要思想学习教育活动。开展"三个代表"进校园活动,围绕保持共产党员先进性教育活动,团县委组建报告团巡回各乡镇、县直中学和中心小学作专题报告,提高教育效果。开展学习贯彻"八荣八耻"社会主义荣辱观活动,组织团员青年参加"知荣明耻、我们先行"征文大赛。加强少先队辅导员队伍建设,开展"优秀少先队""优秀少年"创评活动,少先队工作有声有色,成效显著。

2007至2010年,持续开展学习贯彻"三个代表"和科学发展观活动,通过在中国大陆第一口油井现场举办爱国主义教育基地挂牌仪式,举办《弘扬延安精神、树立社会主义荣辱观》报告会等形式,加强对青少年的思想教育。组织青少年赴下西渠小学未成年人思想道德建设基地,开展以"吃农家饭、住农家窑、干农家活、听老红军讲故事"等为主要内容的道德实践和社会实践活动。结合退耕还林、梨果开发和城区绿化,组织开展"我为延安种棵树"系列活动,全县青少年参与城区造林绿化及延马线、渭清线绿色长廊造林,为绿色延长、生态延长建设作出突出贡献。

妇联 延长县妇女联合会在中共延长县委的正确领导下,充分发挥党和政府联系妇女群众的桥梁纽带作用,团结带领全县妇女积极参与到改革开放和经济建设事业中,作出重要贡献。

县妇联每年利用"三八""六一""6·26"等节日,开展"三八"维权周和"反家暴""关爱儿童、反对拐卖"和"珍爱生命、远离毒品"等主题活动,依法开展维权咨询服务等。不定期地编发妇女权益方面的公益短信,向广大群众宣传《妇女儿童发展纲要》《妇女权益保障法》和《陕西省预防和制止家庭暴力的决议》等法律法规,促进全社会树立"性别平等""儿童优先""关爱妇女"的理念。组织全县妇女营造"三八林"活动,建成省级示范工程1个,全国"三八"绿色基地1个。

下发了《1993至1995年延长县儿童事业发展规划》，启动实施"春蕾计划"，筹集资金32.37万元，资助306名女童顺利完成学业。1995年，《延长县妇女儿童发展规划（1996—2000）》颁布实施。成立了延长县妇女培训中心，创办延长县呼家川桑蚕养殖基地，基地被全国妇联列入"三八"绿色工程项目。1997年，实施"三八秀美工程"，开展造林、育苗、建水窖等活动，为县社会经济发展发挥妇女半边天作用。县妇联曹沛芝获全国"三八红旗手"称号。

2004年至2005年，成立了延长县"母亲健康快车"领导小组，启动实施"母亲健康快车"项目，在全县开展"生殖健康服务万里行"活动，先后为郑庄镇兰窑科等五个行政村免费送医药，受益村民200余名。2006年至2008年，加强妇女维权宣传工作，先后在县电视台、《延安日报》《延长通讯》进行宣传报道。

2009年至2010年，启动实施妇女健康关爱工程和民生项目工程，每年为2万余名贫困母亲提供免费健康体检，并对查出病患的妇女及时予以治疗。启动育龄妇女健康免费检查项目，累计检查人数6729人，治疗人数2017人。实施"大地之爱·母亲水窖"项目，建集雨水窖1390眼，建集中供水工程2处，解决了1390户村民的人畜饮水困难。创办延长县妇女联合会网站，加大妇女儿童维权宣传力度。成立延长县妇女儿童维权投诉中心，在黑家堡、张家滩两个乡镇设立维护妇女儿童合法权益投诉站，将家庭暴力报警纳入"110"出警工作范围，及时有效地制止家庭暴力案件的发生。先后有三名妇联干部加入人民陪审队伍，通过办理未成年人刑事辩护案件、代理妇女儿童（民事、刑事、行政）维权案件、法律援助案件，解答法律咨询，有效维护了妇女儿童的合法权益。持续开展"一帮一"及"红凤工程"资助特困大学生活动，资助特困生、贫困大学生完成学业。

工商联 围绕服务会员中心任务，化解会员之间、会员与群众之间矛盾和纠纷，为会员提供市场信息，通过推销农副产品，筹措发展资金等，优化发展环境。

就全县非公有制经济发展开展多角度深层次调研，形成了一批有针对性的调研报告，如《延长县发展非公有制经济的目标问题、成因、对策》《对进一步优化我县非公有制经济发展情况调查》《延长非公有制经济发展的几点建议》《2008年延长县非公制企业人才资源调查》《壮大龙头企业、带动农村经济》和《非公有制经济人士在实践"一村一品""一县一业"中的探索》等，为县委、县政府制定非公有制经济发展政策提供依据。

解决了部分会员子女入托就学问题；在保障居民用水的前提下，优先保障私营企业生产用水；私营企业的生产用地审批费用低于同等市民建房审批费的5%~10%；协调解决了私营企业资金困难问题。

为会员提供服务，帮助"二海"土鸡蛋打开销路并在交口、南河沟等地设立了散养鸡点；帮助新生机械加工厂完善建厂手续；协助延长大地林畜草有限责任公司选定饲草加工厂址；开展民营企业联户扶贫活动，帮扶三名特困高中生完成学业；举办百名农民养殖业骨干培训班；先后为县石油企业和会员企业落实担保贷款6300万元；协助会员单位参加2008年上海博览会；在京举办陕西商品大集展销会，集中展出延长土特产品，延长苹果被确定为省政府驻北京办事处指定产品和陕西北京企业商会专供品；协助佛光果业公司启动"公司＋农户＋协会"经营运作模式；协助"延河"牌苹果、梨有机食品认证和商标注册工作；协助郭旗乡政府完成西瓜产品认证工作；组织会员参加第八届中国非公有制经济发展论坛。

组织民营企业开展"扶贫帮困""送温暖""爱心助学""感恩行动""非公经济人士同心共筑美好家园"及新农村建设等公益捐献活动，引导非公经济人士致富思源、富而思进，调动了非公经济人士参与光彩事业活动的积极性。

残联 延长县残疾人联合会充分发挥着代表、服务、管理残疾人的职能作用，团结带领残疾人团体为全县经济社会建设作出了不可或缺的贡献。

1991年7月27日，延长县残疾人联合会成立。是年，首次开展残疾人调查摸底，登记残疾人1282人。之后，开展聋哑儿童教育工作，全县聋哑儿童得到全面学习培养。1998年，制定了《延长县实施按比例安排残疾人就业办法》和《延长县残疾人就业保障金收支管理暂行办法》。残疾人袁海燕在1995年全国第三届残疾人运动会获短跑100米和200米两项第一名，被评为全省"十佳运动员"。

2003年至2010年，开展帮、包、带、扶活动，解决残疾人温饱问题，对低收入贫困残疾人在种养业上给予挂靠，将无劳动能力、低收入特困残疾人纳入城乡低保。为特困残疾人开展危房改建，每户补助5000元。实施"助残安居工程"，争取省、市、县专项资金，为50户农村残疾人实施危房改造工程；创建残疾人培训基地，培训残疾人劳动技能，安排18名有劳动能力的残疾人在基地就业。

2008年，延长县敬老院被确定为县残疾人托养服务中心，托养残疾人10名，居家托养233人。实施"爱心工程"，对被高校录取的残疾人及其子女和各类随班就读的残疾学生进行资助。至2010年年末建立助残志愿者联络站13个，有志愿者340人；累计完成白内障复明、假肢装配、手术矫治、残疾人专用器具配备等8422例，帮助近2000名残疾人解除了痛苦，回归到正常人生活当中。

第二节　推进依法治县进程

改革开放以来，延长县人民政府贯彻执行中央、省、地区（市）部署，持续深化行政司法改革，逐步建立公务员制度，简化办事程序，努力打造廉洁、高效的政府形象。

政府施政　1981年3月，延长县第九届人民代表大会第一次会议召开，崔兴当选为县人大常委会主任，张杰英当选为县长。九届人代会期间，农村经济体制改革进一步深入，农村全面实行包干到户责任制，农民的生产热情空前高涨，粮食连年丰收，农民收入普遍增加，基本解决了温饱问题。1984年11月，县政府推行机构改革，部分老干部退居二线，实现了新老交替。

1984年11月，延长县第十届人民代表大会第一次会议召开，宋致琳当选为县人大常委会主任，白本直当选为县人民政府县长。十届人代会期间，延长县在巩固包干到户责任制的同时，围绕发展商品生产，调整产业结构，将以种植业为主的产业结构转变为农、林、牧、副综合型结构，改变农村集体经济的单一经营模式。在保证粮食生产前提下，大力发展乡镇企业和多种经营。围绕搞活企业这个中心，落实简政放权措施，制定出台了《关于扩大企业自主权的若干规定（试行）》，建立企业内部经济责任制，充分发挥经济杠杆的作用，实行厂长（经理）负责制。加强企业经营管理，注重信息协调，坚持对外开放、对内搞活的方针，对企业进行认真整顿，企业素质有所提高，经营指导思想有了转变，初步树立市场观念、投入产出观念、企业金融观念和人才观念，由封闭的单纯生产型向开放的经营开拓型转变，由传统的经营管理，向科学的、现代化的管理迈进，企业的应变能力、竞争能力、自我改造能力和自我发展能力有所增强，为振兴延长经济打下坚实的基础。1984年，全县工农业总产值4235.59万元，1985年，乡镇企业收入358万元。

1987年5月，召开延长县第十一届人民代表大会第一次会议，宋致琳当选为县人大常委会主任，杜今元当选为县人民政府县长。其间，县政府对事关全县经济和社会发展的方向、目标、布局进行认真研究，调整产业结构，编制了《延长县贫困地区1986—2000年科学、经济和社会发展规划（草案）》和《延长县人民政府关于实现财政自给的规划（1988—1990）》。农业方面鼓励发展烤烟、花生、苹果、葡萄、花椒、养羊、养牛、养兔八大产业，大力发展乡镇企业。工业方面大力发展卷烟、石油地方工业，工业产值效益提升显著，1989年，财政总收入达1806.2万元，首次实现收支平衡。收到议案2件，代表建议、批评和意见31条，都得到及时办理。

1990年5月，延长县十二届人代会第一次会议召开，宋致琳当选为县人大常委会主任，郝福才当选为县人民政府县长。其间，县政府坚持党的基本路线，按照"加强农业、提高工业、林业突破、烟油快上，系列开发、综合服务、兴农富民，兴工强县"的经济工作指导思想，深化改革、开拓进取，经济建设和社会事业得到全面发展。1992年，全县实现社会总产值1.6亿元，工农业总产值1.58亿元，财政总收入1199万元。实施"万千百十"林业工程，造林24.9万亩，育苗1.2万亩，治理水土流失面积270平方千米，荣获省级造林先进集体。新建办公用房9490平方米，校舍面积1462平方米，实现了校校无危房的目标。农村人均纯收入394元，5200户贫困户越过温饱线，温饱率达95%以上。共收到各类议案116件，根据法律法规和相关规定，作为议案处理7件，作为意见、建议处理91件，交由县人民政府各相关部门及时办理。同时，县人大常委会十分重视视察监督工作，每年定期或不定期组织县、乡人大代表和常委会组成人员履行检查、视察职责。并依据检查、视察结果，及时通报县政府并督促相关职能部门整改落实。县人大常委会组织对中小学、医院1989年以来的各项收费情况进行重点检查，对检查发现的巧立名目，乱收学杂费现象及误解国家规定造成乱收费或高收费等问题，出台决议予以纠正。

1993年1月，召开了延长县十三届人民代表大会第一次会议，郝福才当选为县人大常委会主任，樊高林当选为县人民政府县长。1993年至1997年，县十三届人民政府全面贯彻党的十四大精神，坚持"主攻县办工业、发展高效农业，突破乡镇企业，开发第三产业"的战略方针，突出"主攻烟油、大上林果"的战略重点，着力抓好卷烟、石油、林果三大系统工程建设，建立起具有延长特色的经济社会发展新格局，为县域经济的振兴奠定了坚实的基础。至1997年，累计新增造林面积60.78万亩，森林覆盖率由13.90%提高到23.80%。先后荣获全国造林绿化"百佳县""三北"防护林建设先进县、林业宣传先进县、林业生产先进县等荣誉称号，实现了造林灭荒目标。延马路全线贯通。村村通电、通路和乡镇通程控电话"三通"目标如期实现。先后完成邮电大楼、七里村农贸市场、中医院门诊楼、中心街改造以及石油希望小学教学楼等一批重点项目，城镇基础设施得到极大改善。十三届人代会期间，审议了《延长县1994年—1997年消灭荒山荒坡规划的报告》《延长县国家机关工作人员述职办法》和《延长县实施中华人民共和国水土保持法细则》。恢复了县人大常委会人事代表、法律、财经、教科文卫工作委员会。共收到各类议案47件，作为议案处理8件，办理意见、建议21件。主要议案有关于"减轻农民负担，解决农民负担过重问题"，县政府及时制定了《关于农民负担定项限额实施方案》，多次召开减轻农民负担专题会议，研究安排减轻农民负担工作，县减轻农民负担办公室、监察局等有关单位多次下乡检查督促落实，及时查处农民负担案件，促使全县减轻农民负担工作逐步走向法制化、正规化轨道。关于"行政干部农村工作作风问题"议案，县政府组织人事有关部门，开展干部作风全面整顿，严肃查处违法、违纪问题。结合国家公务员配套法规实施考核等进行综合管理，基层干部工作作风得到转变。关于"加强烟叶产供销一条龙服务，解决收购违法乱纪行为"议案，县农林牧业局实行层层分级负责制，制定优惠政策，烟草公司派专人驻站监督检查，坚持国标中线收购。同时，开展联合检查，有力打击烟叶收购中的违法乱纪行为，维护公平交易及人民群众的合法权益。

1998年2月，召开延长县第十四届人民代表大会第一次会议，薛天云当选为县人大常委会主任，田海涛当选为县人民政府县长。1998年至2002年，县十四届人民政府高举邓小平理论伟大旗帜，坚持党的基本路线和基本方针，积极进行经济体制和经济增长方式转变，发展壮大农村主导产业，加强基础建设，培育优势产业，大力发展非公有制经济，切实提高县域经济实力和经济运行质量效益，促进国民经济持续、快速、健康发展和社会的全面进步。启动实施10万亩优质酥梨生产基地建设和"甘露工程""窖灌工程"，开展道路、电力、学校、农田等基础设施建设，发展红枣、花椒、大棚蔬菜等主导产业，县域经济建设取得较大成就。2002年，全县实现国内生产总值3.59亿元，较1990年增长672.4%；财政总收入4318万元，较1990年增长285.6%；农民人均纯收入1036元，较1990年增长274.8%。酥梨栽植面积累计达12万亩，实现人均1亩梨；全县种草5万亩，羊子12万只，实现人均1只羊；大棚总量突破3000座；完成了影剧院拆迁、翠屏山公园、王家河水厂二期工程；老虎沟、胡家村35千伏电站等一批重点项目建设任务；40个重点扶贫村全部越过温饱线；完成县中学、雷赤中学等40所乡村学校新建改造工程，学校基础设施得到根本改善。其间，审议通过县人大常委会《议事规则》及《任免国家机关工作人员办法》，结合全县经济建设和社会事务管理情况，适时开展视察、检查、调查及考察活动。共收到各类议案61件，作为议案处理10件，作为意见、建议处理51件，至十五届一次会议召开，10件议案全部办结，办理意见、建议36件。主要议案有关于"消除城区空气污染问题"议案，县环保局开展城区空气污染专项执法检查，加强对城区大小锅炉烟尘污染的监管和治理，限期淘汰污染严重的老旧锅炉，同时积极申报和争取城区环境综合项目，使城区空气质量得到一定程度改善。关于"西河子沟流域治理问题"议案，县政府高度重视，下发了《关于保护西河子沟水源的紧急通知》，将西河子沟划定为水源保护区，对净水厂道路进行改造，禁止有害物质进入水源地。

2003年2月，延长县第十五届人民代表大会第一次会议召开，胡占贵当选为县人大常委会主任，薛海涛当选为县人民政府县长。2003至2007年，县十五届人民政府坚持以"三个代表"重要思想为指导，认真贯彻落实党的十六大精神，以加快发展为主题，以结构调整为主线，以改革开放和科技创新为动力，以农民增收、财政增长、人民生活水平提高为目标，加快实施"果菜富民、石油强县"特色经济战略，推进"五大工程"，提升"四项产业"，每年办好"十件实事"，县域经济综合实力和整体素质不断提高。重点实施道路交通、城镇建设、"普九"校建工程、水利建设、农村电网改造等项目，城乡基础设施条件得到根本改善。启动并推行农村和城镇合作医疗、城镇职工工伤、生育保险、城镇和农村低保、贫困学生救助、救灾救济等保障制度。至2007年，全县实现国内生产总值18.86亿元，地方收入3.16亿元，农民人均纯收入2199元，分别较2003年增长476.26%、628.48%、190.88%，是延长县经济社会发展最好的时期。人代会期间，审议通过县人大常委会《监督工作暂行办法》《关于办理代表议案、建议、批评和意见的暂行办法》及《延长县传染病防治法》。审议延长县关于贯彻《中华人民共和国农村土地承包法》《中华人民共和国环境保护法》的实施意见，通过《关于县人大及其常委会选举或国家机关工作人员述职评议办法》《延长县封山禁牧、舍饲养畜暂行办法》，讨论通过县人大常委会《讨论决定重大事项办法》。履行视察监督职能，组织对全县依法防治非典型肺炎工作情况及贯彻实施《中国人民共和国农村土地承包法》《中华人民共和国水行政法》工作情况开展执法检查。共收到各类议案、建议122件，作为议案处理2件，建议处理120件。办理的重要议案有，关于"加快第二中学建设、提高教育教学质量"议案。县政府克服建设资金不足困难，经过近一年的努力，完成教学楼、餐饮楼、公寓楼、操场等主要工程，除图书实验楼外，2004年全面投入使用。并不断深化教研教改，努力提高教育教学质量。关于"加强酥梨栽植、管理、销售"议案，县财政继续实行酥梨苗木费用财政补助政策，成立梨果技术服务队，坚持按季组织实施梨果管理措施，逐村逐园推广四项关键技术，提供全程服务，积极开展示范园创建活动。关于"果品贮藏销售体系建设"议案，重点加大小型果库建设力度，2005年新建小型果库390座；加强果品销售体系建设，注册"佛光"梨品牌，统一包装销售，逐步打开了销路。

2007年10月，延长县第十六届人民代表大会第一次会议召开，胡占贵当选为县人大常委会主任，刘景堂当选为县人民政府县长。2008年至2012年，县十六届人民政府紧紧围绕"强力推进跨越发展，努力构建和谐延长"总目标，大力实施"项目带动、城镇带动、产业富民、工业强县"发展战略，突出"农业经济、工业经济、城市经济、社会事业"四个重点，突破"交通道路、城区供水"两大瓶颈，切实提高经济运行质量效益。2012年，全县实现国内生产总值34.09亿元，农业总产值7.5亿元，地方财政收入3.05亿元，农民人均纯收入6282元，城镇居民人均可支配收入22529元，分别较2008年增长51.51%、25%、41.86%、84.76%、73.3%。全县果树面积累计增至30多万亩，建成现代农业果业示范区2.2万亩，提质增效示范园7100亩；巩固退耕还林成果基本口粮田3.2万亩，栽植核桃经济林2.8万亩。相继完成了张家园子小区住宅楼、县城供水工程、七里村中心小学教学楼等一批重点项目建设，建成县社会福利服务中心和3个乡镇敬老院，城乡低保覆盖面分别达到9.55%和14.78%，实现了城乡居民医疗保险并轨。

县十六届人代会四次会议共收到各类议案、建议169件，根据法律法规和相关规定，作为意见、建议处理127件，办理意见、建议96件。其间，认真开展视察督查，组织对全县转移支付资金拨付及使用情况，整合教育资源和提高教育质量工作，调查了人口和计划生育工作、环境污染治理工作等，并督查整改存在的问题。

法院 延长县人民法院刑事审判工作围绕全县经济建设工作重心，重点打击抢劫、盗窃、故意伤害等严重影响群众安全感的多发性犯罪，极大地震慑了犯罪分子，维护全县经济建设秩序。1998年至2002年，以"严打"整治斗争和整顿规划市场经济秩序工作为重点，坚持依法"从重从快"和"稳、准、狠"打击方针，通过三次大的集中统一行动，依法严惩了一批严重危害社会治安秩序和人民生命财产安全的犯罪分子。贯彻"无罪推定，疑罪从无，有罪判刑，无罪放人"的刑事司法原则，累计受理刑事案件149件，结案144件，审结率96.64%。坚持"能宽则宽、宜缓则缓"原则，重点审理项目工程中发生的贪污、贿赂、挪用公款、渎职等犯罪行为，严厉打击惩处生产、销售伪劣商品，尤其是假冒伪劣种子，坑农害民的犯罪分子。2009年，全年受理各类刑事案件59件，结案59件，判处犯罪分子103人。2012年，依法严惩绑架、伤害、强奸等严重暴力犯罪和"两抢一盗"多发性犯罪案件，确保人民生活安宁。依法审结非法集资、非法经营、诈骗等经济领域犯罪分子，维护经济秩序安稳。

民商事审判方面结合群众诉讼困难实际，普及法律知识，扩大案源。民事案件坚持依法公开审判为中心，加强当事人当庭举证、质证责任，提高法官当庭认证能力。经济案件延伸服务领域，优先审理涉农案件。1993至1997年，累计受理民事经济案件1786件，审结1663件。1998年至2002年，坚持当日起诉，当日立案，注重调解工作，不能调解的及时作出判决，努力排除地方和部门的干扰，不搞地方保护主义，使大量民间纠纷得到化解。受理民商事案件316件，结案258件，审结率82%。2008年至2012年，坚持"调解优先，调判结合"的原则，贯彻一线审判模式，注重诉讼调解，主动邀请县人大代表、政协委员、廉政监督员旁听案件审理，倾听其意见建议。2010年，受理民商事案件467件，审结449件，审结率97.6%；调解撤诉324件，调解率72.20%。

行政审判工作坚持"保护合法权益，促进依法行政，优化司法环境，化解行政争议"的司法政策，采取协议解决争议的方式，尽可能让行政机关主动撤销、变更不适当的行政行为，从而达到案件息诉，"官民"关系改善的目的。制定了《关于开展集中清理执行积案活动的实施意见》及相关配套制度和措施，加大执行力度，基本达到收结案有序运行、良性循环。深入开展"无执行积案先进法院"创建活动，对内不断加大领导监督力度，全面加强执行案件期限管理，切实提高执行案件按期结案率；对外不断加大协调配合力度，千方百计查控被执行人财产，努力提高执行标的到位率，努力防止新的积案产生。诉讼外调解各类纠纷176件，成功率90%；诉讼标的1329万元。推行立审分离，立案规范，受案及时，改变了过去立审不分、底子不清的局面。

审理中坚持做到准确定罪、正确量刑、宽严结合。民商事审判坚持"依靠群众、调查研究、着重调解、就地办案"的方针，采取巡回办案的方式，调解案件85%左右均为巡回办案中就地结案，民事审判出现结案多、结案快、调解多、服判多的新局面。

检察 1990年至1997年，刑事检察工作认真贯彻依法"从重从快"方针，坚持"以事实为根据，以法律为准绳"的办案原则，着力打击强奸、抢劫、杀人等七类犯罪行为，从严打击惯犯、累犯、团伙犯罪，在参与"反盗窃"、打击车匪路霸、"打击制毒贩毒"等专项斗争中，受理提请逮捕犯罪嫌疑人529人，批准逮捕482人。1991年至1997年，立办各类经济案件72件，坚持依法保护公民的人身权利和民主权利。1990年至2007年，对法院刑事审判活动中违法情形进行了纠正。发挥控申举报中心作用，提前介入经济犯罪案件的侦查工作。依法查办了严重失职、渎职造成国家和人民利益重大损失的各类法纪案件。坚持把控告申诉检察工作作为检察机关联系了解社情民情的窗口，做到"一招呼、二让座、三倒水、四交谈"。坚持"认真、及时、热情、周到"的原则，宣传法律、讲清政策，使群众高兴而来，满意而去。坚持从检察长到主管领导、科室负责人到工作人员能耐心细致做群众工作，并实实在在为群众解决实际问题，将问题消化在萌芽状态。采取定期不定期的方式，开展监听检察工作，对监管干警违法构成犯罪者依法追究刑事责任，对监管执行人犯进行监督，建立帮教组织，落实帮教措施，进行回访考察。

坚持贯彻"严打"（依法严厉打击刑事犯罪分子活动）方针，始终保持对严重刑事犯罪的高压态势，重点打击"两抢一盗"（抢劫、抢夺和盗窃）、团伙犯罪、涉及"三农"（农业、农村和农民）问题的犯罪，极大地提升人民群众安全感。2001年至2007年，坚持依法保护公民的人身权利和民主权利，查办严重失职、渎职造成国家和人民利益重大损失的各类法纪案件。

2008至2012年，始终把建设高素质的专业化检察队伍作为推动检察工作持续发展的重要保障，深入开展政法干警核心价值观教育实践活动，坚持做到思想认识到位，组织领导到位，氛围营造到位，学习调研到位，提高执法能力。累计受理提请逮捕犯罪嫌疑人707人，批准逮捕661人。

公安 始终围绕经济建设和全县社会治安大局，适时开展专项整治活动。1990年至1992年，在全县范围内持续开展了"三三三一"（三次破案战役、三次打击流窜犯罪统一行动、三次专项斗争、一次反盗窃行动）专项行动，共立刑事案件218起，抓获犯罪分子144名。2002年至2007年，不失时机地开展了查禁民爆物品，整治娱乐服务场所、特殊行业管理、校园周边环境，打击赌博等违法犯罪专项活动，及时破获一批治安刑事案件，摧毁了多个犯罪团伙。贯彻执行《中华人民共和国刑法》《中华人民共和国法案管理法》，依法进行预防、制止和侦查犯罪活动，维护社会治安秩序，制止危害社会治安秩序的行为。治安管理工作坚持"预防为主、打防结合"，切实加强对重点人口、暂住人口、流动人口、出租房屋管理。2008年至2012年，累计查处治安案件1644起，查处率为91.95%。坚持以维护社会治安稳定为己任，强力推进"打黑除恶""命案侦破"为龙头的专项斗争，开展了"春雷行动""夏季攻势""百日破千案"等一系列严打整治活动，始终保持对违法犯罪活动的高压态势和凌厉攻势，侦破各类刑事案件808件。

1990年至1997年，户政管理按照"乡不漏村、村不漏户、户不漏人"的要求，组织开展全县户口清理整顿工作，逐户、逐人、逐项核查，重新填写了户口底册。2001年起，开展小城镇户籍管理制度改革，允许在小城镇有合法固定住所、稳定职业或生活来源的农业人口申请办理城镇常住人口，促进农村富余劳动力向小城镇转移。2005年开展户口查漏补缺工作，完成了二代身份证及小城镇"农转非"业务。

1990年起，持续开展春运交通秩序整顿及降事故、保畅通活动，狠抓机动车辆检验，严厉查处涉牌证车辆及驾驶员，依法整治交通秩序。开展了奥运道路交通安全攻坚战及"平安一号、二号、三号、四号、五号"道路交通专项整顿活动。2010年起，重点开展了校园周边及城区交通秩序整顿，严厉打击酒后驾车行为。

贯彻"以防为主、防消结合"的消防工作方针，扭住防火知识宣传不放松，充分利用"11·9"消防宣传日，开展形式多样的宣传活动，增强干部群众的防范和安全意识。加大对重点单位和管理人员的培训和隐患排查力度，发现问题及时发出整改通知书，并限期整改。

坚持"6·26"国际禁毒日开展"珍爱生命、远离毒品"主题宣传活动，采取悬挂横幅，张贴标语、宣传画，展示图片等宣传形式，提高了宣传的实效性。自2004年起，对全县吸毒人员开展集中收戒活动，并逐步建立起"四位一体"的帮教机制。同时，以大普查、大帮教、大受戒为主线，坚持"四禁"（禁吸、禁贩、禁种、禁制）并举，标本兼治的工作方针。及时破获了一批毒品大案。例如2010年9月8日，成功摧毁跨越西安、延安、延长三地的贩毒网络组织，抓获贩毒人员4名。禁毒工作取得了实效，吸毒人员呈下降趋势。仅2012年就处理涉毒违法犯罪人员107人，缴获海洛因140余克。2012年5月23日，在东征广场举办了大型禁毒文艺晚会，观众达5000余人，社会反响强烈。

加强对在押人员的教育管理，重点开展"四查五防"（查安全、查隐患、查设施、查思想，防事故、防脱逃、防非常死亡、防串供、防自残）整顿活动，促进监管工作向依法管理、文明管理、规范管理和信息化管理目标迈进。同时，全面贯彻执行《看守所条例》及《实施办法》，以安全为中心，以防事故为重点，落实在押人员教育管理措施，看守工作渐趋制度化、规范化。加强看押场所基础设施建设，新建收押大厅、提讯室、会见室，全面启用看守所在押人员管理系统，实现了收押一人，录入一人，上传一人，数据上传及入库合格率达100%。

围绕全县石油工业开发生产，履行安全保卫职责，对组织偷贩原油的"油头""油霸"和长期盗贩原油的"专业户""钉子户"以及涉油犯罪"保护伞""黑后台"进行重点打击。2006年，破获

2起盗窃原油案件，查获偷贩原油50吨；2008年，破获涉油案件4起，查获原油1420吨，取缔非法收售原油窝点4个，挽回经济损失50余万元，维护了油田正常的生产秩序。

加强基础设施和自身建设。1995年设立公安局110指挥室，各派出所设立110报警点，至1996年各基层派出所都成立了联防队，实行24小时值班接警处警服务。2006年建成社会治安防控监控系统，公安局各大队及派出所实现网络化布警，当年接警处警2443人次；2012年，共接警处警5088起，均在第一时间准确、规范地发出处置指令。延长县公安局荣获2011年陕西省公安厅"清网行动"集体二等功。

司法 司法局始终以普法工作为重点，1994至1997年，重点宣传《刑法》《治安管理处罚条例》《关于禁止服毒、吸毒条例》《关于禁止赌博条例》等法律法规。1999年，实行干部学法用法考试考核手册登记备案制度；组织对个体工商户和私营企业生产以及乡镇干部的专项法制宣传教育；制定了《延长县依法治县五年规划》，启动"四五"普法工作，法制宣传工作实现经常化、制度化。2005年起，将学法用法考试人员范围扩展到全县财政供养人员，成立了普法讲师团，选拔普法宣传员和联络员，大张旗鼓地开展法律进机关、单位、学校、社区、农村、企业"六进"宣传教育活动，干部群众遵法、守法意识明显增强。2009年，组建由律师、公证员、司法员组成的法律服务工作队，奔赴乡镇、学校和农村开展法律知识教育活动，并于2010顺利完成"五五"普法工作。

立足司法服务实际，1991年，成立了"148"法律服务所，开通"148"法律咨询电话，实行24小时值班制，为当事人提供法律咨询服务，完善内部目标责任制和各项工作制度，为当事人提供优质服务。2003年6月，延长县法律援助中心成立，法律服务工作步入规范化管理轨道。2010年，以创建规范化律师事务所为契机，完善律师事务所各项规章制度，全年办理辩护、代理案件41起，解答法律咨询850人次。2012年，贯彻执行《法律援助条例》，严格办案程序，扩大援助面，利用"12348"法律援助热线，解决了群众"打不起官司，请不起律师"问题，全年共受理、指派各类法律援助案件86件。

制定了《岗位目标责任制》《清廉服务制度》《错、假证公证追究赔偿制度》等，建立健全了公证规章制度。1993年至1996年，办理各类公证1704件。2010年，加强公证业务宣传，继续拓宽证源，参与全县国有企业改制安置，农村各类承包合同及土地使用权流转和全县重点工程项目建设的招标公证，当年办理公证380件，解答公证咨询680人次，提高了公证公信力。2001年，推进公证工作改革，实行要素式公证书格式。

2001年，延长县刑释解教安置帮教领导小组及其办公室成立。至2003年，全县在乡镇、村组建立安置帮教组织259个。2005年司法局建立了回归衔接机制，并与公安、监狱等部门建立了联络制度和摸底排查机制，对刑满释放和解除劳教人员进行摸排，掌握了刑释解教人员的基本情况。2010年，乡镇司法所对全县192名无家可归、无亲可投、无业可就的"三无"人员进行摸底登记，坚持每季度开展一次家访，了解其生活状况，并根据帮教对象实际情况，给予其经济和农业栽培技术方面的服务，鼓励其安心创业。

1990年，建立县、乡、村三级调解委员会259个，当年调解化解纠纷786起。2000年起，坚持"调防结合，以防为主"的工作方针，加强城乡接合部、厂矿驻地的人民调解工作，在部分乡镇、集贸市场、外来人口聚居区建立调解组织，及时受理、化解矛盾纠纷。2010年，逐步建立人民调解、行政调解和司法调解的大调解机制，全力维护社会和谐稳定。2012年，调解各类纠纷956起，调解成功率达到97%。

同时，购建、新建乡镇司法所10个，实现了"百平四室、一乡一所"的建设目标，基层所办公条件大为改善。

法制 1998年，延长县人民政府法制局成立。1999年起，宣传贯彻《中华人民共和国行政复议法》，引导群众通过行政复议渠道，解决行政争议和行政纠纷，监督行政执法机关的行政执法行为。推行行政执法组织备案登记制度，全面推进依法行政工作，当年受理4起行政复议案件。

2004年起，全面推行和落实行政执法责任制，依法清理行政许可实施和许可事项，建立起执法监督检查定期通报机制和行政执法案件备案制度。印发《延长县行政执法证件管理办法》，规范执法证件的申领、换发、备案，推行亮证执法。印发了行政复议办理程序，明确了行政复议办案环节和办理流程。成立了延长县推行和落实行政执法责任领导小组，清理许可事项，机关和涉及行政许可事项实现规范操作。贯彻执行规范性文件"三统一"（统一登记、统一编号、统一公布）制度，2012年，审核文件426件。

信访 1995年，国务院颁布《信访条例》，由信访工作领导小组牵头，开展新法宣传。同时推行县级领导接待日制度，定期接待来访群众。2000年，出台了《关于推行群众逐级上访和分级负责归口办理信访案件工作制度的通知》，规范信访接待管理，提出了"谁接待、谁批示、谁把关"的工作原则，实行领导接访群众包案制，对群众提出的问题予以限期办理。2000年至2003年，累计接待群众来信来访367件次。

2005年，落实"属地管理、分级负责、谁主管、谁负责"信访责任，健全完善县、乡、村信访工作网络，形成了横向到边，纵向到底的信访工作格局，变被动为主动，变上访为下访，及时了解社情民意，化解矛盾纠纷，为社会稳定发挥着职能作用，仅2012年就接待群众来访1481人次，均按信访制度和责任及时妥善处理。

第三节　调整农业产业结构

改革开放以来，县委、县政府以农村经济体制改革为统领，着力发展"梨果、草畜、棚栽"三大产业，落实退耕还林、农机具购置及种粮直补等惠农政策，全县粮食生产、畜牧养殖、梨果棚栽等各项产业的产量、产值、效益持续增长,农民的人均纯收入连年增加,农业农村工作取得了前所未有的成就。1990年,全县农业经济总收入6366.2万元,农民人均所得345.2元;2000年,全县农业经济总收入16310万元,农民人均所得943元;2010年,全县农村经济总收入高达54768.86万元,较1990年增长8.6倍;农民人均所得4561元,较1990年增长13.21倍。

一、农村经济体制改革

1979年,贯彻中央两个文件精神,在全县试行建立常年固定作业组,实行联产到组农业生产责任制。1980年秋冬,抽调干部在张家滩公社谭家河大队试点推行"专业承包,联产计酬"责任制。取得经验后,下发了《关于进一步加强和完善农业生产队生产责任制的意见》,在全县推广实行这种生产责任制。"联产计酬"又称"三不变、四统一、五定一奖到劳(组)责任制",即集体所有制不变,基本核算单位不变,生产队统一分配不变;统一核算、统一耕种、统一投资、统一调配使用劳力、畜力和大中型农具及水利设施;定劳力、定任务、定产量、定投资、定工分;超产奖励、减产赔偿。至1981年1月,全县767个基本核算单位中708个实行了各种形式的生产责任制,其中"联产计酬"责任制的有491个核算单位。"联产计酬"责任制虽然把承包者的权、责、利联系起来,调动了承包者的生产积极性,但是,管理水平要求较高,群众普遍不愿意接受。

1981年秋,县政府在调查研究和试点经验的基础上,起草了《关于包干到户若干问题的规定》和《关于林业三定有关问题的处理意见》,成立了完善农业生产责任制办公室,抽调334名干部组成工作队,采取县级领导划片包干,部局领导包社,一般干部包队的办法,集中领导、集中时间,协助各社队完善农业生产责任制。落实责任制过程中,组织社员学习文件,统一认识,让社员群众充分酝酿待定责任制,并签订合同,最后由县工作队检查验收。包干到户责任制,是在土地等主要生产资料公有制的前提下,按人口、劳力比例将全部或大部分耕地合理搭配后承包到农户，签订合同，几年不变，以户经营，责任明确，利益直接，简便易行，深受农民欢迎。1982年年底，全县全面实行包干到户责任制。

农业生产责任制的落实，不仅调整了农村产业结构和作物布局，而且使农村中具有各种专业特长的技术人才，从农业（特别是种植业）中分离出来，涌现出许多专门从事饲养业、运输业、服务业等行业的"专业户"和"重点户"。1984年，"两户"达4283户。

1989年冬，县委、县政府贯彻中央、省、地区农村经济体制改革会议精神，开展统分结合的双层经营机制改革，在12个乡镇选择24个村委会先行进行"双田制"（口粮田、任务田）试点改革，并取得了成功经验。1991年6月，"双田制"在全县农村全面推行，在土地所有权不变的基础上，村集体提留5%至10%的机动地，其余土地按人口、劳力发包给村民经营。至1992年年末，全县乡、村两级组建经济联合社108个。

推行林权改革。1992年，给林业产权明晰的村民发放林权证4756本。1993年，全县推行"四荒地"（荒山、荒坡、荒沟、荒滩）拍卖使用权改革，率先在交口镇董家河村委会、安河镇闫刘家村委会进行试点，效果较好。当年董家河村委会拍卖"四荒地"1310亩，闫刘家村委会拍卖400亩，期限各为50年。此后，四荒地拍卖或承包在全县陆续展开。县委、县政府因势利导，按照"谁栽、谁管、谁受益"原则，鼓励承包经营者种树种草，并在明晰林业产权的基础上，办理了林权证。林权改革的全面推行，极大地调动了农民植树造林的积极性，为创建省级造林绿化先进县奠定政策基础。

1998年，按照中央、省、市部署，县委、县政府在全县组织实施第二轮土地延包工作，制定出台了《关于进一步贯彻落实延长土地承包期，稳定土地承包关系的实施办法》。按照中央提出的"增人不增地，减人不减地"原则，严格执行土地承包期30年不变政策，并认真落实了"9种人口"享有承包集体土地权，"11种人口"不得享受集体土地承包权，承包期内承包者不得违法违规使用土地政策。县政府抽调298名机关干部，分赴全县乡镇、村组开展工作，圆满完成二轮土地承包任务。各村组集体发包农户土地面积48.56万亩，统一发放了《农村土地经营权证书》《农村土地承包合同书》，并由乡镇农经站监证，县公证处依法公证。2003年3月1日，《农村土地承包法》颁布实施后，开始依法流转承包地。2006年，完善二轮农村集体土地延包工作，补签完善承包合同，补发土地承包经营权证书，完善"一证一书"变更登记。2010年，将土地承包期再延长30年不变。土地延包政策的延续，奠定了农业产业结构调整优化的基础，为农业发展、农民增收提供了政策保障和强劲动力。

二、改善农业生产条件

20世纪90年代起，县委、县政府带领全县人民大力开展植树造林、退耕还林还草和水土流失综合治理工作，全县生态环境迅速恢复，生态效益、经济效益和社会效益显著提升。

（一）植树造林

育苗 1990年，县委、县政府提出了"围绕林业办农业，办好林业促农业"的发展思路，林业工作重点实施了"万千百十工程"。万亩林带以乡镇为单位集中会战营造，按地权所有分户承包管理，实行谁栽谁有，收益归己，验收合格以户核发林权证书，确保林权长期不变，允许继承和转让，以此带动全县"灭荒"目标的实现。千亩林场以乡镇为单位会战营造，乡镇管理，收益归己，以林养场，以场促林，其中必须包括有百亩以上经济林，30亩以上育苗基地。百亩果园建设坚持"以村组织、统一规划、好地栽植、户建为主，谁栽谁有，保证提留"的发展方针，用以解决群众致富和村级经济收入问题。30亩以上成片定点苗圃建设，重点保证乡镇及全县造林所需苗木，达到林业大上，育苗先行的目的。

县委、县政府督促指导乡镇、村委会狠抓采种育苗工作，指定各乡镇以村为单位采集育苗种子。同时，鼓励全县中小学生以勤工俭学的方式采集树种，县、乡以市价进行收购。2000年后，育苗种子按照市场运作方式，由国营林场人工采集和外购相结合的办法解决，至 2010 年年末，累计采集各类林木种子 51.82 万公斤，外购各类林木种子 32.9 万公斤，树种主要有刺槐、花椒、油松、侧柏等十余种。同时，努力打造全省乃至西北地区育苗基地县，制定出台了《延长县退耕还林种苗生产供应管理办法》，提出"品种对路、数量充足、质量优良"的总体要求，确立"合同管理、定点育苗、跟踪监管、标牌供应"的林业育苗管理机制，采用专业苗圃育苗、群众普通育苗和专业容器育苗等形式，推进育苗品种和规模由少到多，稳定发展。繁育的苗木不仅满足了本县历年植树造林，退耕还林及干线公路绿化苗木所需，而且还远销陕西各县区和内蒙古、山西、宁夏、甘肃等省、区。

造林 1990 年起，延长县动员组织农民群众利用春秋农闲时间，以乡镇、片为单位，召开千人动员大会，开展声势浩大的植树造林运动。千人劳动大军在山坡上、田地间挖鱼鳞坑，开条沟栽植育材林和经济林，用勤劳和汗水改变延长的生态环境。行政措施上，1993 年 2 月，县委、县政府作出了《关于加快林业发展的决定》，并配套下发了《关于加快林业发展的若干政策规定（试行）》，明确提出了围绕林业办农业，办好林业促农业的总思路，以及用五年时间造林 50 万亩，累计达到 126 万亩，建成省级造林绿化先进县的工作目标。县上主要领导将林业工作作为农村工作的重中之重，从选种育苗、落实工程措施、组织会战造林各环节上勤督促、抓落实，并将林业工作作为乡镇工作的考核内容，严格考核、奖惩，保证各项措施的落实。组织单位干部、企业职工、在校学生及驻延单位干部以义务造林方式开展植树造林，坚持年年春秋两季植树造林不间断。全县干部群众苦干实干，至 1995 年，全县累计造林 55.98 万亩，种草 10 万亩，被全国绿化委员会评为全国造林绿化百佳县。

1998 年，下发了《延长县全民义务植树活动实施办法》，规定年满 18 岁至 60 岁的男性公民和年满 18 岁至 55 岁的女性公民，每人每年义务植树 12 株，成活率必须达到 86%，并对义务植树的管理，种苗来源，绿化费收缴范围，收取标准，收取办法及使用管理，表彰奖励均作出明确规定。自此,全县义务植树工作首次以地方法规形式被确立下来,并由县林业局统一组织实施,全县义务植树工作纳入制度化、规范化管理轨道。提倡鼓励城乡群众开展"四旁"(村、路、水、宅)植树活动,1991年至2005年,全县零星植树1813万株,其中"四旁"植树983万株。2007年之后响应市委、市政府"我为延安种棵树"活动,至2010年累计完成四旁植树8200亩。

延长县在抓好义务植树造林的同时,按照国家、省、市(地区)植树造林和生态环境建设总体规划需求,认真组织实施"三北防护林工程""天保工程""退耕还林工程"等大型林业生产重点工程,迅速扭转并恢复了全县生态环境。"三北防护林工程"按照省、市(地区)规划,1978年至2010年,先后实施了一至四期工程,完成建设总面积148.10万亩,其中人工造林145.60万亩,封山育林2.50万亩,完成国家总投资1767.75万元,群众投工投劳折合现金652.38万元。三北防护林建设工程涉及全县所有乡镇及公路沿线,营造了项目实施区的绿色屏障。

按照国家、省、市统一规划,2001年起组织实施天然林保护工程。先后制定出台了《延长县天然林资源保护工程实施方案》《延长县封山禁牧管理办法》和《森林防火管理暂行办法》等一系列规章制度,成立了延长县天保工程领导小组,层层签订目标责任书,健全机构、落实人员、明确职责、协调运转、顺利完成了工程建设任务,林地面积由14409公顷扩大到22877公顷,全县森林覆盖率由工程实施前的5.2%提高到2010年的12.07%。水土流失得到有效遏制,生物多样性得到有效保护,生态环境全面优化。

退耕还林 1999年8月,国务院总理朱镕基视察延安时,就延安生态建设提出了"退耕还林、封山绿化、以粮代赈、个体承包"工作方针。县委、县政府结合全县实际提出了"一退二还、一封三禁、落实政策、大兴产业、林草决战"的秀美山川建设总体思路,先后制定出台了《延长县山川秀美工程建设规划(1999—2010)》及其实施方案,《延长县封山禁牧舍饲养畜(暂行)办法》《延长县退耕还林还草补助粮食兑现暂行办法》和《延长县退耕还林实施办法》等规范性文件，使退耕还林工作步入规范化轨道。2001年，延长县被确定为全国退耕还林试点县，成立了延长县退耕还林工程领导小组，具体负责全县退耕还林工程组织实施工作。各乡镇也相继成立退耕还林办公室及百人林草管护大队，配备专职领导和工作人员，把"三分造、七分管"落到实处。全县上下迅速开展有史以来最大规模的退耕还林、秀美山川建设工程。经过全县广大干部群众十余年的艰辛努力，至2010年年末，全县累计完成纳入国家计划退耕还林面积76.65万亩，其中退耕地造林42.83万亩；累计治理土地流失面积600平方公里，县境林草覆盖率由1999年的23.8%提高到44.4%；累计落实政策兑现款5.62亿元，退耕农户人均5355元。退耕还林工程的实施，从根本上扭转了全县广种穷垦，越垦越穷的恶性循环农业发展道路，加快全县农业逐步向修复生态、调整结构、提高效益、增加收入的良性循环轨道转型。

2002年至2010年，延长县组织实施了以黄河出省口、205省道、城区翠屏山"两线三点"建设工程，累计绿化造林7260亩，完成投资730万元，弥补了全县绿化的盲点，取得了显著的生态效益。

（二）实施综合治理

改革开放初，面对日益严峻的水土流失形势，县委、县政府总结以往经验教训，由单一措施到综合治理，由单位分散治理发展到按流域综合治理，集中治理，连续治理，形成山、川、田、林、路、坝系等措施并肩齐上的综合治理格局。

基本农田 20世纪90年代初，延长县采取以乡镇为单位，选点规划集中连片、人力为主的形式进行建设。1999年后，采取全县统一规划，机械为主，人力为辅，以村为单位，乡镇牵头的形式进行平整建设。2004年起，结合水保生态环境建设，开展以流域治理为重点的农田基本建设，呈现出布点多、规模大、速度快、质量高的特点。是年，全县基本农田累计144927亩，至2010年年末，全县"四田"保有量216678亩，较1990年5.30万亩增加163678亩，农业生产条件大为改善。

流域治理 1993年起，启动实施延河流域世界银行贷款治理工程，先后实施了二期，完成西河子沟、高花河等7条小流域治理。至2010年，总投资15937.21万元，综合治理水土流失面积138.47平方公里，新修基本农田43277.1亩。一期、二期工程经世界银行专家团验收，达到预期效果，为全县生态环境恢复作出突出贡献。

淤地坝 20世纪70年代，延长县积极响应国家"农业学大寨"号召，大搞基本农田和淤地坝建设，短期内发挥了改变农业生产条件，促进粮食增收的目的，但因多数淤地坝重工程措施，病险工程较多，至1990年年初已所剩无几。对此，县委、县政府总结经验，重新规划，统一要求，集中建成一批淤地坝骨干工程。至2010年年末，全县投资2589.33万元，建成淤地坝77座，拦泥沙1218.05万立方米，淤地179.12公顷，有效地防治水土流失，收到了良好的社会效益和经济效益。

水利工程 20世纪90年代，全县有渠道灌溉工程40处，小型水库19座，塘坝17座，总有效灌溉面积1.82万亩。1992年至1994年，又陆续开工建设了杨家湾村等10余项川道灌溉工程，新增灌溉面积6010亩。同时，综合"菜篮子工程"，加强塬区灌溉工程建设，先后在罗子山、安河乡东部塬区实施了塬区集雨水窖灌溉工程，共建成水窖3137眼，塬区灌溉工程58处，新增灌溉面积5000余亩。

人畜引水工程 1990年起全面实施甘露工程，农村人饮解困工程、农村安全供水工程、县城供水等项目建设，解决了全县大多数群众的安全饮水问题。至2001年年末，建成甘露工程246处，打水窖2830眼，解决了3.85万人和3.07万头家畜饮水问题。至2010年年末，累计投资7012万元，新建改造供水工程348处，解决了8.24万人的安全饮水问题。

三、调整农业产业结构

1990年，全县粮食与经济作物比例为70.11:28.89，粮食作物以小麦、玉米为主，秋杂粮有高粱、豆类、谷子、糜子、荞麦等；油料作物有油菜和花生等；经济作物有棉花、烟叶、薯类、瓜菜、梨果、葡萄等。1996年，县委、县政府本着"稳夏、抓秋、增经"的农业发展思路，农作物种植品种由"实用型"向"效益型"转化，粮经作物比例调整为62.94:37.06。1999年起，贯彻执行国家退耕还林政策，减少粮食播种面积。2004年，县委、县政府提出"果畜富民"的农业工作思路，积极调整农业经济结构，突出梨果、草畜、棚栽三大产业开发，粮经作物比例再次调整为34.18:65.82。2010年，县委、县政府着眼现代农业发展方向，提出狠抓粮食、梨果、棚栽三大产业和"一村一品"特色农业思路。全县在大力发展梨果主导产业的同时，加快以棚栽业为主的菜篮子工程建设。是年，全县粮食播种面积14.57万亩，经济作物、经济林种植面积37.16万亩，粮经作物比例为28.17:71.83。自此，全县农业生产实现了由传统农业向现代农业的转型。

（一）发展梨果产业

从20世纪90年代起，县委、县政府鼓励支持农民群众发展梨果产业，县政府在财政十分困难的情况下，逐年加大财政投入，采取无偿提供种苗，动员组织群众利用冬春农田会战机遇，在适宜种植梨果的塬、坡地开挖条沟，增施肥料，扩大梨果种植面积。

1990年，先行在安沟、罗子山、南河沟黄河沿岸三乡镇发展酥梨产业，并引进安徽砀山酥梨苗木。当年梨果累计面积1.8万亩，总产值600万元，农民人均果业收入450元。1996年，县政府把酥梨生产列入农业重点建设项目，制定优惠政策，坚持常抓不懈，至2001年，全县建成8万亩优质酥梨生产基地，农村人均达到1亩优质梨园。生产的酥梨以其品质好，先后荣获北京农业博览会铜奖和杨凌农业博览会后稷金像奖。

2003年至2004年，县委、县政府审时度势，依据延长县地形地貌、光热气候、土质土层、酥梨发展现状及酥梨在生产管理和储藏运输等方面的因素，重新布局全县梨果产业格局，引导、支持农民发展苹果产业，走酥梨、苹果共同发展道路。2005年起，调整梨果产业结构，优先发展苹果产业，梨园面积开始下降。2008年后，酥梨面积稳定在3万亩左右。同期苹果产业无论在生产规模和管护技术方面均获得了质的跃升。2001年至2010年，全县累计投入资金9850万元，新建果园面积20.5万亩，全县苹果挂果面积6.5万亩，总产量12万吨，总产值4.50亿元，农民人均果业收入4500元，较2000年增长697.67%；人均果园面积1.56亩，较2000年增长517.24%。

技术培训 1991年4月，延长县成立果树局，下辖园艺站，有专业技术人员10人。果树局每年组织技术人员深入农村对果农进行栽植和管理技术培训，并组织技术人员和种植大户赴安徽砀山、山东烟台以及洛川、宜川等地学习酥梨和苹果的生产管理技术。1996年至2002年，围绕发展10万亩酥梨产业发展目标，重点开展酥梨的栽植、管理、病虫害防治、修剪、拉枝、储藏、销售等环节的技术培训，年均邀请省内外专家培训3至5场次，果树局培训30场次，年均培训果农万余人次。2003年后，随着全县主导产业由酥梨发展转型为苹果，调整培训重点，加强苹果生产管理和病虫害防治技术，重点对县、乡、村三级技术员和果农进行苹果现场管理技术培训。2008年，苹果种植规模持续增加，培训力度亦逐年加大。当年，开展果农培训60场次，培训果农2.1万人次。2010年后，开展大范围果农管理技术培训，从花前复剪、春季病虫害统防统治、施肥、套袋、拉枝、采摘、储藏、修剪等进行全过程培训，果农全面掌握苹果管理技术，提高了苹果生产效益。

技术引进 延长县先后引进推广疏花疏果、果实套袋和大改形、强拉枝、巧施肥、无公害、防雹网及物理、生物防控等技术，全面提高果园整体管理水平。1991年，在全县推广疏花疏果技术，疏花疏果面积为0.5万亩，2000年增至2.5万亩，2010年发展到6.5万亩，成为提高苹果品质的一项重要技术。果实套袋技术2000年前后推广，2005年达到3.5万亩，2010年实现全覆盖。"四大技术"即"大改形、强拉枝、巧施肥、无公害"从2003年开始引进推广。2010年实现全覆盖。统防统治技术，2005年起，采取以村为单位，群防群治，2006年开始应用粘虫板、诱虫带等防治措施，2007年，开始从春季使用石硫合剂到夏季波尔多液，逐步转向生物防治措施，2010年年末，全县果园病虫害防治率达到100%。抗旱技术应用始于20世纪90年代的鱼鳞坑栽植技术，后发展到穴贮肥水技术，继而发展到架设滴管网。2010年末，全县果园架设灌溉设施达到1000余亩。防雹网建设始于2009年，是年，全县有5个村建设防雹网2200亩，增强了抗雹能力。

果园管理 2003年起，全县逐步推广改土施肥，疏花疏果、修剪拉枝、苹果套袋、病虫害综合防治、间伐改型、清园涂白、扎绑诱虫带等果园标准化生产管理。2010年年末，被省、市确定的标准化生产管理果园达到2.5万亩，其中生态示范园1.2万亩，标准化管理水平进一步提高。

果品营销 2008年，县政府组织延长县华隆果业有限公司等三家公司赴上海、广西、浙江等地举办延长梨果展销推介会，首次通过政企联合打开国内销售市场。2009年，县委、县政府重点支持县内果品销售公司、果农参加省杨凌农高会、洛川国际苹果节，并赴上海、杭州等地举办延长果品新闻发布会、展销会促销延长梨果。2010年先后在深圳、杭州、北京等地举办延长苹果展销推介会，进一步提高延长有机苹果知名度，延长苹果首次销售到越南、泰国、缅甸等东南亚国家市场。在果品营销方面，县委、县政府充分发挥政企联合的职能作用，鼓励有实力的龙头企业跑市场、促营销，苹果营销从20世纪90年代由果农自售为主，发展到果农自售、果商收购，政府引导和经纪人推销四种形式联合销售的营销网络。2000年，县政府出台了《关于优化营销环境的责任追究办法》，鼓励龙头企业、政府干部职工、苹果经纪人、果协等组织个人参与苹果营销，苹果销售方式呈现出多元化格局。2010年，全县有果品营销企业13家，专业合作社64家，从业人员1600余人。当年全县苹果再获丰收，销售进度快、价格高，创历史最高水平。

果品储藏 延长县苹果储藏经土窑洞、机械制冷、气调库三个发展阶段。1990年，全县有家庭水果库350座，土窑洞库1700座，专业果库1座，储藏能力200吨。当年，全县各类果库储藏苹果800吨，占苹果总产量的23%。2005年起，县政府及时制定优惠政策，采取贴息贷款方式扶持储藏库建设，当年建成果品制冷库2座，储藏量2500吨，后经历年扩建，至2010年年末，全县有果品制冷库8座，各类简易果库396座，储藏量2.5万吨，占总产量12万吨的20%。

（二）发展草畜产业

羊子 1993年，延长县制定了"主攻羊子，计划发展，以质取胜，争创效益"的工作方针，家庭放牧养羊业迅速发展。1995年，全县羊子存栏发展到15.1万只。至1998年，全县发展养羊专业村28个，专业户696户，年末羊子存栏16.49万只，出栏7.48万只，羊绒产量39吨。1999年"退耕还林，封山禁牧"政策实施后，大力推广舍饲养羊，提高舍饲养羊技术，兴办规模养羊场，羊子养殖先降后升，并趋于稳定，当年羊子出栏21.95万只，为历史最高水平。

大家畜 延长县养殖牛、马、驴、骡子等大家畜的历史，与陕北黄土高原独有的地貌和传统的农耕史密不可分。大家畜的畜力为农业生产和农民家庭生活提供了不可或缺的役用功能。2000年"退耕还林，封山禁牧"实施前，大家畜养殖为大多数农户所重视，养殖量保持在恒定的高位水平。2000年后，随着耕地减少，农业机械得到普及，驴、马、骡养殖量随之减少。至2010年，黄牛养殖由畜力型向肉用型转型。

家禽家畜 1990年，全县养猪、养鸡业以家庭散养为主，无规模养殖场。2000年后，全县生猪、鸡养殖量逐渐减少。当年，全县生猪存栏2.9万头，出栏2.4万头；鸡存笼14.5万羽，出笼10.03万羽，蛋产量841吨。2009年，受市场猪肉价格攀升刺激，促进了全县生猪养殖业的发展，是年年末，生猪存栏3.03万头，出栏2.11万头；鸡存笼24万羽，出笼16.20万羽。创历史养殖量最高水平。

动物防疫 1990年，全县设有县乡畜牧兽医站，有县级专业技术人员15人，乡镇兼职技术人员32人，村级防疫员61人。2006年，全县288个村委会均配备了村级兼职动物防疫员，建立起县、乡、村三级动物防疫体系，并落实动物防疫工作经费和村级防疫员补贴政策。从2007年起，全县不再向养殖户收取费用。疫病防治措施上，坚持常规免疫和强制免疫相结合，以口蹄疫、布鲁氏病、猪瘟、猪高致病性蓝耳病、鸡瘟、禽流感、狂犬病为重点，每年春秋两季集中时间对全县畜禽进行疫苗注射。同时，对动物重大疾病进行常年随时补针。县政府每年与各乡镇签订《动物防疫目标责任书》，将畜禽防疫工作纳入乡镇政府年度工作考核。明确各乡镇主要领导为第一责任人，建立起"政府部门保密度、业务部门保质量"的防疫工作机制。1990年至2010年，全县猪、牛、羊、鸡免疫密度分别为85%、90%、85%和95%以上，口蹄疫、禽流感、猪瘟、猪高致病性蓝耳病免疫密度均为100%。

（三）发展棚栽产业

改革开放初，全县蔬菜种植以家庭式零星种植为主，大田集中规模种植较少。1992年，延长县引入山东省青岛市冬暖式日光温室大棚菜种植技术，共建成并投产蔬菜大棚35座，棚均收入1万余元。为进一步推广冬暖式日光棚产业发展，1993年10月，成立了延长县蔬菜服务站。后于2002年8月改称延长县蔬菜技术服务中心，负责全县菜农技术指导和服务管理工作。之后，延河川道乡镇黑家堡、七里村、张家滩镇部分村组相继发展大棚蔬菜产业。至1995年，全县建成蔬菜大棚350座，中小弓棚510个。

2004年，县委、县政府将棚栽确定为农业三大产业之一重点扶持发展，技术上由县蔬菜技术服务中心负责，采取走出去与请进来相结合，理论培训与现场培训相结合的办法，加强对棚栽种植户种植蔬菜、西瓜、小瓜、番茄等产品的技术培训力度，并由蔬菜技术服务中心技术人员划定区域以责任制形式开展技术服务。资金上，由县政府协调驻县金融机构发放棚栽业专项扶持贷款，解决了棚栽业启动发展资金。发展政策上，鼓励农户、城镇居民、离退休干部职工、企业等社会各成员采取承包经营、联合发展等方式，参与棚栽产业。营销服务上，县委、县政府全方位打造"延长西瓜、延长小瓜"等品牌宣传促销工作，收到良好效果。延河川道地区被省农业厅认定为无公害瓜菜生产基地，黑家堡镇白家角村被农业部认定为无公害瓜菜示范基地。2010年，全县棚栽业种植产品由最初的单一蔬菜种植，发展到西瓜、小瓜、草莓、番茄瓜果种植及花卉等多品种并行的格局。当年，全县种植蔬菜1.74万亩，总产量7.05万吨，总产值1.2亿元。建成了黑家堡、七里村两个千棚镇，中村、罗家川、付家塬、王仓等22个百棚示范村，全县逐步形成"一乡一特、一村一品"的生产格局。

（四）扶贫开发

改革开放以来，县委、县政府从全县农村和农业工作实际出发，制定政策，强化措施，项目引领，产业助推，带领全县人民踏上脱贫致富的艰难征程。

1990年，县委、县政府制定了《延长县1990—1994年经济发展战略》，确定了"开发东部、提高西部，促进中部"的发展构想，把发展烟、果、羊确定为主导产业，并将发展资金和扶贫贴息贷款集中用于主导产业开发。随后又将过去扶贫贷款直接发放给贫困户的方式，转变为以生产项目发放的方式，严格发放制度，保证扶贫资金全部用于主导产业开发。1996年，县委、县政府制定了《扶贫开发管理体制改革试验方案》，提出在2000年前，全县力争达到五条基本指标：人均占有粮食稳定在400公斤以上；人均纯收入达到600元以上；人均实现2.5亩高标准稳产高产基本农田；90%的村通电，100%的村通路，并从根本上解决贫困乡村人畜饮水困难问题；人口自然增长率控制在12‰以内，计划生育率达到100%，普及九年义务教育，职业教育形成网络。为实现上述目标，县上成立了扶贫开发投资公司，将全县所有用于扶贫开发的资金捆绑使用，加大产业开发力度，加快扶贫开发步伐。2001年，制定了《延长县2001—2010年扶贫开发总体规划》，将原四大项目改为"枣、椒、窖、路、电、校"六大项目，以项目推产业，以产业促发展，并把黄河沿岸东三乡作为重点开发区域，加强财政扶贫资金和转移支付资金管理和使用，加大扶贫款投放力度，促进扶贫乡村的快速发展。

1998年起，实施移民搬迁工程，按照国家扶贫开发政策要求，对自然条件差、居住分散和处在滑坡地段的农户集中进行移民搬迁。实行"领导分抓、部门包扶、乡镇实施、干部参与、多方联动"的帮扶措施，由县扶贫局牵头，相关部门和乡镇配合，整合项目，捆绑资金，集中实施"移民搬迁、产业开发、人畜饮水、乡村道路、通乡油路、基本农田、教育卫生、通信电视"八大扶贫工程。至2010年，全县累计投入各类扶贫资金21264.41万元，建设移民搬迁村45个，搬迁安置2500户、9100人。新建集中供水工程19处，水窖859眼，解决了6169人饮水困难。新修砂石路198公里、水泥路69公里、通乡油路87公里。架设高压线94.68公里。

移民新村人畜饮水、巷道硬化、文化广场、体育健身器材等基础设施一应俱全，村民生产生活环境发生了翻天覆地的变化。村民人均基本农田2.3亩，通信率、电视覆盖率、适龄儿童入学率100%，电视普及率98.5%，新农合参合率97%，享受农村低保村民占比9.3%。移民村产业实现从无到有，初步形成主导产业、致富产业。

2002年，延长县以实现贫困人口脱贫致富为目标，落实"县为平台，捆绑资金、整合资源，部门共建"责任，树立"大扶贫"观念，优化农业产业结构，加强农村基础设施建设，组织实施重点村建设项目。至2010年年末，县政府累计投入重点村建设资金3408万元，重点用于改善农村基础设施和产业开发，累计建成重点村126个。2009年，延长县组织实施了五期扶贫项目，覆盖全县7个乡镇71个村委会，覆盖人口24189人，投资4566.34万元用于基础设施和公共服务项目建设，全县世行五期扶贫项目建设工作被评为陕西省2010年度世界银行五期扶贫项目先进单位。组织实施整村推进试点项目，投资1000万元，建成项目村24个。

减轻农民负担 1991年，国务院《农民负担费用和劳务管理条例》颁布实施后，延长县成立了减轻农民负担监督管理机构，编制农民负担和劳务用工方案，力图从根本上减轻农民负担。是年，全县"三提留，五统筹"总费用196万元，农民人均负担16.56元，占上年人均纯收入的4.8%。1996年，"三提留"指由村一级组织收取的公积金、公益金和集体管理费；"五统筹"指由乡一级政府收取的计划生育、优抚、民兵训练、乡村道路建设和民办教育方面的费用。全县农民负担低于《条例》规定的"上年农民人均纯收入的5%，劳动15个工作日"的标准。2002年，按照国家政策，取消农业税，农林特产税及其他税金，同时取消"三提留、五统筹"，全县农民从此实现零负担。2004年始，全县落实农村义务教育免费政策，减轻义务教育阶段学杂费、课本费，并补贴寄宿生住宿费。2006年始，取消计划生育、殡葬、农民建房等不合理收费项目，农民在家庭教育、计划生育等方面的支出进一步减轻。2007年，国家开始实施农机具购置补贴、种粮直补、退耕还林补助等惠农政策。至2010年年末，全县落实农机具补贴954.79万元，种粮直补资金3034.67万元，退耕还林补助资金11682.42万元，农民农业生产成本进一步降低，全县农民充分享受到改革发展的成果。

产业扶贫 按照"发展草畜业、提升棚栽业、做大做强以苹果为主的绿色产业"的思路和"塬区苹果、川道棚栽、沿黄花椒、全县草畜"的产业格局，以扶贫贴息贷款、互助资金、农民实用技能培训、产业开发资金为平台，大力实施贫困户增收项目，提高贫困人口的收入。全面实施小额扶贫贴息贷款项目工作，按照"市场导向、项目覆盖、龙头带动、贷款扶持"的思路，围绕"梨果、草畜、棚栽"三大产业，1990年至2010年，累计投放扶贫小额贴息贷款18165.96万元，财政贴息1085万元，扶持全县12个乡镇、136个贫困村、57512户贫困户发展主导产业。2009年，延长县以发展特色产业为重点，采取配套措施，完善发展机制，启动实施农民互助资金项目，至2010年累计实施互助项目14个村、1651户、6878人，互助资金安全高效运行。2001年至2010年，全县围绕农业产业开发，开展农民实用技术培训工作，累计投入资金87.5

万元，培训农村基层干部，农民群众和产业大户3.1万人次，转移就业劳动力2300人。

第四节 改革工商体制

改革开放以来，延长县以石油产业为龙头，以工商经营体制改革为动力，积极探索建立工业园区，发展个体私营经济，全县工商经济逐步转入持续、健康发展轨道，为县域经济发展注入强劲动力。

一、工业体制改革

改革开放初期，延长县工业企业主要有国有、集体和个体私（民）营三种形式，涉及石油、天然气、煤炭、机械、建材、电力、食品、缝纫、皮革等多个领域。1990年，全县有国有工业企业11家，在册职工2081人，完成工业总产值2331.52万元。

1995年，全县国有工业企业负债17674.10万元，占到全部企业负债的98.30%，资产负债率的87.70%，国有企业普遍面临内部负担沉重，生产经营困难的窘境。1998年起，根据经贸委《关于1998年国有企业改革和发展工作的意见》和省委、省政府《关于大力发展非公有制经济的决定》《关于放开搞活国有中小企业的决定》，结合本县实际，对国有企业进行集中改制。但因此次改革未触及产权和职工安置问题，改革未取得实质性进展，多数国有工业企业经营运行困难，处于停产或半停产状态。

2003年，按照省委、省政府《关于进一步深化国有企业改革的意见》中提出的"国退民进、产权置换、职工安置"总方针，制订了《实施意见》，并先后在3家国有企业进行规范化改制。对县药材公司采取资产收归国有、土地合理配置、职工有偿安置、自主择业经营的方式进行改制；对闫家滩水电站进行产权置换改制，并一次性改制成功。2004年，全县有8家工业企业改制停产，其余企业依靠承包和租赁门面等维持运营。2007年至2008年，延长县组建企业改革工作组，进驻县国有工业企业，在完成清产核资的基础上，按照"一企一策"和"成熟一家改制一家"的原则实施全面改制。是年，完成改制企业20家，其中政策性破产11家，整体改制8家，公开拍卖1家。至2009年11月末，全县企业改制工作全面结束，企业职工通过货币安置、再就业、政府救助等方式予以妥善安置，保证其基本生活，维护社会稳定大局。2010年年末，全县有国有工业企业3家，其中2家为省属石油骨干企业，1家为县自来水厂。

二、粮食体制改革

1990年，粮食购销政策由国家统购统销过渡到粮食经营和价格"双轨制"。县政府在完成粮食订购任务，敞开收购议价粮的基础上，建立地方粮食储备制度，保护了农民粮食生产的积极性。1992年，按照国家粮食流通体制改革要求，取消对干部职工和城镇居民的定量供应办法，在保证完成国家粮食订购任务的情况下，逐步放开粮食经营市场。粮食部门在管好计划粮油和国家粮食储备的前提下，带动基层企业转换经营机制，改政企合一为政企分开，将中心粮站和乡镇基层粮站改制为粮油购销公司。全县放开搞活粮油市场，形成多元化经营格局，国有粮食企业实行承包经营，个体粮油经销户应运而生，并按照市场规范运作。1994年，全面放开粮食销售价格。1998年，落实国家粮食行政管理与粮食企业经营分离政策，县粮食局主要负责对全县粮食流通进行宏观管理，做好城镇居民口粮、灾区和贫困地区所需粮食及军队用粮的供应，加快粮食市场体系建设，维护正常流通秩序，稳定粮价，并撤销乡镇粮油购销公司，将政策性粮储业务与经营性业务剥离。1990至2001年的12年间，实际完成订购数量最多的一年为1995年，订购粮食5341吨，完成订购任务的102.71%。2002年，随着粮油市场放开搞活，国家不再下达粮食订购任务，全县粮油订购工作终止。2003年，深化粮食企业改革，对140名职工进行货币安置，解除了与原单位的劳动关系。

1990年至2003年，全县议购粮油最多的一年为1991年，合计完成粮油议购5365吨。2004年，全国粮油市场放开，停止议购粮油。2005、2006年，全县粮食企业以货币安置方式解除了116名职工与原单位的劳动关系。自此,全县基层粮食机构,局属粮食附营企业全部关停。同时,随着粮食市场逐步放开经营,国有粮食企业购销主体地位被个体私营粮食经营企业和经营户所取代。

三、商贸体制改革

1990年,全县5家国有商业企业均按照政府下达的经营计划从事经营活动;15家供销商业企业和13个乡镇基层供销社,则按照"自主经营、自负盈亏、独立核算、照章纳税"的经营方针,按社员民主管理的集体所有制合作经济组织的《章程》经营运作。全县生产资料、生活资料及农副产品收购主要依靠国有商业企业经营。电视机、自行车、录音机等工业品由县百货公司独家经营。农副产品收购由县土产公司和13个基层供销社专营,并兼营地方特产棉花、中药材收购业务。其时全县营销市场疲软,企业周转资金严重短缺,经营十分困难,全系统全年汇总亏损45.4万元。其间,县供销系统尝试内部改制,在城郊供销社推行独立核算,其余企业推行分块经营,统一核算。1995年,供销系统借鉴城郊供销社改革模式,按照"交给国家的,留足集体的,剩下都是个人的"改制原则,以"柜台门面集体所有,个人承包租赁经营"的租赁承包经营方式,改制下属企业。

1996年,五家商业企业按照《国有企业转换经营机制条例》,深化内部改革,各企业采取承包、租赁等方式,实行自主经营。省委、省政府下发《进一步放开搞活国有企业的决定》和《大力发展非公有制经济的决定》后,全县个体经商户如雨后春笋般蓬勃发展。此后,国有商业及供销系统市场主体优势丧失,营销业务急剧萎缩,亏损严重,基层供销社普遍瘫痪。全县农副产品收购业务亦受到冲击停业,由个体户根据市场动向自主承担。生产资料供销随着国家供销商业体制改革,农资专营变为主营。全县供销系统农业生产资料营销数量一路走低。2000年,县百货公司停止经营工业品业务,日用工业品均由个体户经营。2008年,延长县成立国有企业改制领导小组,对全县五家商业企业深化改革,国有资产拍卖出售,职工买断工龄,企业解体。2010年年末，全县供销系统除生产资料公司兼营化肥，土产公司专营烟花爆竹外，各基层供销社按13块牌子予以保留，但不开展经营活动。全县国有商业企业和供销企业在市场经济大潮中急流勇退，淡出城乡居民的视野，但其在计划经济时代，在商品流通、生产资料供应方面发挥的作用功不可没。

四、王家川石油钻采公司

1985年1月20日，延长县石油钻采公司成立，成为全国第一个县办石油企业。4月5日，延长油矿与延长县举行联合开发石油协商座谈会，达成联合开发协议。将七里村油田桥沟181井（含181井）以东，延河北岸的78.5平方公里地段划归延长县石油钻采公司开采。延长县石油钻采公司在延长县医院大门口开钻第一井，7月5日完钻，井深131.5米，初周日产油0.5吨。同时七里村油田划归钻采公司区内的19口生产油井开始产油。是年生产原油1005.37吨，实现利润2.5万元。

1986年3月20日，延安地区行署副专员薛志勇主持召开关于延长县石油钻采公司给延长油矿交油和价格问题座谈会，就原油销售价格及积极支持延长县发展石油钻采工业，加强技术指导和服务等方面达成共识，并要求延长县积极支持延长油矿的发展，在征地打井等方面给予大力帮助。5月30日，石油工业部顾问焦力人出席庆祝延长县钻采公司成立一周年大会，并为公司制定"旧井垫底、贷款起步、工农结合、联合开发"的发展方针。此后，经延安地区行署副专员薛志勇、延长县人民政府县长杜今元多次联系，钻采公司得到华北油田、胜利油田数百万元设备赞助。当年，公司有各类设备65台件，拥有固定资产93.10万元，清理出旧井38口，钻新井10口，全年生产原油2330.50吨，实现销售收入71.59万元，实现利润26.10万元，实现工业总产值30.29万元，

1987年2月21日，延长县石油钻采公司更名为延长油矿管理局王家川钻采公司。

1992年4月，王家川钻采公司兼并延长县针织毛麻厂。10月，

伴随烟雾沟石油化工厂工程建设进入收尾阶段，成立石油化工厂开车指挥部。12月30日，第一套装置试车成功。1993年3月10日，石化厂正式投产。当年生产原油10938吨，实现销售收入728.90万元、工业总产值295.30万元、上缴财政145万元。

2000年，县委、县政府提出"分块搞活，独立核算，以油养油、滚动发展"的发展战略。成立延长油矿管理局王家川钻采公司南区采油大队、北区采油大队。成立延长县石油运输管理办公室，设置在南区采油大队。8月，县政府决定在南区实行引资开发，制定《关于引资开发石油资源的暂行规定》。9月，成立延长县原油经销公司，负责全县原油的统一销售和管理工作。2001年，按照中央、省、市关于清理整顿石油开发秩序有关精神，对从事石油开发的单位和个人投资情况，逐户进行调查摸底。清产核资结束后，依据中央、省、市、县有关文件精神，将经营权一律收回，注销10家石油联合单位的营业执照、税务登记证等，取消法人资格，废除原《石油开采合同书》和《引资开发石油资源合同书》，重新制订《延长油矿管理局王家川钻采公司南区采油大队内部油井生产经营管理合同书》，进一步明确双方的权力和义务，实行统一调度、统一管理、统一作业标准、统一销售。坚持自负盈亏的原则，与投资商签订新的合同书，全县石油开发进入有序开采、规范运行、优质高效的轨道。2002年，王家川钻采公司下设南区、西区、北区、东区4个采油大队，设置1室7科18个生产单位，有职工1183人。全年钻井519口，完井484口，生产原油10.2万吨，原油产量首次突破10万吨大关，实现工业总产值2694.5万元，利税2179.3万元，销售收入1.2亿元，上缴财政2984.4万元。

2006年3月，延长油矿管理局王家川钻采公司更名为延长油田股份有限公司王家川采油厂。当年钻井363口，压裂895井次，新井投产308口，生产原油25.20万吨，销售原油25.02万吨，销售收入7.06亿元，实现税利7949万元，上缴财政2.87亿元。

2010年，王家川采油厂拥有资源面积256平方公里，油区分布

6个乡镇，探明石油地质储量7493万吨，有油井5405口，固定资产原值20.16亿元。全厂设置职能科室22个、生产及辅助单位8个，有职工2376人。原油产量25.02万吨，采油污水实现零排放。

2017年6月，延长油田股份有限公司将七里村采油厂和王家川采油厂合并重组为七里村采油厂。

五、市场建设和专营专卖

（一）市场建设

为方便市场贸易，延长县自20世纪90年代起着手市场建设。经过二十余年的不懈努力，相继建成了七里村、西河子农贸市场以及百货大楼、翠屏大厦商场，为繁荣市场，促进商品贸易发挥了积极作用。

七里村农贸市场前身是七里村商业小街，由于没有统一规划建设，店铺零乱，街道坎坷不平，经常是雨天满街泥，晴天尘土扬。1993年，县政府成立了专门的市场建设领导小组，由县工商局牵头负责，先行对小街原商铺和住房进行拆迁和补偿安置。同年，启动建设工程，次年建成投用。总投资310万元，建筑面积6000平方米，经营饮食、百货、成衣、瓜果蔬菜、肉食禽蛋等。七里村农贸市场的建成，方便了油矿职工及周边群众的生活。

西河子沟农贸市场2007年始建，并于当年建成投用，市场占地面积1700平方米，建筑面积3400平方米，摊位面积2500平方米。是县城集蔬菜、瓜果批发零售和饮食、肉食店、禽蛋饮食为一体的大型综合市场，现已成为全县城乡群众物资交易的中心市场。

百货大楼商场于1982年建成营业，占地面积1763平方米，是全县最大的购物商场。在计划经济时期，该商场为全县物资供应和商品购销发挥了巨大作用。县政府于2009年拆除原百货商场，并在原址上新建商业住宅大厦，其中一、二、三楼为商业用房，目前已成为商品购销市场的主体，成为城乡居民购物首选地。

2006年5月，延长县邮政超市注册成立并投入运营，主要经营日用百货、副食品等。2008年2月8日，安心超市注册成立并投入运营，占地面积4000平方米，实用面积3500平方米，主要经营日用百货、副食、水果蔬菜、杂粮、肉类等，产品种类多达1.5万种，当年经销总额达280万元。2010年12月27日，客都超市注册成立并投入运营。2010年年末，全县有超市6户、专卖店5户。

（二）专营专卖

按照国家政策，延长县实行专营专卖的有食盐、烟草、烟花爆竹、定点屠宰行业。

盐业 1990年，延长县食盐由县副食公司统一购进、加工和销售。为贯彻落实地方病防治工作，1997年，开始推行食用盐配给制。2005年，实行"政府领导，部门配合，社会参与"的消除碘缺乏病工作机制，全面落实责任目标考核制，为全县消除碘缺乏病发挥了积极作用。2000年10月，成立延长县盐务管理局。11月1日起，全县盐务工作由盐务局（盐业公司）负责运营，继续实施食用碘盐配给制度，全年销售食用碘盐673吨。加强食盐市场稽查工作，及时查处违法私盐，净化了盐业市场。2006年，延长县在全市率先实行食盐连锁配销网络管理机制，采取统一计划、统一配制、统一监管和统一服务的办法，提高了配给效率。

烟草 1985年6月，延长县烟草专卖局（烟草公司）成立，承担全县烤烟生产经营、卷烟销售和烟草专卖管理工作。

烟叶生产管理方面。1987年，县政府将烟叶生产列为农业八大产业之一，鼓励农民大量种植烤烟，以期解决县卷烟厂生产所需烟叶。烟草公司组建烟叶生产股，抽调技术骨干深入乡村从烟叶育苗、管理烤制进行全方位的技术培训，提高烟叶种植水平，增加烟农的收入，带动全县烟叶生产向规模效益方向发展。涌现出一批烟叶生产重点乡、重点村和重点户。1990年，种植烤烟2.19万亩，总产量1729吨。2003年，全县不再种植烤烟。

卷烟销售方面。1997年，以扩大地产烟销售为主，加强与供货商的联系，做到及时供应，有效提升市场销量。同年，加强专卖执法队伍建设，重点查处违法贩卖假烟和私自收购外地卷烟进行牟利的违法行为。2003年，国家实施卷烟销售模式改革，烟草工业与商业分离，上级公司与生产厂家统一签订购销合同，县级公司实行"大配送"经营模式试点，由原访销一体经营改为"访送分离、集中配送"经营模式。县烟草专卖局充分利用电视、广播、标语等形式在全县开展以烟草专卖法律法规为主的宣传活动，增强全社会的烟草专卖意识，提高广大经营户和消费者知法、守法的自觉性。开展"端窝点、抄大户"集中行动，坚持昼夜检查，堵住非法卷烟流入通道。2010年，烟草销售坚持以卷烟品牌培育为抓手，以精准营销为突破口，采取灵活多样的销售方法扩大卷烟销售。加大人员物资投入，合理调整机构，健全经营体制，卷烟销售网络建设迈上了新台阶，为建立长期稳定的卷烟销售网络奠定基础。全县销售卷烟5312箱，实现销售收入7867.69万元，实现毛利1699.57万元。烟草执法坚持"打假、破网、净市场"的原则，抓基础、带队伍、管市场、破网络、强规范，有力地推动专卖管理工作上水平。

烟花爆竹 1990年，全县烟花爆竹营销业务呈现出国有、集体、个体多元化经营的格局。2000年，为确保经营安全，根据国家规定，下发了《关于加强烟花爆竹安全管理的通知》，烟花爆竹销售实行专营专卖归口管理，由土产公司独家经营烟花爆竹批零销售业务。2003年3月，在七里村镇呼家川村建成烟花爆竹专营仓库，保证烟花爆竹的存储安全，同时全县推行烟花爆竹连锁经营。2004年，成立延长县烟花爆竹专营稽查队，进一步加强了对烟花爆竹专营工作的稽查力度。稽查队采取捣毁"黑作坊"、挖掉"黑窝点"、没收"黑货物"等手段，整顿烟花爆竹营销市场，提升了烟花爆竹专营业务管理力度。2010年起，县政府大力推行大气环境污染治理工作，逐渐限制城区居民燃放烟花爆竹活动。

定点屠宰 1996年6月，延长县开始实行生猪"定点屠宰，集中检疫，统一纳税，分散经营"的管理体制，在食品公司设立生猪屠宰点，并组织对私屠滥宰等违法行为进行执法检查。2000年，组织开展联合执法，取缔西河子沟私屠滥宰点，收缴并销毁不合格肉品。2006年12月,延长县生猪定点屠宰管理办公室、延长县畜禽屠宰稽查队成立,开展猪肉质量安全专项整治工作,依法打击制售注水肉、病害肉的违法行为,收缴并销毁不合格肉品。2009年7月,县定点屠宰场建成投用,全县实行生猪无害化处理费用由国家财政给予补贴。同时,继续加大对屠宰行为的管理,取缔私屠滥宰点,收缴并销毁不合格肉品。

第五节　加强宏观调控

围绕全县经济健康运行这盘棋,适时开展专项统计普查,掌握吃透经济发展态势,科学制定发展规划,监督平抑物价,强化安全生产和食品药品监督管理,确保全县经济健康平稳地运行。

一、计划管理

改革开放后,延长县落实家庭联户承包责任和中共中央《关于经济体制改革的决议》及商贸流通领域放开搞活的改革措施,全县国民经济迅猛发展。1983年,粮食总产4849.5万公斤,完成计划4050万公斤的119.7%；工业产值876万元,完成计划853万元的102.7%；财政收入481.5万元,完成计划374.1万元的128.7%,较1949年的31.92万元增长14倍多。1988年,工农业总产值3763万元,完成计划3600万元的104.53%。其中农业总产值3763万元,完成计划的104.53%；粮食总产量4366.6万公斤,完成计划的103.97%；工业总产值1617.4万元,完成计划的149.76%；社会商品零售总额3570.2万元,人均纯收入282元。

1991年3月,《延长县国民经济和社会发展第八个五年计划纲要》批准实施。纲要提出的基本思路是,坚持以经济建设为中心,脱贫致富为目的,以改革开放为动力,不断加强农业,切实提高工业,实行区域开发,重点突破的原则,创亿元财政县,建文明富裕乡。发展战略重点是,以粮、林、烟、油为重点,加快开发步伐,建设区域化商品经济,做到粮食稳定,林业突破,烟油快上,系列开发，协调发展，逐步实现县有龙头企业，一乡一两业，一村两品，形成产供销一条龙，农工贸相结合的新格局。1992年，对规划进行调整，围绕"八五"规划提出的要求，依靠资源，发挥优势，采取区域开发，重点突破，主攻烟油，搞活流通的方针，统筹安排，有序推进，强化措施，注重实施。至1995年，全县国民生产总值完成15282万元，完成规划的67.92%；地方财政收入1003万元，完成规划的25.08%；农民人均纯收入达到771元，超规划增收221元，人口自然增长率为13‰左右，降低2.66‰。

1996年4月15日，延长县第十三届人民代表大会第四次会议审查批准《延长县国民经济和社会发展第九个五年计划纲要》，全县人民以《纲要》为准绳，坚持以经济建设为中心，努力克服自然灾害，资金短缺，市场疲软，骨干企业卷烟厂亏损停产，财政困难等不利因素，积极创造发展条件，发展县域经济。至2000年年末，全县完成国民生产总值31000万元，完成规划的88.57%，地方财政收入1516万元，完成规划的75.80%，农民人均纯收入956元，完成规划的63.73%；人口自然增长率为6.5‰，完成规划的169.23%。先后投资2.4496亿元，顺利实施了41个事关全县经济发展全局的基础设施、产业开发和民生福利项目，改善全县投资和居民生产生存环境。

2001年5月25日，延长县第十四届人民代表大会第四次会议审查批准了《延长县国民经济和社会发展第十个五年计划纲要》。县委、县政府带领全县人民团结一致，齐心协力，紧紧抓住国家实施西部大开发的历史机遇，围绕破解行路难、饮水难、上学难、用电难、住房难"五难"和提升财政收入总量低、农民收入低"两低"，大力实施"项目带动，城镇带动，果畜富民，石油强县"经济发展战略，圆满完成"十五"计划各项目标任务，成为全省经济增长最快的县之一。至2005年年末，全县完成国内生产总值8.10亿元，工业总产值达到6.12亿元，农业总产值达到3.20亿元，第一、二、三产业比重由"九五"末55.90∶19.30∶24.80调整为

31.80∶29.10∶39.10。地方财政收入1.04亿元,完成规划的208%;农民人均纯收入1666元,完成规划的83.3%。以石油为骨干的工业经济成为县域经济的支柱。农村以梨果、草畜、棚栽为主的特色产业格局初步形成。重点项目建设取得重大成就,其间总投资5.2亿元,完成基础设施、产业开发和民生工程项目47个。

2006年3月10日,延长县第十五届人民代表大会第四次会议审查批准了《延长县国民经济和社会发展第十一个五年计划纲要》。延长县牢牢把握"团结稳定,加快发展,实干兴县"的工作大局,大力实施"项目带动,城镇带动,果畜富民,石油强县"的经济发展战略,全力打造"两个基地",建设"五大工程",每年坚持办成办好几件实事,推进产业化、城镇化、民营化进程,加快社会主义新农村建设步伐,促进经济结构调整和增长方式转变,不断开创社会主义经济建设、政治建设、文化建设、社会建设的新局面。延长县围绕确立的经济发展战略,突出交通道路、城市供水两大瓶颈,倾力打造"富裕延长、生态延长、和谐延长",提前实现了"十一五"计划主要预期目标。至2010年年末,全县国民生产总值实现25亿元,较规划预期目标增长172.4%,三次产业结构调整为18∶51.10∶30.90;地方财政收入2.50亿元,完成规划的83.33%;农民人均纯收入4332元,较规划人均净增1332元。农村"以畜养沼、以沼促果、以果带畜"生态农业局面基本形成。累计投资30多亿元,顺利完成了基础设施、农业产业开发建设,城乡群众衣食住行生存环境得到根本性改变。

二、平抑市场物价

1988年以来,随着国家物价政策的陆续调整,延长县物价改革和管理主要经历了治理整顿、深化改革、改革完善三个时期。

1988年8月至1992年10月为治理整顿期。这一时期受短期经济过热影响,全国市场物价轮番上涨,为改革开放以来物价涨幅最大的年份。为平抑物价,巩固改革开放成果,延长县按照国家价格管理要求,贯彻"既要稳定物价,又要振兴经济,以控为主,总量压缩"的指导思想，以控制物价上涨，正确处理改革、发展、稳定三者的关系为目标，加强对价格的制定、调整、执行、协调和监督，对价格运行形式和运行行为进行干预，重点对菜、油、肉、电力、化肥、农用柴油、教育、医疗的价格和收费执行情况进行专项检查，严厉打击违价违纪问题，没收违法收入，有效平抑市场，维护了消费者的利益。1990年，贯彻省政府《关于进一步搞活流通若干问题的决定》，进一步放宽价格管理范围，同时放开纺织类、百货类、五金交电类及旅店、饮食和服务业等价格，由经营企业自主定价，提高煤、电力、成品油、钢材等产品价格，放宽流通领域内的价格差率。1992年，《陕西省〈收费许可证〉使用管理办法》等文件出台后，组织开展行政事业性收费清理整顿工作，陆续向符合规定的单位核发、审验收费许可证。

　　1992年10月至2001年1月为深化改革期。这一时期，延长县推行价格改革。根据各方承受力，积极理顺价格，加快改革步伐，建立以市场形成价格为主的价格机制。在坚持价格总水平相对稳定的前提下，进一步扩大市场调节范围，建立和完成宏观调控体系。1993年1月，全面放开旅店、服务业、饮食业价格，由企业自主定价，实行市场调节价。是年年末，全面放开粮食销售价格。1994年，为抑制通货膨胀，稳定市场物价，开展居民生活必需品价格监审工作，对城乡居民生活用品及服务价格执行提价申报制度，并施行最高限价。1996年，国家再次提高粮食定购价格，为确保市场基本稳定，全县议价粮价格实行最高限价。是年，成立由政府主管领导任组长，物价、审计等相关部门为成员的价格调节基金领导小组，从1997年1月起开征主要副食品风险和价格调节基金。1998年，对涉及收费部门的收费项目、标准、收费依据进行审核，保护非公有制经济的合法权益，遏制乱收费、乱罚金、乱摊派现象。至2001年年初，中央定价目录中仅有13种（类）商品和服务价格，政府定价和政府指导的商品和服务价格不到5%，而市场调节价超95%，实现了预期目标。

2001年以后为改革完善期。这一时期，围绕完善社会主义市场经济的价格体制与机制，价格管理由下游产品转向上游产品的资源、能源等生产要素的价格管理；价格调整重点由一般民生价格调整转向垄断性、公益性、保护性、强制性价格调整。改革完善的核心是确保全县价格总水平的基本稳定，政府管理职能转变为"定规划、当裁判、搞服务"，始终将"米袋子、菜篮子"作为稳定市场的主要内容。2002年，延长县在全县推行涉农收费公示制度，进一步加强对涉农收费的管理和监督，规范涉农收费行为。2004至2008年，先后对事关民生的公交车票价、自来水销售价格、瓶装液化气、农村客运票价、县城集中供热价格进行审批。2005年起，以教育、医疗、通信行业以及流通领域清费治乱、减负为重点，开展收费专项检查；采取部门协作、联合检查、明察暗访、现场采购等多种办法进行检查，加强对市场物价的监控。2010年，重点开展医疗卫生收费，生产资料公司和石油公司专控商品专项检查。所征收的价格调节基金本着"取之于民、用之于民、造福于民"的原则，主要用于扶持主导产业、大棚菜种植、养殖业发展、政策性补贴、农贸市场建设，困难群众的物价补贴等项目，累计投放539万元，为促进县域经济发展起到积极的作用。

三、统计工作

20多年来，延长县创新统计工作方法，推广应用现代统计手段，为全县宏观调控提供了依据。

统计普查　1990年至2012年期间，延长县开展的统计普查工作主要有农业普查、第三产业普查、经济普查。通过普查，全面掌握了延长县农业耕地面积、工业生产、第二三产业活动等情况。

统计调查　全县开展的统计调查项目主要有综合调查、专业调查、专项调查和城乡调查。综合调查逐年搜集、整理、统计，提供各年度全县生产总值及第一、二、三产业增加值和农民人均纯收入、城镇居民可支配收入指标，并于次年二三月份以《统计公报》的形式向社会正式公布。专业调查涉及农业、工业、商业、劳动工资、固定资产投资等指标，亦于次年二三月份在《统计公报》中向社会正式公布。专业调查主要有畜牧业监测、妇儿监测、贫困监测、人口抽样调查和工业企业抽样调查，通过统计普查和调查，全面掌握全县经济活动情况和城乡居民生活及收入情况，为全县调整产业结构，促进全县经济健康协调发展发挥积极作用。

统计局还通过编纂统计资料、建立统计网络、完善统计制度等，认真做好统计服务工作。定期向社会公布全县统计信息，为社会各界提供统计服务。自1992年起，每年初发布上年度《国民经济和社会发展统计公报》，分析县域经济和社会发展情况。2003年始，每两年编纂印刷《延长县统计年鉴》，全面系统反映全县经济、社会发展状况。同时，建立健全统计分析评估制度，不定期对农业、工业、第三产业形势进行分析预测，为党政领导和有关部门决策提供依据。

四、工商行政管理

延长县加强工商行政监督管理，切实维护消费者权益，全县工商经济快速发展，市场规范有序，流通繁荣快捷。

1990年，全县注册登记个体工商户230户，全县个体工商户总数586户，从业人员960人，年经销额2580万元，占比33%。2000年，全县个体工商户发展到980户，从业人员增至1190人，年经销额提高到3080万元，占比为38%。2005至2007年，推行《经济户口登记分类监管实施办法》，对所有注册登记的工商企业实施信用等级分类监管。至2010年，全县个体工商户总数为1540户，从业人员1860人，年经销额5200万元，占比50%，较1990年增长20%。

1990至1992年，延长县加强工商行政监督管理，重点整治市场交易中的缺斤短两现象，组织工商干部在县城、乡镇逢集日开展巡回检查，查处使用市斤制旧秤、掺杂使假和斤秤不足等违规交易行为，并在各大市场设置复秤台，方便群众，明白消费。同时，中秋、春节期间，开展专项市场大检查活动，重点查处销售假冒伪劣和过期霉变食品行为。1996至1997年，以"内练素质、外树形象"为主题，全面推行社会承诺制，深入开展创佳评差活动，加大市场专项整顿工作，开展医药保健品市场、食盐市场、文化市场、生猪定点屠宰、农资市场、建筑市场整顿工作，查处了一批假冒伪劣商品。此后，上述专项活动实现制度化和常态化，净化了营商环境。2000至2004年，开展行风建设形象年、规范行政执法年活动，适时开展节日市场、汽车配件、"红盾护农"专项整治活动，查处各类违法行为。2006至2007年，严格规范食品经营行为，完善食品安全监管网络，积极推进食品安全监管长效机制建设，开展重点区域执法检查、自律制度执法检查、重要节日期间食品市场专项整治活动，开展流通环节食品安全、广告市场、大中型超市食品安全、旅游纪念品市场专项整顿，农村食品市场整顿年和"红盾护农"专项整治活动，查处各类违法违纪行为473起。2009年，开展创新规范服务年活动，以"案件主办人制度化、执法办案程序化、执法案件标准化、执法流程网络化"为标准，制订《市场网控式监管实施办法》，加大了市场监管力度。2010年，在全县施行"一票清""一账通""网络、网控"市场监管机制基础上，推行《红盾巡查服务岗工作规范》，有效解决网络责任人特别是一级网络责任人履职到位的问题，提升最基础的监管效能，全年组织开展了地沟油、一次性筷子、食品添加剂等重点商品的执法检查，以及油气开采、公用企业不正当竞争、商业贿赂等重点领域专项执法行动，查处各类违法违规行为364起。

1996年，成立延长县消费者协会，开展消费者权益保护工作。此后，逐年开展"3·15"消费者权益日宣传活动，群众积极参与，投诉举报案件逐年增多。开展巡回检查，收缴并销毁假冒伪劣商品，维护消费者的合法权益。2010年，延长县工商行政管理局扎实推进"一会两站"建设，全面破解农村消费维权工作薄弱、农民维权意识不强、投诉渠道不畅的难题，建立起一套县政府领导、乡镇政府组织、村委会实施、工商局推动的"一会两站"运行体制。至年末，建立消费者协会分会13个，建立消费协会投诉站、12315申请举报联络站265个，聘请联络员265名，形成覆盖全县的消费维权网络。全县调解处理消费者投诉举报案件300余件，为消费者挽回经济损失200余万元，消费者维权意识明显增强，维权成果显著。

五、质量技术监督

计量管理 按照"帮、促、管"的原则，帮助县内企业和事业单位树立计量意识，有三家企业获得三级计量合格企业证书。开展摸底调查及建账、建卡、逐台登记工作，对强检计量器具实行动态管理，1993年2月28日，延安地区强制检定计量器具管理现场会在延长县召开，与会人员相互学习交流强检计量器具动态管理经验，推动延安地区强检计量器具的顺利推行。1998年10月，向锅炉使用单位下发强制检定通知书，对压力表送检，确保量值准确可靠，锅炉运行安全。2005年，围绕群众关注的重点领域进行督查，重点对发放退耕还林兑现的面粉、大米缺斤少两问题进行检查，责令有关单位按实际量结算，明示销售。还对加油站加油机计量器具进行检查，立案查处加油机超检定周期使用违法行为。

质量管理 1992年，针对机砖产品质量问题，对全县预应力楼板和烧结普通砖进行抽样检验，并召开专题会议，通报产品抽查结果，要求机砖厂立即开展整改工作，严格按标准组织生产。同时，对卷烟、机械、建材、粮食和轻工等重要工业产品进行质量监督抽查，提高产品质量。1993年3月，县政府成立打假领导小组，利用一个月时间重点检查了副食、饮料、化妆品、药品等行业经营的商品，没收假冒伪劣商品。1994年，遵照《陕西省市场商品报验管理办法》规定，开始对啤酒、药品、粮食籽种、化肥、成衣实行商品质量报验制度，对报验合格的商品，签发《报验商品准销证》，报检不合格的，由报检单位持质量机构的检验报告向供货单位交涉退货、退款及索赔事宜。1996年起，结合产品营销实际，坚持对元旦、春节商品、春季农资、夏季冷饮、低压电器、化妆品质量和物资交流会副食品进行商品质量检查，并公开销毁伪劣产品，维护消费者的利益。2004年6月，延长县成立质量兴县领导小组，摸底建立生产企业电子质量档案，掌握企业质量管理水平及产品质量状况，实行动态监管。制定食品安全应急预案，成立食品安全应急分队，定区域、定任务、定责任、定措施，实行巡查、回访、抽查等制度。2007年，针对全县豆腐主要生产基地王良沟村生产条件"脏、乱、差"，食品安全隐患严重问题，从建立健全各项规范和管理制度入手，制定了小作坊加工场所卫生、环境条件要求，技术规范和市场准入细则，逐户进行达标验收，从根本上扭转了"脏、乱、差"局面，让全县老百姓吃上了质量好，放心安全的豆腐产品。2008年，"三鹿"奶粉污染事件发生后，延长县对三家养牛场开展饲料和添加剂使用情况检查，未发现鲜奶点有违法使用三聚氢氨行为。2010年，进一步落实食品生产企业（小作坊）法人主体责任，与辖区食品生产企业（小作坊）签订食品安全生产承诺书，审查并建立食品生产企业质量档案，实行食品添加剂登记备案管理。

代码管理　1993年，延长成立统一代码工作领导小组，组织开展机构代码管理工作。年末，完成代码数据采集、录入和发证工作，代码覆盖率98.25%。此后，县技术监督局按规定进行年检，并及时纠正错误信息，增加更新信息，实现了数据库质量零差错。

标准化管理　1991年，对安沟、张家滩、刘家河、黑家堡烟站烟叶国家标准执行情况进行专项检查，检定了计量器具，杜绝缺斤少两问题，调动了烟农从事烟叶生产的积极性。1998年，延长县被确定为全省消灭无标生产达标县，县政府成立消灭无标生产工作领导小组，组织开展宣传动员，摸底普查、登记管理、落实整改等项工作，帮助企业搜集查询标准，协助企业按标准组织生产、检验产品。是年年末，全县29个企业的36种产品全部执行国家行业标准，标准覆盖率由试点前的39%提升到100%。

制定了《无公害大棚西瓜生产技术》《无公害大棚西瓜生产用药、用肥指导》两项技术规范，并大力进行培训推广，促使示范区农技人员和广大农户按标准进行规范化生产和管理。2004年，延长县黑家堡镇无公害大棚西瓜农业标准化示范区项目，被国家标准化管理委员会列为全国第五批农业标准化示范项目。2007年11月，示范区通过国家验收。

特种设备 1990年至1999年，对辖区内各企业、厂矿进行全面细致的安全大检查，对检查出的问题限期整改。2003年2月，集中开展元旦、春节期间锅炉压力容器安全生产"四查"（查设备是否注册登记，有无使用证；查是否定期检验，有无维修保养记录；查操作人员上岗，是否有操作证；查规章制度建立及安全责任落实情况）活动，并将检查结果通过县电视台予以通报，促进整改落实。10月，市质监局在延长县举办第一期锅炉司炉作业人员培训班，全县68名司炉工经培训考核取得作业资格证。推行"以遏制事故发生为目的，以监察为手段，以使用环节为重点"的全过程安全监察制度，重点对生产经营单位，公众聚集场所等使用频繁易发生事故的特种设备开展安全监察。坚持每季度至少两次深入重点企业、重点设备使用单位开展巡查，检查各环节设备安全状况，增强安全监察的有效性。

六、安全监督管理

延长县始终把安全生产和安全监督管理工作放在各级党委、政府的中心工作，与经济工作同安排、同步骤，双管齐下，齐头并进，取得显著成绩，全县安全事故从2002年的45起，至2010年锐减为16起，呈阶梯式下降趋势，为保障全县人民生命财产，支援全县经济建设发挥积极作用。

紧抓宣传培训工作不放松，重点对全县电工、司炉工、电焊工、架子工开展《矿山安全法》宣传和学习活动，进行安全培训，并经考核合格后发放上岗证。至2000年，全县累计举办培训班10期，电工、司炉工、电焊工、架子工累计获上岗证620人。采取悬挂横幅、张贴标语、广播电视报道等形式，广泛宣传《安全生产条例》，教育干部群众树立"隐患险于明火、防范胜于救灾、责任重于泰山"和"安全为了生产，生产必须安全"的思想观念。此后，举办安全员培训实现制度化、常态化，形成了全县上下抓安全，促宣传的良好工作氛围。

20年来，县政府坚持每年与各行业主管部门、乡镇、企业签订安全生产目标责任书，夯实安全生产监管责任，并在各行业主管部门开展常规检查和平时抽查的基础上，安委会每年组织开展两次大型安全检查。全县实行半年、年终安全责任考核制，并于1995年起实行安全生产责任考核一票否决制，不断加强安全生产监督管理工作，促进安全生产形势趋稳。1995年，确立安全就是效益的思想，逐步建立"企业负责、行业管理、国家监察、群众监督"的安全生产体制，实行安全生产"一票否决"考核制度。成立安全生产联合检查小组，检查小组在常规检查、平时抽查的同时，组织开展全县性大检查，涉及防洪、防塌、防滑措施落实情况，公路交通安全、公共娱乐场所安全、易燃易爆品生产和经营单位安全、乡镇和个体煤矿安全、压力容器使用安全等，发现隐患，限期整改。2002年，延长县成立专项治理整顿领导小组，负责协调道路交通运输、化学危险品、民爆物品等11个方面的安全专项治理工作。专项治理活动中对安全问题突出的液化气经销行业，制定了"国家经营、城建管理、统一气源、定点销售"的管理办法，对个体经营店全部予以取缔。按照"谁检查、谁签字、谁负责"的原则，组织开展安全大检查，查出隐患，限期整改。2004年，重点开展水资源和环境污染专项整治，关闭了水源区油井，处理了废弃物及垃圾，从源头上根除了污染源，县城饮用水和空气质量得到改善，达到国家三级标准。2005年，采取企业自查、乡镇排查、行业检查、安监部门督查和县安委会抽查的方式，对道路交通、公众聚集场所、食品卫生、中小学校舍等专项开展大型安全生产大检查，查出隐患439处，现场责令整改347处，限期整改92处，保障了全县经济活动的正常运行。

第六节　城乡基础设施建设

改革开放以来，延长县不断加强城镇、道路、信息等基础设施建设，城乡通信及居住生活环境发生了翻天覆地的变化，城乡面貌焕然一新。

一、交通

20世纪80年代初期,全县仅有延(安)—延(长)一条等级公路,全长72公里,自县城起,西经黑家堡、甘谷驿、姚店等城镇,终点至延安。有县级通乡镇公路7条,均为沙砾路面,全长280.6公里。20世纪90年代以来,县委、县政府秉持"要想富、先修路"发展理念,不遗余力,加快交通设施建设和升级改造步伐,启动实施村村通工程,省、县、乡、村道等级公路和通车里程持续增加延伸,为县域经济的发展提供了动力。

干线公路 延长县干线公路主要有东西向的205省道旧线(起点为榆林清涧县,从延长县黑家堡入境,经七里村、县城、东经白家川出境),省道205新线(西起宝塔区姚店镇、东至白家川)、延(长)马(头关)路(县城至罗子山马头关)。南北向的渭(南)清(涧)线公路,又为201省道(南起安沟乡杨家山入境,北至交口镇出境)。

205省道旧线于2002年3月启动实施维修改造工程,对原线路进行了截弯取直,并加宽了路面,当年10月竣工通车,行车时间缩短近一小时,极大地方便了客货运输。

省道205新线于2009年3月开工建设,总投资2.2亿元,经过全体建设者一年的努力,2010年10月实现竣工通车。该路全长40.33公里,为二级干线公路,筑路工程修桥梁18座,涵洞85道1125米,隧道3座1606米。省道205新线通车后,延长至延安的行车时间缩减至一小时左右。同时,形成了延长至延安两条干线公路同时运行的交通局面。

县道延马路是县境最主要的一条县级干线公路,按照量力而行原则,逐年逐段对其进行拓宽改造升级。1990年,按照三级公路标准,拓宽改造张家滩段2.4公里旧路,并完成白家河、王家川段改线新修任务,铺筑砂石路面2.6公里。1991年后,陆续完成老虎沟至白家河、张家滩石砭、罗子山至马头关、张家滩至董家河、白家河至佛光等路段的拓宽和新修改造工程。延马路连接东部张家滩、罗子山、安沟三乡镇,可直抵马头关黄河渡口延伸至山西省大宁县。鉴于该公路特殊的交通优势，1998年，延长县全面升级改造，开始建设三级柏油公路，有计划地逐年逐段进行拓宽、截弯取直、修建涵洞、桥梁。至2009年，实现延马路三级沥青碎石路全线贯通，总长62.98公里。自此，延长县东起马头关，西至甘谷驿的东西大动脉全部升级改造为等级公路。同时，为便于秦晋交通运输，经两地政府协商沟通，延长与大宁两县于2005年5月开工建设马头关黄河大桥。在两县政府和建设部门的共同努力下，大桥于2007年9月建成通车，方便两省人民的交流和往来，促进两省的经济发展。马头关黄河大桥总投资约6000万元，全长801.1米，桥墩最高69米。大桥屹立于秦晋大峡谷，雄伟壮观，昔日的黄河天堑变通途。自此，两岸人民告别小木船横渡黄河的艰难岁月。

渭清公路原为战备路，砂石路面，路窄弯多，在县境内全长61.3公里。2006年9月，实施渭清线改造工程，将县境内的白家川至交口镇进行重新规划，勘定路线，截弯取直。改造工程总投资2.84亿元，按二级公路标准拓宽改造，全长50公里，路面宽7.5米，2008年10月建成通车。改造后极大地方便延长至渭南间的交通运输，促进了区域间的联系和经济建设。

乡村公路 70年代起，先后修通延马（延长至马头关）、张雷（张家滩至雷赤）、张南（张家滩至南河沟）、延郑（延长至郑庄）、延刘（延长至刘家河）、延郭（延长至郭旗）、延交（延长至交口）7条支线公路，全长280.6公里，均为土质沙砾路面，属四级公路。21世纪以来，随着县城经济的持续发展，县政府统筹规划，逐年对支线公路进行升级改造。杨郑（杨家沟至郑庄）路于2001年初改造为柏油路，此后于2009年再次升级改造为三级油路，全长34.99公里。2003年，完成延刘路呼家川至刘家河段柏油路改造工程。2005年，又完成张雷公路和南李公路（南河沟至李家圪塔）三级油路升级改造工程，实现乡镇公路升级达标目标。

1994年，延长县全面开展通村公路建设。1996年至1997年，通过两年坚持不懈努力，共整修土路173公里。至1998年，全面完成了"三通"（通电、通水、通公路）遗留工程，实现村村通公路的目标。从2006年起，延长县全面改造提高通村公路等级，建设标准为四级油路或四级水泥混凝土路面。2010年年末，全县共建成等级公路92条，总里程720.15公里，其中四级水泥路全长26.70公里。同时，延长县根据苹果产业发展实际，积极开展果园道路建设，为全县苹果产业发展奠定了基础。

二、城区建设

20世纪90年代初，县城建有二街五路，即正街和二道街，五路为北洞渠、南小巷、中心巷、寨山路和环城路，县城道路总长约6公里。经过历届政府20余年的不懈努力，至2012年年底，县城道路总长度达16.78公里，城区面积增至10平方公里，人均住房面积由2000年的8.32平方米增至30平方米。县城发展到六街十四路九巷，主要有中心街、商业步行街、迎宾路和王家川路。1995年4月份启动实施中心街拓宽改造工程，7月底竣工，改造后街道宽16米，长750米，改变了过去街道宽窄不一，路面高低起伏，遇雨泥泞难行的的困窘状况。拓宽改造过程中，县城居民和行政企事业单位干部职工义务投工投劳，捐款助力，踊跃为街道建设贡献自己的一份力量。

2007年5月，商业步行街扩建改造工程启动，2008年9月30日竣工交付使用，建成商住楼8幢，建筑面积5.05万平方米，主街道全长650米，宽10米至15米，商业步行街建成投入使用，为全县人民提供了理想、舒适的购物娱乐场所。

迎宾路亦称"迎宾大道"，于2005年实施扩建改造工程，路长1200米，宽12米，沿河滨防洪堤建有园林。迎宾路投运后，缓解了进出县城的交通压力，极大地方便了城乡群众，助推了全县经济发展。环城路是全县唯一一条绕城公路，经1999年、2008年两次改造，与县城主街道共同构成环型交通大道。

1984年至2011年，延长县先后在延河两岸新建延河大桥、雷家滩大桥、张家园子大桥等城市专用桥梁六座（其中步行天桥两座），从根本上解决了制约人员往来和商品流通的交通问题。

改革开放初期，县城几无配套的排水管网，城区居民生活污水、雨水仍靠地面自流和蒸发。1993年，结合县城主街改造工程，新修主街道排水管涵，增设了城区集水口。1995年，新修西河子沟排水渠116米，并对西滩洼排水渠进行维修改造。至此，县城老城区排水管网全面建成。进入21世纪，在规划建设雷家滩、张家园子、朱家湾、槐里坪等商住小区期间，先期实施排水工程建设，确保排水畅通。至2010年末，全县共建成排水暗渠（涵洞）总长度32.80公里。

1992年起，在县城主街道、主要路段、桥梁、广场、商业步行街、农贸市场、居民小区等安装高压钠灯、地灯、高中华灯、高柱型灯、射灯、LED数码灯管、太阳能灯。至2010年末，城区亮灯率达98%。

先后建成人民广场、文化广场、翠屏广场、东征广场四座大型广场。广场设有雕像、绿化园林区、体育健身区等，成为全县人民休闲娱乐的理想场所。

2001年，为解决城区居民饮水困难，县政府选定在刘家河乡王家河村建坝引水，2002年年底建成投入运行，建有3万立方米调节池一座，日供水能力为3500立方米。后经2003年、2007年和2008年三次对县城及城区周围供水管网进行改造扩建，实现县城居民自来水供水全覆盖。至2010年年末，日供水能力2000吨，年供水量68万吨，供水人口42101人。

2002年，延长县雷家滩商住小区建成投入运行，首次建成集中供热站，采用4台6吨燃煤锅炉供热，供热面积13.5万平方米。2010年年末，步行街农贸市场、张家园子商住区陆续建成，县城集中供热站增至4个，供热面积达41.21万平方米，基本满足了城区单位、居民供热需求。

1996年，县城有载客机动三轮摩托车20辆，1997年猛增至100辆，并新增微型客车54辆。2003年3月，组建延长县平安出租汽车运输有限责任公司，投放出租车20辆，为挂靠经营。至2010

年末，全县营运出租车70辆，均为公司化经营。2003年，延长县开通公交线路1条，全长12公里，沿途站点16个，投放公交车6辆。2008年，增开公交线路1条，全长7公里，沿途设点25个，投放公交车6辆。

为加强城市环境整治，县政府成立环境卫生清洁大队和市容市貌监察大队，依法对垃圾清运和市容市貌进行监督管理。加强环卫设施建设，建成垃圾填埋场。对"乱停乱放、乱搭乱建、乱摆摊点"等影响市容市貌行为开展综合治理，市容环境"脏、乱、差"现象大为改善。2004年，县政府颁布《文明市民公约》，下发了《关于加强县城市容环境卫生管理工作的通知》，从制度、措施上切实加强市容市貌监管。2008年，县委、县政府开展省级卫生县城创建活动，环卫方面继续加大硬件建设，新建水厕，改造旱厕，维修垃圾桶、果皮箱、垃圾车厢和垃圾斗等，新建延长县生活垃圾无害化处理厂。2010年，针对重要区域和重点部位加大宣传力度（宣传进校园、进家庭），城市环境整治工作由"突击型"转为"长效型"，城区市容市貌发生根本性转变。2010年12月，延长县创建省级卫生县城工作通过省级验收，获陕西省卫生县城称号。

新区建设 2000年，延长县城区人均住房面积8.32平方米，其中人均楼房面积1.97平方米。按照"政府垄断一级土地市场，放开二级土地市场，土地增值部分用于基础设施建设"的原则，在县城南岸先后开发建成雷家滩商住小区、张家园子文苑小区。小区开发采用"政府搭台、社会唱戏"的办法，由各单位集资开发建设，有效解决了建设资金问题。经过五年努力，共建成商住楼1200套，总建筑面积17万平方米。同时，由政府筹资完成河堤帮畔、广场、水、电等基础设施。小区建成后，从根本上缓解了单位职工和城区居民住房难问题。

信息产业 1990年，全县有邮政营业厅（室）13个，配备了邮政专用汽车和自行车。1998年10月，邮政、电信合营后，县邮政局各营业厅（室）首次配备计算机，邮政业务实现自动化。此后，不断更换、更新计算机软硬件，增加终端设施，配备业务、行政用车，增置计算机、网络交换机、ATM柜员机、邮资机等，并增设了信报箱。至2010年年末，邮政用计算机、网络交换机、网络路由器、终端等设备应有尽有，邮政能力建设全面提升。

函件、包件、邮政汇款、报刊邮品投递是20世纪八九十年代至本世纪初人民群众信息、物质交流的主要形式，1988年，全县58条邮路实行"六定一挂"承包经营，激发了邮运员、邮递员的工作积极性，积压延误，漏班甩点，捎转报刊现象显著减少。1990年，增设了汽车、客车邮路，总长209公里。县城至交口、刘家河、郑庄、郭旗、安沟乡镇邮路由邮递员骑自行车投递邮件。之后，随着信息产业的强势崛起，邮件投递方式和规模均发生巨大变化，特别是函件业务量骤减。2010年仅有6650件，包件减为1986件。邮品发行品先升后降，1999年达到巅峰，集邮业务量8.75万枚，2005年开始下降，后年均销售量维持在3万枚左右。邮政储蓄逐年增加，由1990年的1102万元至2011年增至2.645亿元。

改革开放初期，信息交流最快捷的方式为电报和长途电话，成本高，普及率低。1985年，新开通载波电话。至1989年，全县市话及农话用户仅340户，1990年，开通延安与相邻县人工接续长途电话。1995年，首次引进数字程控交换设备，完成市话改制，与延安地区本地电信网连通，局间传输和通路组织采用光缆传输，通信跨入自动化时代。当年市话用户猛增，总用户达到1638户。同时，全县启动实施"三通"（通路、通电、通电话）农村通信建设工程，至1997年年底，全县通电话村委会36个，占全县村委会总数的12.46%。此后，程控电话进入迅猛发展的黄金期，无论是市话、长途电话和农村电话逐年扩容，电缆向全县城镇、农村延伸，用户量激增，为全县城乡群众相互交流、发展经济提供了信息保障支持。至2006年年底，全县市话达14322户。次年，全县288个村委会全部通电话，总用户达9582户，达到顶峰。

2003年3月，县电信公司推出小灵通业务，当年发展用户2463

户。2004年发展到4240户。但因其覆盖范围小，信号有盲区和死角等缺点，业务逐年萎缩。2010年，全县小灵通用户仅余380户。

全县移动通信业务主要由中国移动、中国联通、中国电信三大运营商经营。自1998年年底首座基站建成投入运营以来，如雨后春笋般蓬勃兴起，先后开通GSM、CDMA、3G及4G网络服务，成为城乡群众信息交流、感情沟通、生产生活必不可少的"掌中宝"。

中国移动于1998年12月26日率先在县城建成电视转播台，当年发展用户28户。1999年先后建成基站4个，用户发展到296户。2000年4月，移动业务从中国电信剥离，中国移动独立经营后，相继推出语言信箱、移动秘书等八项增值业务，并加大基站建设力度，信号覆盖率逐年提高，用户逐年增多，至2010年，全县移动基站总数达到82个，覆盖率达到100%，全县移动用户总数达6.5万户，占移动电信总用户9.18万户的70.8%，居全县通信网络服务市场首位。

中国联合网络通信有限公司延长县分公司于2000年12月成立，次年建成基站3个，发展用户3000余户。自2002年起，持续加强基站建设，至2010年，县联通公司建成基站42个，用户发展到1.38万户。

中国电信移动通信业务系收购中国联通CDMA业务发展而来。2009年1月7日，中国电信延长分公司获准成立并启动运营3G业务，至2010年基站达到45个，用户发展1.30万户，网络信号覆盖面农村98%以上，县城100%，3G网络覆盖率73%。

21世纪以来，互联网产业逐步兴起，最初业务主要由中国电信和陕西广电网络共同经营。1996年12月，开通分组交换网和数字数据网。1999年6月，延长电信公司开通中国公用计算机互联网，当年注册互联网用户26户，开启办公互联网时代。2001年安装专用设备，为银行系统率先提供互联网服务。自2002年起，电信分公司主推乡镇宽带服务业务，扩容升级原有设备，开通"我的e家""商务领航"等套餐服务。2009年开通县政府互联网、教育网系统、公安道路监控系统、党员远程教育、农村信息公路建设等光纤网络应用，当年发展"商务领航"融合套餐84户，"e家"融合套餐2024户，宽带用户发展到4978户。2013年3月，开通煤炭监控系统以及房管所、交管站、法院、森林公安、政务大厅、工商局等单位的专线网络及视频会议系统，并提供可靠的网络保障，带动了地方经济建设和发展。是年，中国电信宽带用户为6357户，占全县互联网用户6882户的92.37%。

2001年10月，陕西省广播电视信息网络股份有限公司延长县支公司正式成立。2003年开通互联网业务，之后，不断扩容和升级改造，开通市县一级公安网、延长县"金财网"、电子政务网专网业务等。2010年，大力发展互联网业务，宽带用户发展到525户。

无线网络起步较晚。2009年1月7日，中国电信延长分公司首次开通EVDO（中国电信3G网络）无线上网业务，至2010年，无线宽带用户为350户，服务项目为"天翼3G"。

2007年，县政府建成延长县人民政府公众信息网，网站设置走进延长、政务公开、在线办事、政民互动等8个一级栏目，下设政务要闻、公告公开、网上办事、在线咨询、在线投诉、网上调查、县长信箱等25个二级栏目。2010年年末，县政府门户网站累计发布各类信息1666条，开设专题专栏2个，受理网民来信10件，办结率100%。网站总访问量达350423人次，县政府门户网站已成为城乡群众掌握农特产品市场信息、了解政府政务动态、反映民情、办理业务的主要平台，深受广大群众青睐。

第七节 发展科教文卫体事业

改革开放35年来，县委、县政府以"科教兴县"为统领，加大科技、教育、卫生、文化、体育事业投入，强化公共服务基础设施建设，深化社会事业改革，全县社会事业取得长足发展，公共服务水平显著提高。

一、科技

科技培训 采取长短结合以短为主，县、乡、办结合以乡为主，集体与个人结合以集体为主的方法，举办各类培训班，培训实用人才。1991年起，将科技培训作为农村科技进步的一项重要内容来抓，抽调科技人员深入农村通过举办现场会的方式，开展技术培训。建立了县、乡、村三级培训网络。同时组建科技扶贫小分队下乡，邀请省农科所专家，围绕"梨果、棚栽、草畜"农村三大产业，开展农村实用技术培训，推进了产业建设进程。2009年，延长县科技局获全市科技培训工作先进单位称号。

科技示范 1997年，围绕主导产业开发，先后建成安河梨果科技示范乡、雷赤烟叶示范乡、佛光——马山酥梨科技示范区、桐居——崾崄红枣示范区、槐里坪大棚蔬菜示范区等特色产业示范区。2000年年初，启动实施"358农业科技示范工程"，涵盖酥梨、苹果、红枣、玉米、蔬菜、畜牧、豆类、烟叶8个项目，统一验收，示范规模、技术应用普及率、经济效益等均达到预定指标。2007年，启动实施省市科技示范基地建设，经省果业局认定，延长县雷赤乡神头村、雷多村、大雅村等8个乡镇示范园为省级苹果标准化示范园，总面积1175亩。同时，抓特色示范园区建设，建成安河镇闫刘家村酥梨示范园、安沟乡学良村防雹网推广示范和苹果示范园、黑家堡镇大棚栽植示范区，刘家河乡舍饲养殖示范区，七里村镇王良沟大棚养猪示范区等，向全县推广，进一步发挥科技示范、辐射、带动作用，促进产业又好又快发展。2010年，建成县级苹果示范园5个，累计建成各类示范基地、村园138个。

科技交流 2005年至2006年，精心组织县乡干部、示范户及群众代表参加省"农高会"。县参展展品有酥梨、苹果、绿枝扦插枣苗等10余个品种，并签订合作项目3个。2009年，延长县筛选12个涉农项目参加农高会的招商引资活动，制作《发展中的延长》电视宣传片，加大对外宣传力度，组织近300名农民、企业、单位工作人员赴杨凌参观学习，掌握致富信息，购置农业机械，引进新品种，加快科技进步步伐。

科技扶贫　科技扶贫依托本县资源优势，围绕"石油、梨果、草畜、棚栽"四项主导产业，突出科技培训，科学示范，加强技术服务体系建设，使劳动者素质得到普遍提高，取得显著的经济和社会效益。1996年，县果业局干部董思孟、罗子山乡干部王志仲被省人社厅、扶贫开发办、扶贫基金会授予科技扶贫先进工作者称号。董思孟，1970年北京农业大学毕业后，响应党中央号召，毅然选择到革命老区延长县农业局工作，一干就是50年。他担任果树局局长期间，通过反复调研论证，提出"东部栽植梨枣，中西部发展苹果，沟川栽培葡萄"的果业开发格局，被县委、县政府采纳并在全县实施，现已成为全县农村脱贫致富的主导产业。他依据延长县东部光、热、水、土资源优势，率先在安河乡佛光村建设示范园，被国家科委列为科技扶贫项目。此后带动黄河沿岸三乡镇建成1.16万亩的酥梨生产基地，为黄河沿岸农民群众脱贫致富奔小康找到一条有效途径。他每年有一半时间坚守在农村生产一线，手把手地给果农传授苹果、酥梨栽培技术，为全县梨果产业发展作出突出贡献，体现了一个共产党员持之以恒为人民服务的初心。他本人获省、市、县奖励31次，获得市、县科技成果奖6项。

科技管理　延长县从宏观科技、科技奖励、科技考核、科技人才政策等方面不断制定完善政策激励机制，充分调动广大科技工作者的工作积极性。先后出台一系列关于加强科技工作的意见和决议，明确科技工作方向和主要目标。2003年5月，颁布了《延长县科学技术奖励办法》，给予做出贡献的科技工作者以重奖。6月，县委、县政府召开全县科技进步先进县动员大会，下发了《关于创建全国科技进步先进县的实施意见》《党政领导干部科技工作目标责任制》和《延长县创建科技进步先进县各乡镇工作职责》等一系列配套制度与措施。2005年起，实施人才强县战略，进一步加强对科技工作的领导，推动全县科技进步。

科技投入　2006年，首次将"科技三项费用"列入财政预算，预算"科技三项费用"占当年财政总支出的1%以上。2007年,制定《科技三项费用管理办法》,明确科技三项费用的申报、领拨、监督、检查程序,并将科技资金重点用于新农机引进、地膜玉米种植、苹果产业建设、标准化大棚等项目建设,对全县经济和社会发展起到了促进作用,尤其是苹果、棚栽、草畜产业取得显著的经济效益。

二、教育

延长县始终如一重视支持教育事业,逐年加大教育投入,强化基础设施建设,深化教育体制改革,加强教师队伍建设,紧紧抓住基础教育和素质教育工作重点,全县教育工作成绩斐然。

(一)基础教育

幼儿教育 延长县1954年开办第一所幼儿园,入园幼儿63名。"大跃进"期间,为把妇女从烦琐的家务中解脱出来,全县城乡大办幼儿园,至1959年发展到525所,入园幼儿5979名,教养员526名。1972年,恢复城关幼儿园,1983年改称延长县幼儿园,是全县最大的一所幼儿园。1989年,延长县共有4所幼儿园,有幼儿专任教职工47人,入园幼儿416名。1992年起,为规范管理,延长县逐步开展民办私立园注册登记工作,颁发办园许可证,并向企事业单位创办的幼儿园分配专业教师。1996年,县幼儿园晋升为延安地区一类幼儿园。2005年,县幼儿园高标准现代化教学楼建成,并配齐教育教学设施设备,实现"班班通"的电化教学手段。2010年,全县经资源整合后乡镇中心幼儿园全部建成,各级小学不再附设学前班,经评定14所乡镇中心幼儿园被认定为二类幼儿园。是年年末,全县有各级各类幼儿园29所,在园幼儿1989人,县幼儿园通过省级示范幼儿园复验,成为全县学前教育的领头雁。

按照教育部《幼儿园教育指导纲要》(试行)的要求,全县学前教育坚持以人为本的原则,遵从一切为了孩子的全面发展教育理念,以游戏为基本活动,坚持保教并重,关注个别差异,大力实施幼儿素质教育。日常教学以幼儿学习兴趣培养为重点,兼顾行为养成教育、强化保育、卫生保健、安全教育等,定期或不定期地举办幼儿歌咏比赛、绘画比赛、手工制作比赛、幼儿运动会或趣味运动会、家园联欢、家长开放日活动等。同时组织幼儿参加县、乡镇、单位举办的节日庆祝，文艺联欢和献爱心等公益活动。在加强教学管理的基础上，各幼儿园特别是县幼儿园为代表的具备半托能力的幼儿园，注重幼儿营养和膳食改善，强化安全教育和管理，为幼儿及家长提供全方位服务。

小学教育 宣统元年（1909），知县洪寅改建讲堂，宣统三年（1911）改称延长县小学。民国初，全县有县立完全小学和初等小学各1所，有镇立初等小学、私立初等小学各3所。1925年，延长县小学改名为延长县第一高级小学，后在该校建立了中国共产党支部，成为全县最早的共产党组织。1935年，红军解放延长县后，建立苏维埃政权，小学统一改名为列宁小学。1949年，全县有完全小学2所，初级小学51所，学生1021名。1958年，小学发展到304所，学生达7737名，教师398人。1985年6月，延长县制定出台《普及初等教育初步规划》，全力实施初等教育普及工作。1987年通过省、地区验收，确定延长县为初等教育普及县，公办小学达到"一无两有"（无危房危窑，校校有教室和学生有课桌凳、教师有办公桌）的要求。学生入学率、巩固率、普及率、毕业率均达到部颁标准。1999年，延长县大力推进学校布局调整，撤并布局欠合理、生源较少的村办初级小学。调整后全县有各级各类小学675所。

小学教育注重学科间的均衡，适时组织学校师生利用节日举办文艺演出、演讲比赛或联欢活动。1996年，延长县普及六年义务教育达标，小学起始年级推行素质教育，倡导课堂教学和课外活动并重；实施目标教学法，不断鼓励教师探索、创新教学方法；注重教师业务能力的培养，从德、能、勤诸方面评价教师，充分调动教师的工作积极性，全力培养全面发展加特长的人才。各级完全小学、中心小学适时组织学生举办庆"六一""七一""国庆""元旦"等节日文艺演出、演讲比赛或各类竞赛活动。2003年，按照普及九年义务教育规划要求，全县农村小学中段（三、四年级）以上学生实行寄宿制管理,打破行政区划,服务半径6华里以内设立农村初级小学(简称初小),办学条件得到极大改善。

2004年起,不断深化小学教学改革,转变教学理念,改变教学方法,积极普及并规范实验教学,把实验教学与课改教改、评教赛讲、评优树模相结合,开展自治教育评比。坚持课程标准化、教学规范化、逐步改变重"教"不重"学"的主观性,重"知"不重"思"的浅层性,突出"学、思、乐"的重点,运用现代化的教学手段,实施"快乐式"教学法,培养学生的创新精神和实践能力,使课堂规范而不死板,灵活而不杂乱。注重提高学生的基本素质,使学生不断得到全面发展。制定出台小学教学质量奖惩办法,严格奖惩兑现,充分调动了校长及教育工作者的积极性和进取奉献精神,全县小学教育教学质量持续提高。

中学教育 1954年,延长县创办第一所初级中学。1958年升格为完全中学,改称延长县第一中学。同年,张家滩中学、安河民中、郑庄民中、雷赤民中、黑家堡民中相继成立。1961年7月,延长县第一届高中生毕业,有9名应届生考入大学。1962年经济困难时期,安河、郑庄、雷赤、黑家堡民中先后撤销。1965年,延长县第一中学更名为延长县中学(完全中学)。1970至1978年,全县兴起社队办学高潮,七年制学校或初级中学达88所,其中社办九年制学校9所、七年制学校或初级中学5所、队办七年制学校74所。同时工人、贫下中农代表进驻学校,管理学校。1979年调整学校布局,先后停办社队办九年制、七年制学校。

中学教育以《中国教育改革和发展纲要》和省、地区、县关于教育工作的相关文件为指导,组织教师学习《教学大纲》《课程标准》等规范性制度,讨论分析教材,不断提高教师课堂教学水平,加强对课程计划的管理,开齐上足课程,依法执教,完成各科目教学。组织开展期中、期末和学科抽考考试(检测),召开阶段考试分析会,组织教师进行研讨活动,做好教学论文、教学案例和教学设计评选活动等,召开全县中期统考或质量检测总结大会,由教育局安排县教研室进行质量分析并对学校、任课教师进行全县排名，并在全县发文予以通报；教育行政部门组织力量坚持深入一线教学点听课、评课，抽查教师的备课、上课、作业批改和常规教学管理，教师个人成长、学生成长档案等，对各校进行常规教学管理的检查，及时指导、反馈，及时改进、提高；深入了解教学教研活动的开展情况和教师的培训工作，与教师共同研究、共同学习，并分学科开展主题研讨活动，集中同科目教师开展听课、评议、研讨等教学活动，不断提高课堂效率。1998年，由原来延长插队北京知青、香港光华控股有限公司董事长邵明路先生投资兴办的交口光华中学校舍建成投用，并配齐全部办公和教学"三机一幕"（录音机、录像机、电视机及投影幕）、办公电脑等现代化教学设施设备及仪器。是年，全县初中专升学位次跃居延安市前列。2000年，延长县把落实"双常规"作为稳定秩序，提高质量的基础工作，进一步加强"双常规"管理，全县教学质量继续得到巩固和提高。2001年，初中学生"三合一"考试平均成绩名列全市第一。2004年，延长县"普九"达标。2008年，初中毕业率98.7%，17周岁人口初级中学教育完成率99.8%，初中教学质量处于全市领先水平。

特殊教育 1992年春，延长县聋儿语训学校成立，学生8名，教师3人。此后数年，学生人数基本在10名左右。延长县聋儿语训学校由教育局和残联双重管理，县教育局负责人事、教育教学管理工作，县残联负责教育教学设施设备及经费保障工作。

职业教育 延长县职业中学1982年成立。1990年，为普通全日制学校，学生由县人劳局从初、高中应届毕业生中统一录取，毕业后统一分配，享有国家承认的中专学历；其他专业班由学校自主跨域从应届往届初、高中毕业生中招收，按照普通全日制办法管理，毕业后自谋职业或回原单位工作。同时，为了确保职业教育的正常进行，县职业中学先后在全县建立四种类型的职业教育培训基地。1992年，引入在岗培训，为县域内工业企业举办短期培训班，学生毕业后回原单位工作。同年，县政府印发《关于进一步加强和发展职业技术教育的决定》，开始在各中学举办"三加一"（三年初中毕业后再增加一年的职业技术教育）职业班，结合全县经济社会发展实际，开办烟草、果树等各类短期培训班，累计培训技术工人1947人，县职业中学获地区先进集体。1994年，开设果林、电工、烟草、建筑等9个专业班，在全地区13所技工学校学生毕业评比中获第一名。1999年起，举办机关、事业单位综合管理类和财务管理类工人技术等级岗位晋级考核短期培训班；开设果树、畜牧、农学、烟草、兽医、林业、乡村医生、师范教育8个专业，累计培训1500人次，为全县经济发展培养了大批实用人才。2006年，县职业中学综合教学楼建成投用，改善了职业教育办学条件。

成人教育 农民教育以扫盲为主，主要采取办速成识字班、夜校、冬学、业余学校形式举行。1958年扫除文盲，学习文化活动达到高潮，参加学习的9563人，参加扫盲的青壮年15440人，占全县青壮年文盲、半文盲人数的61.76%。十一届三中全会后，把原来的夜校改为农民技术学校，配备专职和兼职教师，集中力量扫盲，农民教育从单纯的扫盲转入以学科学带动学文化的形式调动了农民学习的积极性，促进农村科学技术的普及和商品经济的发展。1987年实现基本无文盲县。1990年，采取"双线齐下""一扫、二堵、三提高"的办法，各行政村充分发挥小学班的作用，使文盲学员全部达到小学文化程度。县委、县政府制定《关于1995年基本扫除青壮年文盲达标的决定》，组建扫盲专业队伍，分赴各乡镇协助指导开展扫盲工作。县农技校、各乡镇及村农民文化技术学校纷纷举办春、冬季农民实用致富技术培训班，培训农民万余人次。1995年，通过省级验收，基本实现无文盲县目标。2000年起，延长县扫盲工作由文化教育为主转向科技培训为主，乡村两级农民文化技术学校紧紧围绕"梨果富民"战略，将培训班办在田间地头，提高扫盲工作的实效性。此后数年，全县进一步巩固提高扫盲成果，青壮年非文盲率、复盲率均在无文盲县指标范围以内。

1953年，中共延长县委举办在职干部培训班，对干部进行学习培训,此后以举办培训班和参加地委党校文化班形式对干部进行再学习、再教育。1977年,成立中共延长县委党校,分期分批对县、乡、村干部进行集中培训学习。职工教育主要由企事业单位自行组织实施。90年代初,全县干部职工进修以中专和高中为主体。此后,干部职工教育通过参加全国成人考试及自学考试,采取函授、脱产进修、自学等方式进行。1994年,县职业中学与延安电大联合办学,建立电大教学点,招收首届电大成人教育汉语言文学专业班和中医士大专班,创新办学模式。同时,成立延长县电大工作站,强化干部职工继续教育工作,为全县培养了一大批教师和干部人才。至2010年年末,县职业中学及延长县电大工作站累计招收学员13届1896人,提升了全县成人学历水平和干部职工工作能力。

行政管理 1982年,中共延长县委、延长县人民政府作出《关于在全县开展向王思明同志学习的决定》,并在全县开展创办"王思明式学校"活动,明确提出王思明式学校的具体标准。经1984年11月考核验收,全县有32所学校达到标准,占全县小学总数的4.8%。1990年,县委、县政府下发《关于加强教育工作的决定》,建立了以政府拨款和教育基金相结合的教育经费保障机制,多渠道筹措教育经费。1991年,全县教育事业支出681.30万元,占到县级财政总支出的31.7%。1994年,从政治、纪律、组织、业务等方面对民办和民办代理教师进行整顿,严格民办教师招转纪律,辞退了长期不在岗及违纪的民办教师,教师队伍管理进入正轨化管理轨道。1995年,下发《关于1999年普及九年义务教育规划》《关于大力开展集资办学、捐资助学活动的决定》,落实"两基"达标年度任务,明确任务教育硬件建设项目,想方设法筹措资金,新修维修校舍,添置课桌凳,缓解了中小学生入学难问题。仅1996年和1997年,县政府用于"普九"校舍建设累计投入达6886.20万元,新建、维修中小学校舍建筑面积达65134平方米。此后,县政府用于教育的投资逐年加大,2002年达到3728万元,占县级财政总支出的34%。2003年,启动"一线七校"18项重点校建工程,采取免、贷、欠、引、争等筹资办法全力解决工程资金问题，新建校舍面积3.878万平方米，占"普九"校建工程总量的80%以上，为"普九"达标奠定扎实的基础。2004年，延长县高标准通过"两基"达标验收。学校硬件、软件等基础设施得到根本改善，彻底消除危漏校舍；县城学校和"延安—马头关"道路沿线的乡镇初级中学及中心小学全部建起标准化田径运动场，其余学校全部拥有学生运动场。全县各级中学普遍实现教学、实验、生活用房楼房化，在校学生人均建筑面积6平方米，按国家Ⅰ类标准建起团队部和物理、化学、生物实验室等"一部十三室"；中心小学70%的校舍实现楼房化，城镇小学建有少先队部和微机室、语音室、美术室、图书室等"一部十三室"，幼儿园均建有电教室、图书室、阅览室、会议室、多功能厅等部室，配备了生活、医疗设施。2005年，实行"两免一补"，学校经费得到保障。

2006年起，推行现代教育进程，建成并启用延长县教育平台，开通延长县教育信息网，并在城区中小学校建成启用校园网，乡镇学校建成启用校园局域网和计算机网络教室，全县教师使用电脑备课办公占到总数的30%以上。2008年，制定《"两免一补"专项资金管理办法》，全县享受"两免一补"学生19720人，教育事业费支出13384万元，占县级财政支出的28%，教育经费首次突破亿元大关。2009年，延长县"双高普九"通过市政府验收达标，学校全部实现现代化多媒体"班班通"教学，并在全市范围内率先接入陕西省基础教育专网网络。

2010年，再次通过省政府"双高普九"验收达标。各级各类学校硬件设施进一步改善，教学、实验、生活用房实现楼房化，校园全部实现绿化、美化建设目标，田径运动场全部达到省级以上标准，部室设施设备配备均高于国家标准。

（二）队伍建设

1981年后，教师队伍在稳定中不断壮大，各专业学校毕业生陆续充实到教师队伍中。至1990年，延长县有教职工1738人，其中公办898人，公办代理100人，民办740人。暑期，组织教师就教育方针、教育结构、课堂教学艺术、教导主任业务修养等内容开展师资培训。是年起，依据国家政策，将民办教师逐年转正。

1994年，《中华人民共和国教师法》颁布施行后，把学习宣传《教师法》同维护教师合法权益及提高教师待遇结合起来，全县285名教师考取了教师专业合格证书。1998年起，按照"能者上、庸者下"的用人原则任命中小学领导后，教师队伍趋于稳定，教师专业技术职务评定和晋升更加规范有序。

1999年，重新修订《教师队伍管理办法》，制订《中小学骨干教师培养计划》，成立教师培训中心，分期分批培训全县教师。此后，依据教育教学实际，逐年从专业院校招聘应届毕业生充实到教师队伍中，教师队伍不断发展壮大，综合素质普遍提高。

2005年，再次修订《教师队伍管理办法》，强化教师队伍管理，组织开展县级教学名师、学科带头人、教学骨干、教学能手等评选、命名和表彰奖励活动，逐步建立一大批覆盖全县各级学校的教学骨干体系。首批评选出县级骨干教师96名，在教师节期间，受到县政府表彰奖励，极大地调动了教师的工作积极性。2008年，开展以"树师表形象、做人民满意教师"为主题的师德师风教育活动，通过宣传动员、学习教育、查摆整顿、总结评比四个阶段工作，进一步规范教师的从教行为，树立人民教师的师表形象。

（三）教育改革

1990年，延长县教师实行任用制。1997年，延长县推行教育人事制度改革，率先在交口镇光华中学和延长县石油希望小学推行以校内结构工资制、校长聘任制、岗位目标责任制为主的"四制"改革，公开招聘校长。各级各类学校普遍推行目标管理责任制，并在部分学校实行结构工资制。1999年，县政府成立了延长县中小学"四制"改革试点工作领导小组，印发《中小学"四制"改革试点方案》，教育"四制"改革试点工作逐步扩大到延长县小学、张家滩镇和交口镇所辖中小学。

2001年，成立延长县"四制"改革领导小组，教育"四制"改革在全县全面推开，改革的重点是实行校（园）长聘任制、教师聘用制、建立健全教育督导机制，严格实行中小学编制管理。经业务考试、演讲答辩、民意测评、绩效考察等程序，完成了中小学校长、乡镇教办主任、幼儿园园长的聘任工作。同时，完成教师的聘任工作。此后，全县教师聘任工作按照"一年一聘、有进有出、三年一轮、全员重组"的办法，每年暑期组织进行，形成校长能上能下、教师能进能出的管理体系和用人机制。

2006年，进一步完善校长选聘和教师聘用制度，杜绝组织任命和调动教师现象，开展中小学校长履职情况及办学绩效考核和年终考核工作，并依据考核考评结果严格兑现，树立校长服务中层、中层服务教师、教师服务学生、后勤服务学生"四种"意识，建立良好的后勤服务体系。统一制定学校卫生工作、学校安全工作、学校食品安全、学校传染性疾病等规范性制度，并开展学校公共卫生综合整治工作，学校环境卫生得到彻底清理，校园文化建设得到进一步加强。2008年，坚持分级负责的原则，组织实施"四制改革"工作，实行科学设岗、公平招聘、平等竞争、择优聘用、合同管理，严格推行教师岗位目标量化考核制度，实行教师末尾淘汰制。2010年，进一步深化改革，继续推行教职工全员聘任制，坚持定岗、定员、定责、定工作目标任务，建立教师各项工作综合考核考评制度，并将考核结果作为绩效工资兑现及各种评优、评职、调动、奖励的重要依据。通过综合考核和民主测评聘任了基层学校领导。是年，延长县被授予高水平、高质量普及九年义务教育县称号。

三、卫生

延长县以建立健全县、乡、村卫生机构为抓手，搭建服务平台，强化卫生保健防疫，加强药品食品监管，端正提高医德、医技，努力提高全县医疗保健水平。

（一）构建卫生服务体系

1949年10月后，延长县医疗卫生事业逐步得到发展。1950年，创建了安河、雷赤、郑庄地段医院，1958年，设立了张家滩地段医院。卫生队伍持续发展壮大，从60年代的5名医师，4名护士，80年代发展到53名医师、医士、35名护士、药剂士、化验士。1990年，延长县有人民医院、中医院、地段医院、厂矿医院、乡镇卫生院等公共卫生机构16所，个体诊所5所，农村卫生室186个。

延长县人民医院的前身为延长县卫生院，创建于1948年。1987年由县城东门砭搬至现址，医院建有门诊楼和住院部楼。县医院有职工337人，主要设备有300毫安X光机、胃镜、脑电图机等，西医对常见病治愈率高，外科局限于腹部手术。延长县中医医院的前身为创建于1970年的延长县城关卫生所，1986年改称延长镇卫生院，1987年改称延长县中医院。主要设备有200毫安X光机、黑白B超机等，能够诊断治疗普通常见病、多发病以及少数疑难病症。乡镇中心卫生院主要设备有X光机、心电图机等，能开展放射、透视等检查，以及常见病诊治和顺产接生、妇女儿童保健及接种等业务。

延长县各医疗机构以重点培养学科带头人和发展新技术人才为目标，采取挑选培训、脱产学习、自学、函授等多种形式，加强与省内外医院的交流合作，逐年轮流培训从医人员。县医院根据工作实际，逐年选派骨干医务人员赴上级医院进修深造，得以提高技术水平。1993年，县中医院增设第三门诊及妇产科、儿科，职工增至32人，服务能力进一步增强。1994年，延长县人民医院被陕西省卫生厅批准为二级甲等医院，属延安大学医学院教学医院、延大附属医院协作医院。1995年6月，被国家卫生部授予爱婴医院称号并授牌。此后，县医院、县中医院先后购置了大量的医用设备，满足群众就医需求，并先后五批选送业务骨干赴省、市医院进修学习，医疗技术水平和服务能力大幅提高。西医能开展剖腹产、宫外孕等诊断与手术；外科能诊治骨折等手术，成功率95%以上；并能开展腹股沟斜疝、阑尾炎、胆结石等10余种常见手术治疗；中医则对妇科出血，腰膝关节疼痛、风湿症、腹痛、中风后遗症等疾病诊治有显著疗效。

进入21世纪后，县政府逐年加大对卫生事业的投入，在加强基础设施建设的同时，根据业务需求持续不断增购先进诊疗设备，至2010年延长县医院累计投资1320余万元，陆续新建急诊楼、传染病房、附属用房和医技综合楼；购置美国MX-320全身CT、经颅彩色多普勒脑血流诊断仪等数十套先进设备，增设管理系统，更换病床，改善就医环境。年末，县医院年门诊量3万人次，病床使用率85.20%。延长县中医院累计投资500余万元，购置了500毫安X光机等50余台件医疗设备，缓解大型设备短缺，诊疗困难问题。一批基层中心卫生院先后进行扩建和维修改造，购置了所需的医疗器械，具备诊治常见病的能力和需求。2009年，在全县范围内开展村级标准化卫生室建设达标工作，至年底，全县建成规范化卫生室148个。

（二）防疫保健

延长县常见传染病有肝炎、麻疹、肺结核、梅毒、流行性感冒等。县政府十分重视疾病控制工作，采取按时免疫，及时上报制度，对患者采取门诊对症治疗和住院隔离治疗。1990年，全县发生肝炎24例，痢疾152例，麻疹12例，肺结核9例，对检查出的病人，组织卫生部门及时治疗，绝大多数治愈，个别病例也得到有效控制，未造成病情传播。计划免疫工作实行划片包干接种制度，责任落实到乡镇、村，确保接种安全，计划免疫逐步规范化。2010年，先后建成乡镇规范化接种门诊，每年4月25日国家预防接种日当天，组织免疫规划人员与全县各医疗单位到所辖区域进行主题宣传，鼓励群众积极接种，同时开展麻疹疫苗强化免疫，幼儿学生入学接种证查验和漏种儿童补种工作，促进免疫工作的稳步开展。

非典型肺炎 2003年4月，非典型肺炎在全国蔓延，传播速度之快，波及人群之多，史无前例。疫情发生后，县委、县政府高度重视，迅即成立领导机构，就疫病控制召开专题会议研究部署，组建工作队，抽调干部千余人派驻到全县各行政村、自然村督查落实疫病防控措施。制订了《不明原因肺炎应急处置预案》《突发公共事件应急处置预案》和全县防治"非典"工作应急预案，印发疫情报告和疑似病例处理程序以及临床诊断标准、医疗技术规范等若干防治规范性文件。县、乡两级举办卫生人员非典知识业务培训，组建医疗救治组、疫情报告流调组、消毒队，设立定点医院，落实防控救治措施。并抽调人员在境内设卡，严把人员流动关。各乡镇组建288个护村队，实行昼夜值班制度。全县万众一心，众志成城，有效阻断"非典"疫情，圆满完成"非典"防治工作任务。

禽流感 2004年，高致病性禽流感袭击全球，延长县及时启动突发公共事件应急预案，按照"强化培训、加强演练、快速反应、高效处置"的原则，开展防控，并在第一时间开展排查，掌握疫情情况，并做好防控工作，全县未发生禽流感病例。

碘缺乏病 碘缺乏病俗称"瘿瓜瓜病""粗脖子病"，又称"甲状腺肿大"，在县境内有不同程度发生。1997年，延长县组织对全县学生开展甲状腺肿大普查活动，共计普查1512人。次年，全县推行碘盐配售制，严禁食用无碘盐，此后碘缺乏病不断下降。2004年和2008年，组织人员对在校学生进行检查，患病率分别为13%和0.76%，病情明显降低，实现消除碘乏病目标。

氟中毒 氟中毒是一种慢性全身性疾病，主要分布在罗子山镇、雷赤镇。1996年，为全面根治氟中毒地方病问题，启动实施甘露工程，在氟中毒重点疫区大力开展改水工程，全面改善疫区居民饮水，氟骨症得到有效缓解。2003年，安河镇、罗子山乡发现300多名氟骨症患者，经治疗全部好转。2010年，实施移民搬迁工程，将疫病区3241人全部搬离，氟中毒现象得到彻底控制。

布病 布鲁氏菌病简称"布病"，2003年7月，县境内发现首例布病以来，累计出现病例249例。疫情发生后，延长县迅速组织专业人员对疫区与羊子密切接触人员进行采血检验，并及时给予阳性患者免费的药物治疗，有效控制布病疫情的扩散。同时对患病羊子全部扑杀、深埋，做无害化处理。

大骨节病 大骨节病俗称"柳拐子病"，主要分布于郑庄、郭旗、安沟、七里村、黑家堡5个乡镇。1990年成立了延长县大骨结病防治工作组，委派专业人员深入病区普查，广泛进行健康教育宣传，同时落实了"服硒、改水、吃杂、讲卫生"综合防治措施。1997年10月，再次组织专业人员对全县7至16岁在校学生进行大骨节病临床普查，查处患者210人，患病率0.60%。2009年后，全县未发现大骨节病新发病例。

（三）妇幼保健

延长县十分重视妇幼保健工作，全面推广以孕产妇住院分娩为主要内容的孕产妇保健工作，建立健全县、乡、村三级妇幼保健网络，实行孕产妇系统化管理。同时开展妇女病普查工作，为全县育龄妇女提供妇科普通常见病筛查服务。

中华人民共和国成立初期，延长县仅有1名助产士。此后，逐年培训培养接生员、保育员，婴幼儿死亡率明显下降。1980年上半年新法接生647人，接生率94.4%。1990年，全县孕产妇住院分娩522人，住院分娩率54%，孕产妇系统化管理率55%。1995年6月，《中华人民共和国母婴保健法》颁布后，一方面加大宣传力度，形成全县上下关心关爱妇女儿童的良好氛围；一方面推行母婴保健从业人员执业及母婴保健技术服务机构执业准入制度，孕产妇住院分娩率显著提高。当年孕产妇住院分娩640例，住院分娩率79%；婴儿死亡率25‰。1996年，出台了《儿童系统化管理考核办法》《婴儿死亡评审制度》等，把降低婴幼儿死亡率作为儿童保健工作的重点，常抓不懈，当年全县婴幼儿死亡率22‰。次年，倡导在全县范围内开展爱婴医院创建活动，大力倡导母乳喂养，广泛宣传初乳的好处，指导产妇母乳喂养的正确方法。县医院通过省卫生厅评审，获爱婴医院称号。2006年，全县新型农村合作医疗工作全面启动实施后，带动孕产妇住院分娩率的提高，住院分娩全部实行专案管理，母乳喂养率99.20%，无孕产妇死亡。全县婴儿出生834人，儿童系统管理率92%。婴儿死亡率降至5.95‰，较1996年下降16.05个千分点。

（四）卫生改革

改革开放以来，延长县不断地深化医药卫生体制改革，切实加强药政和食品卫生管理，努力改善全县城乡干部群众的医药、食品卫生环境。

管理体制 1990年至1993年，县卫生局与各单位每年年初签订责任书，明确各单位的主要目标任务和工作职责，各单位结合业务工作实际，制订切实可行的工作计划并加以实施，实行综合目标管理责任制。此后至2008年，全县卫生机构均推行院（站）长负责制的管理体制，各单位完善内部管理制度，加强成本管理，推行绩效考核，促进医院管理上水平、上台阶。2001年，全面启动卫生事业单位人事制度改革，按程序通过公平竞争选聘县级医院院长，2006年，全面完成县级医疗卫生单位副院长（主任）和乡镇卫生院长聘任工作，并全面推行新型农村合作医疗制度。2010年，全面启动医药卫生体制改革，实施基本药物制度和人事分配制度改革，完成到期院长续聘和新聘各项工作。

药政管理 1978年后，药材收购和销售贯彻开放搞活政策，药材货源充足，药材公司利润逐年增加。1985年，贯彻《药品管理法》，全面检查经营、兼营和使用药品单位，对查出的150种假药，就地销毁。1990年，医药市场执行统购统配经营体制，境内经营药品约1700余种。此后，坚持每年开展医药市场专项整治活动，取缔无证经营和使用药品户，没收不合格药品。2000年4月，《医疗器械监督管理条例》施行后，累计查处无证经营11户次，查处不合格无菌器械93种次，卫生材料31种次，

2002年，启动实施GSP（药品经营质量管理规范）认证工作，对药品零售企业进行软硬件设施改造，开展药械市场整治，严厉打击违法经销户和游医药贩等非法行为。贯彻《陕西省药品分类摆放办法》，举办药品分类管理培训，规范药品分类管理。对"毒、麻、精、放"等特殊药品管理实行"五专"（专人负责、专柜加锁、专用账册、专用处方、专册登记）管理。实施"141"药品监管办法，建立"县有稽查，乡有监管，村有反馈"的三级监管网络。重点打击非法渠道购药、超范围经营等违法行为。

2006年，"齐二药事件""欣费事件"发生后，药监部门进行

拉网式大检查，全力以赴急查齐二假药，查处假冒过期药品。2007年，对医疗器械经营企业进行重点监督检查，并开展市场专项整治活动，检查辖区内涉药单位238家，查处涉药案件25起，监督销毁过期失效药械价值约10万元。

医政管理 1998年10月，《中华人民共和国献血法》实施后，县政府定期不定期地组织全县干部职工及居民开展无偿献血活动，对合格血源进行采集、储存。1999年，结合医疗机构年检制度，对已取得医疗机构许可证的医疗单位进行严格审查核实，对未检验的，责令其限期接受检查。同时，对诊疗活动超出登记科目范围，任用非技术人员从事医疗卫生技术工作，医疗机构名称不相符合，转让出借医疗机构执业许可证等问题，根据相关规定责令其限期改正并进行处罚。2007年，集中两个多月时间，以城区为重点开展"六小行业"专项整治行动，对其许可项目、设施、环境、人员等进行全面督查审核，责令整改，停业整顿，使城区"六小行业"的经营面貌发生根本性变化。

食品卫生管理 1995年，《食品卫生法》颁布实施。此后，依法开展检查和监督，对伪劣食品进行没收销毁。2000年，制订出台了《延长县食品放心工程实施方案》，把治理源头污染作为重点，禁止果菜和畜草种植中使用高残留农药、食品生产加工中违法使用添加剂。2004年，安徽阜阳劣奶粉事件发生后，县委、县政府组织开展为期一个月的拉网式排查，检查全县所有经营户，对查出劣质奶粉和伪劣食品全部予以销毁。2005年4月，县政府下发《关于贯彻落实〈国务院进一步加强食品安全工作决定〉的实施意见》，开展了以查处"苏丹红"食品添加剂、"相思豆"饮料及食盐市场的专项整治活动，查处假冒伪劣食品80余种。2008年，"三鹿"奶粉事件发生后，县政府组织食药等部门深入各商场、超市进行检查，下架、退市不合格奶粉。2009年，新《食品安全法》颁布后，进一步夯实卫生监督员责任，严格工作纪律，确定以中小学校、幼儿园学生食堂、农贸市场、小食品批发市场和承担包饭的大中型餐饮单位为重点的食品卫生安全重点防范区域,做到"三坚持三结合"。加强节假日检查和经常性检查,督促从业人员履行健康检查职责,对检查出的问题限期整改落实。贯彻落实《学生食物中毒事故行政责任追究暂行规定》,加强对学校周边的餐饮"小饭桌"进行治理整顿,取缔流动食品小摊贩。

四、文化体育

延长县立足县情,不断加大文化体育事业投入,加强基础设施建设,发展文化事业,文化活动经常开展,文艺创作收获丰硕,文化市场繁荣;组织开展业余体育训练,推进全民健身运动,全县文化和体育工作取得辉煌成绩。

(一)设施建设

城镇文化设施 1990年以来,延长县广泛开展群众性文化活动,逐步加强和完善各类文化设施,至2010年陆续建成各类县属文化设施10余处。延长县影剧院于1975年建成投用,2001年翻修改造,一度成为全县大型会议、文娱活动的重要场所。县委广场、雷家滩广场、人民广场、东征广场设置有大型雕塑、音乐喷泉及休闲健康器材,是城镇居民休闲健身主要活动场所。延长县文化综合楼集排演、图书阅览、文物收藏、老干部娱乐等功能于一体。翠屏山公园是城乡群众登山观光,休闲娱乐的理想场所。延长县体育综合健身馆、延长县体育场,是全县功能齐全的体育培训中心和健身场所。

乡镇文化设施 1981年,建成乡镇文化站14个,露天影剧院8个,基本上能满足群众文化活动需求。2005年后,县政府有计划、有步骤地加强乡镇文化站建设,采取县财政拨款和乡镇自筹资金相结合的办法,维修、重建了基层文化站,并为文化站配备必要的文化设施。

村文化设施 1958年7月,雷赤乡太留村成立第一个民办文化站,同年,创办农村俱乐部203个。改革开放以来,村文化设施建设得到加强,2004年,全县288个行政村均建有村文化室,并配备有桌凳、图书等基本设施。2005年后,全县农村文体广场建设步伐加快。至2010年年末，全县建成农村文体设施40个，部分农村居民人居环境得到彻底改善，农村文化室文化活动器材配备齐全，每个"农家书屋"图书品种不少于1200种。

体育设施 20世纪80年代，全县除学校有简陋的体育设施外，企事业单位、乡镇、村组体育设施几为空白。90年代，县城仅有一个体育场，设有200米的土质环形跑道，体育器械和设施十分简陋。1996年，县政府组织单位职工平整维修县体育场，将土质跑道建成灰渣跑道。2003年，县政府机关建成健身训练房，为机关干部职工健身锻炼提供方便。2005年，全县有各类体育运动场所132个，健身广场4个，安装全民健身路径10条。2010年，结合新农村建设，移民搬迁项目的实施，全县建成了一批集篮球、乒乓球、羽毛球等为一体的新农村体育健身广场，体育惠民政策得到落实。

（二）文化体育活动

延长县秉承挖掘传统文化理念，自20世纪90年代起，各乡镇、县级部门每年组织秧歌表演，庆祝新春，活跃城乡文化生活。1990年春节期间，全县组建了15支秧歌队，装饰彩车，齐聚县城进行秧歌汇演，参演人数600余人，现场观众达万余人，秧歌慰问演出持续10余天，盛况空前。秧歌表演已成为城乡群众最喜爱的文化活动之一。

延长县人民剧团组建于1976年，其前身是1952年组建的延长县蒲剧团，是全县唯一一支文艺演出团体。创建以来演出的秦腔传统历史剧有《铡美案》等27本戏和《杀狗劝妻》等35本折子戏，每年巡回各乡镇演出，深受好评。

除县人民剧团外，乡村群众曲艺也从未间断，特别是罗子山乡石佛村、利壁村，黑家堡镇的杨家湾村等村委会，群众自乐曲艺丰富多彩。石佛村文艺宣传队坚持眉户剧表演的同时，积极开展秧歌表演，最大特点是表演中插花棍舞、梆子舞、划旱船、赶毛驴、张公背张婆、走高跷等，表情丰富，动作滑稽优美，深受群众欢迎。

1998年8月，曹秀兰、张思明以延长县土生土长的全国优秀教师王思明为素材创编的《圣地红烛》剧本,由县人民剧团改编为陕北说书剧《圣地红烛》,在教师节期间为全县人民表演22场次,并在教师节期间受省教育厅邀请,在西安人民剧院为庆祝教师节活动作专题演出。同年,法国最高皇家剧团一行30余名演员来延长县考察,其间与延长县曲艺界工作人员广泛交流,并先后在七里村镇管村和张家滩镇丛座村开展近两个月的交流演出。

2007年春节期间,延长县组织了200余人的延长梆子、端灯秧歌、黄河战鼓演出方阵,节目编排新颖,演出场面庞大,颇具地方特色。2008年起,先后组织开展"周末广场·欢乐时光"广场文艺演出活动14场次,观众达3.6万人次。坚持开展春节文化系列活动及科技、文化、卫生"三下乡"活动,丰富群众的文化生活。

2010年春节期间,全县组建4支秧歌队,穿梭于县城主街并举行广场演出,将春节文化系列活动推向高潮。同年举办了"百姓大舞台""欢乐我来秀"文艺演出,节目内容丰富多彩,深受广大人民群众的喜爱,文化活动做到经常化。

1994年后,延长县着力推动体育社会化,坚持传统性群众活动和节假日群众竞赛一起抓的方针,开展气功、门球、体操等群众喜闻乐见的活动和比赛。出台了《延长县群众体育实施意见》等一系列文件,全县群众体育步入经常化、制度化、规范化管理轨道。2009年,县体育中心按照"月月有比赛、天天有活动"的整体部署,组织开展群众健身竞赛宣传活动,增强群众的健身意识,提高群众的健身技能。

非物质文化遗产 2008年,延长县对全县非物质文化遗产进行全面普查,收集整理民间文学、曲艺等16类64项详细资料,初步建立具有申报价值的档案资料,征集织布机、纺车等非遗实物280余件。

延长县非物质文化遗产犹以延长曲颈琵琶、延长石板画、延长剪纸、延长梆子舞最为著名。其中延长曲颈琵琶和延长石板画被延安市人民政府公布为延安市第一批非物质文化遗产保护项目。延长曲颈琵琶2009年6月被陕西省人民政府公布为第二批非物质文化遗产保护项目。2010年6月，白旭章作为延长曲颈琵琶传承人，被陕西省人民政府公布为省级非物质文化遗产项目代表性传承人。刘兰英的剪纸艺术享誉中外，其作品不勾不画，构思巧妙、想象奇特，线条粗犷，带有浓厚的宗教色彩，远销法国、日本，在北京、香港、法国等多地展出并获奖，刘兰英因此被中国剪纸研究会命名为"东方的毕加索""中国民间传统剪纸艺术大师"。

延长梆子舞又名"下畔梆子舞"，源于明朝永乐年间，距今有600余年的历史，发祥地在张家滩镇下畔村及黄河古渡口马头关一带。每月正月，梆子队到四邻八村表演，分单打、男女对打、群打等表演形式，表演时充分显示出男性的粗犷豪放、女性的温柔妩媚，将陕北人民不屈的性格和耿直憨厚的秉性表现得淋漓尽致。延长县梆子舞经2005年重新编排，整理创新，更名为莲花梆子舞，多次在延安春节秧歌调演中获奖，成为具有延长特色的文化品牌。

（三）文学艺术创作

1972至1980年期间，延长县文化馆创办文学小报《浪花》，为本县作者提供创作平台。2004年5月，延长县文联创办协会小报《延长文艺》，后连续出版3期，10月改为季刊。至2010年，会员出版不同题材文学专著31部，总字数达566.80万字。

小说创作方面，以张思明、卫尚锦为代表。张思明创作的长篇小说《黄土儿女情》1992年由陕西旅游出版社出版发行。

诗歌创作方面，以郝焕胜、白文峰、赵江波为代表，其中郝焕胜诗集《人生自由风景在》1996年由远方出版社出版发行。

散文创作方面，以高安侠、李世心、张思明等作者为代表，高安侠散文集《辽阔的蓝天》由中国文史出版社出版，获2009年第三届中华铁人文学奖。

报告文学方面，以张思明为代表，其创作的《不断的情史》获1990年《共产党人》杂志社举办的主题为"我身边的共产党人"征文比赛甲等奖。

纪实文学方面，以卫尚锦为代表，其代表作《卫尚锦文集》于2004年由中国文联出版社出版发行。

2006年6月，《延河水》文艺季刊创刊。创刊以来，立足培养文学人才，先后发表北京、山东、河南等10余省地作家作品。2010年，共收集全国各地稿件2200余篇，采用300余篇，知名度不断提升。

延长县音乐舞蹈起步晚，但发展迅猛，涌现出众多优秀人才。1991年，惠应璠创作的独舞《打酸枣》获陕西省文化馆干部创作三等奖及表演三等奖。杨宝童获2007年文化部第三届中国艺术节声乐大赛青年组决赛金奖和2010年陕西省青年歌手大赛三等奖。杨旭科获2008年首届陕西省音乐奖器乐比赛二胡优秀奖和2009年新加坡华人音乐舞蹈大赛板胡独奏金奖。

延长书法绘画爱好者甚多，其中不乏颇具造诣者。如贺玉山、宋致琳、段恒仁、张文山。

延长县摄影协会成立于1996年7月，代表人物有冯爱祥、白冬泉、薛胜利、王福建等。

（四）文物保护

馆藏文物　1990年，延长县馆藏文物有化石、石器、青铜器、陶器、铁器、瓷器等类别。1991年3月，省文物局将延长县文物藏品72件调拨借展给陕西历史博物馆。2001年3月，省文物局举办陕西新发现文物展，展出延长县文物藏品6件。2010年年末，延长县馆藏文物593件，其中有一级文物6件，二级文物23件，三级文物139件。

文物保护　2009年6月，延长县组织开展第三次全国文物普查工作，经普查南河沟乡曲木村新石器时代的曲木南坪遗址、彭德怀旧居等13处为重要文物点。2010年10月，完成第三次文物普查复查工作，新发现文物点209处。著名的文物有延一井旧址、东征会议旧址、皇庆寺、南禅寺等。2010年年末，延长有国家级重点文物1处（"延一井"），省级重点文物保护单位3处（七里村道教石窟、东征会议旧址、交口南禅寺)。

东征会议旧址位于延长县城内寨山西南麓,有土窑洞七孔,其中一孔为毛泽东、贺子珍旧居,一孔为东征会议室,其余五孔分别为周恩来、彭德怀、叶剑英、杨尚昆、聂荣臻旧居。室内原物保存完好。1996、2003年两次对旧址进行整修和陈列,现为爱国主义和革命传统教育基地。

加强田野文物保护工作,对全县重点文物点进行调查,拍摄照片、绘制平面示意图,搜集整理第一手资料,为更好的保护田野文物提供保障。坚持每月组织开展一次有重点的田野文物巡查,并配合公检法机关对盗掘古遗址、古墓葬违法行为进行严厉打击。2006年,延长县被省政府评为文物保护先进县。2010年3月,县文物管理局获全国第一次可移动文物普查先进单位。

(五)广电传媒

20世纪90年代,延长县广播节目由县站专线传输载波信号到乡镇广电站,再经扩大机放大后传输到各行政村、自然村和农户,每天早、中、晚三次播出。必转节目有中央人民广播电视台、陕西人民广播电台节目,自办节目有《本县新闻和报纸摘要》《经济信息》《文艺节目》等10个栏目。1996年,延长县有线广播停播。

1990年建成卫星地面接收站和电视差转台,城区和乡镇的电视信号覆盖率达到100%,形成了以县站为中心,乡镇广播电视站为基础的广播电视网络。1994年3月,延长县有线电视台成立,并试播节目。至年末,全县有线电视用户2500户,可收看11套图像清晰,伴音清楚的电视节目。2002年,按照陕西省网络体制改革的战略部署,陕西省广电信息网络股份有限公司延长县支公司成立。县电视台开办的自办电视栏目有《延长新闻》《政法战线》《三农天地》《共同关注》等11个栏目。2003年,实施有线电视联网工程后,网络覆盖全县乡镇和部分川道沿线行政村,联网后有线电视11201户。县电视台贯彻落实中央1号文件精神,开办《立党为公 务实为民》专题栏目,从产业开发,科技普及,政府职能转变等多角度进行深入报道,把党的温暖和关怀送到群众之中。同时开办《新闻舆论监督》《广角镜》《政法之窗》等栏目,从不同侧面对损害群众利益的不良行为和预防青少年犯罪进行报道,对维护社会稳定发挥重要作用。2006年,组织实施陕西省广播电视村村通工程,完成50户以上自然村设备安装工作,成为全省村村通工程的典范,被陕西省授予村村通工作先进县。2008年,开通广电数据业务,结合全县党建和经济建设实际,开办《高举旗帜,科学发展 延长发展大家谈》《印象(2007)》《廉政之窗》《思想大解放推动大跨越》及《"双创"大看台》栏目,抓住时事热点和人民群众最关心的内容予以重点报道。2010年,延长县数字电视整转业务全面推开,全县数字化整转用户达到13411户。县电视台以片头挂角新闻的形式对第三批深入学习实践科学发展观活动进行专题报道,访谈了部分单位主要领导,推动全县深入学习实践科学发展观活动向纵深发展。

1990年,加强文化市场和传媒管理。开展小功率电视差转台整顿工作,合理布局境内电视差转台,防止同频干扰,并对无线电设施单位,办理备案登记。1993年,对所有存在安全隐患的文化场所,责令其限期整改。查处非法书刊出版物和违禁录像制品,有效地遏制色情、淫秽、反动音像制品传播,净化全县文化市场环境。1998年,对全县歌舞娱乐业进行依法整顿,关闭违规营业性的歌舞厅,并终止所有电子游戏厅经营活动。2003年,延长县文化市场稽查队成立,采取日常检查、专项检查、集中检查和"扫黄打非"相结合的方式逐年开展稽查整治活动,如全县黑网吧整治、"扫黄打非"、依法取缔非法小型卫星地面接收设施活动,实现露头就打,一查到底,文化传媒管理步入专业化、规范化、信息化管理轨道。

第八节 稳定财税金融政策

财政 改革开放初期,延长县财政实行"划分收支,分级包干"的财政体制,对全额预算管理的行政事业单位,采取"定收、定支、定补助、结余留存、增收归己、超支不补"的方法进行管理，并对国有企业实行利润分成，以达到增收节支目标。1979年，县财政收入跃过"百万"大关。1983至1984年间，分别对国营企业实行两次改革，由实行"税利并存"逐步过渡到完全的以税代利的财政体制。1984年，县财政收入达到469万元。1985年，执行国家"划分税种、核定收入，分级包干"新的财政管理体制，坚持"统一领导，分级管理"的原则。同时，推出一系列行之有效的增收节支的措施，如提高粮食、烟叶和部分农副产品的收购价格，调动农民的生产积极性，提高农民的经济收入和生活水平；鼓励发展个体私营经济，财政收入直线上升。第六个五年计划期间（1981年至1985年）共收入1908.6万元，年平均收入381.7万元，较上一时期平均增长244.5%，财政支出2885.2万元，年平均577万元，较上一时期增长35%。1989年达到1306万元，总支出2243.5万元，尽管财政收入持续上升，但财政仍是入不敷出。1953年至1989年，国家给延长县补贴8397.1万元，年均226.9万元，为全县财政收入的112.16%。

陕北建设资金是国家为支援开发陕北，帮助陕北人民改变贫困面貌的专款。1978年，延长县陕北老区建设资金管理办公室，由财政局兼管，1980年交计委兼管。1978至1989年间，国家用于扶持延长县老区建设资金1213.66万元，专项用于发展农业、工业基础设施建设及公共服务业建设。

1990年，延长县施行"总额分成、定额上解、定额补助"的财政"大包干"管理制度。1994年，实施分税制财政体制改革，县级固定收入涉及20余个税种。1998年，成立延长县收费资金管理中心，负责全县非税收入的征缴及票据管理工作。非税收入管理遵循依法、透明、高效的原则，实行国库集中收缴制度；全县非税收入实行"单位开票、银行收款、财政统管"的管理体制，出台了《延长县行政事业性收费资金管理办法》及《实施细则》，同时印发《延长县行政事业性收费项目》，确定全县执行单位和行政事业性收费项目，并将非税收入及时足额缴入国库和财政专户，严格按照相关制度进行管理。是年，全县非税收入1107万元。同年，受财力集中的影响，县、乡财政收支缺口不断扩大，入不敷出，干部职工工资难以保障。为确保全县行政和经济正常运转，省政府将延长县确定为零基预算承包县，重新确定基数，确定补助，一定程度上缓解了全县财政困难压力。1999年，成立延长县会计事务管理局，对全县财会人员进行培训，并开展财务检查，纠正错误账目1000余笔。2000年8月，成立延长县政府采购管理中心，负责全县党政机关、事业单位政府采购管理与日常集中采购工作，2001年完成采购金额17812.50元。是年，成立延长县会计结算中心，负责全县国家机关单位的基本经费和专项资金进行集中核算和监督，当年纳入集中核算及单位25个。2001年，为切实解决县财政困难问题，省政府将延长县定为转移支付补助县。此后，伴随全县石油工业的发展，财政形势逐年好转。

2002年起，全县非税收入银行账户与会计人员由财政部门统一管理，建立了"收之有据、用之合理、调度灵活、运筹有方"的非税收入管理机制。同时实行"专户存储、计划管理、财政审批、银行监督"和收支两条线制度。是年后，全县非税收入大幅度增长，并突破亿元大关。2004年，深化县、乡财政管理体制改革，县、乡财政收支实行"核定收支、基数包干、超支不补、自求平衡"的管理体制。2006年，首次对乡镇行政事业单位实行"零户统管"，推行部门综合预算，县财政对乡镇财政各项款额全部拨入基层财政所专户管理。

2006年前，县财政预决算管理实行零基预算，按照"发展生产、增加收入、节约开支、留有后备和收支平衡"的原则，年初编制全县收支预算，报经上一级部门审核，依据上级核定予以调整后，再报请县人民代表大会审议后实施。2007年起，财政预决算管理实施部门预算，原则是"统筹安排、量入为出、收支平衡、统编预算"，优先"保工资、保运转、保民生"，依据财力优先确定重点项目。

县财政总决算由行政、事业、企业各预算单位，自下而上，逐级审核，汇总编制，报请县人大常委会审查，提请县人民代表大会批准。2007年，延长县被省政府确定为省管财政体制改革试点县，具体为"六到县"，即：体制确定到县，各项转移支付补助到县，专项资金分配下达到县，财政结算到县，资金调度到县，工作安排到县。"五不变"即：行政管理体制不变，县级自我发展与加强管理的责任不变，市级既得利益不变，市对县补助不变，债权债务不变。是年，全县财政总收入31621万元，首次突破3亿元大关，同比增长11.17%；财政支出36019万元（其中非税收入17431万元），同比增长10%。2010年，全县财政总收入35834万元，同比增长11.42%，分别是2000年1084万元的33.06倍、1990年1512.40万元的23.69倍，财政总支出79016万元，同比增长41%，分别是2000年6025万元的13.11倍，1990年2452.70万元的32.22倍。

2010年，累计筹措省、市、县财政资金12354万元，投放生产建设单位106个，资金24682万元，回收生产周转金18468万元，有力地支持地方经济的发展。至2010年年末，会计事务管理纳入核算单位260余个，设立账套340余套，年报账9600余笔，资金流量达18亿元。2012年，加强预决算管理，足额落实各项政策补贴，强化财政监督，开展"小金库"专项治理，维护财经纪律；开展清理"吃空饷"工作，杜绝"吃空饷"现象；开展公务用车专项治理，解决车辆存在的突出问题。切实发挥财政职能，全力支持县域经济发展。

国家税务　1995年起，延长县国、地两税分离运行，国税局开征的税种为增值税、消费税、企业所得税、个人储蓄利息所得税、车辆购置税五种。按照国家相关法律、法规要求，采取掌握控制纳税户数，实行纳税登记，鉴别经营管理性质，明确应税范围，确定纳税环节，落实纳税义务的办法，对纳税人进行管理。要求纳税人依法履行义务，按照规定期限，如数缴纳税款；逾期未缴纳者，从滞纳之日起，按日缴纳滞纳金；屡催不缴者，税务机关通知银行，从其存款账户中扣缴。对偷、漏税或抗税行为,视情节轻重,除追补税款,加收滞纳金外,处以罚金或移交司法机关处罚。2010年,稽查纳税人9户,立案1户,结案1户,累计查补税款141万元,征缴滞纳金0.85万元。

1990年,延长县征收工商各税1567万元,占年计划任务的135%。2010年,全县国税征收工商各税9019万元,完成年计划任务的93.95%,较1990年增长5.76倍。

地方税务 1995年,延长县国、地两税分离后正式运行,地方税务征收的税费为营业税、企业所得税等14种。县地税局强化税收征管措施,通过摸底调查,掌握、控制纳税户数,实行纳税登记,鉴别经营管理性质,明确应税范围,确定纳税环节,落实纳税义务。同时,推广计算机应用技术,自1996年起至2006年,"秦税工程"上线运行,实现了全省联网。县地税利用新征管软件开具发票,实现县局与省局税务管理信息全面联网,税收征管科学化、精细化管理作用全面显现。加大对非正常户和漏征管户的清查力度,加强税源的有效监控,充分发挥清欠作用,促进地税收入增长。2010年,对县医院及王家川采油厂进行专项稽查,共查补税款386543.13元。

1999年起,随着县域经济的发展,地税收入逐年增加。2010年全县征收税费8785万元,是1995年556万元的15.80倍。2012年,延长县进一步强化征管措施,全力实施税源专业化管理,制订出台了《延长县地方税务局税源专业化实施方案》《延长县地方税务局税源专业化管理工作流程》,建立了职责划分、工作流程、风险应对、第三方信息采集分析"协税护税"体系,取得显著效果。加强重点税源管理,明确和强化了直属分局对重点税源管理的职能,对年纳税在30万元以上的重点企业实行集中管理。加强纳税评估工作,抽调业务精,能力强的专业人员成立纳税评估中心,强化风险评估管理。加强特定税源管理,对LNG、石油勘探等特定税源实行源泉控管。加强网上办税工作,累计完成110户网上办税资格审核和录入工作。

同时，进一步促进征纳关系，方便纳税人、服务纳税人、关爱纳税人，税收工作取得骄人成就，2012年，各项收入达20265万元，较2010年增加11480万元，增长2.31倍。

银行业 1990年，延长县有各类金融机构46个，其中县级机构9个，基层机构37个。县政府和县金融主管部门贯彻执行国家金融政策，切实加强宏观调控和金融监督管理，维护金融秩序稳定和国家金融安全。各金融机构自觉接受上级行政金融主管部门的管理和指导，按照国家有关金融法规和政策要求，加强自身运行监管，防范金融风险，保障全县金融业的健康发展。是年，全县各项存款总额5600万元，各金融机构贷款余额9163万元。1995年年末，全县各项存款总额12791万元，首次突破亿元大关。1996年，中国农业发展银行延长县支行、延长县农村信用合作社联合社自农行延长县支行分离，独立运营，全县各金融机构贷款余额23387万元，首次突破2亿元，同比增加4406万元，主要用于支持全县石油工业和政策性粮油收购，有力地支援了县域经济的发展。1997年，延长县遭受严重的自然灾害，夏粮减产，秋粮绝收，烟叶、苹果等农业主导产业和农林产品损失惨重。对此，县金融部门投放300万元贷款用于农民群众开展生产自救，为农村稳定和恢复农业生产作出了积极贡献。1998年起，延长县取消对国有商业银行贷款限额控制，在逐步实行资产负债比例管理和风险管理的基础上，实行"计划指导、自求平衡、比例管理、间接调控"的新信贷管理体制。同年4月，延长县撤销工行延长县支行，建行延长县支行房地产信贷部和农行延长县支行黑家堡、郑庄、雷赤、安河4个营业所，按照合作制度原则规范基层农村信用社；并组织对县内各商业银行、农村信用社利率政策执行情况全面检查，重点检查是否存在高息揽储、变相提高存款利率等行为，有效地维护了全县金融运行秩序。

金融部门围绕国家支农惠农政策，2003年1月至2004年8月，累计发放支农贷款6453万元。同时，金融监管部门按照《支农再贷款实施细则》的要求，采取全面检查，分片检查和重点抽查相结合的方式，对金融机构支农贷款发放使用中出现的台账记账不规范、再贷款质量下降、再贷款形态不实等问题进行限期纠正和跟踪检查，保证了支农再贷款的用途、使用效果和贷款质量，促进农业产业的发展。为了加强对金融机构监管，2005年，成立了延长县金融稳定工作领导小组，以县政府为主导，建立起各方联动的金融稳定机制，先后制订延长县金融突出事件应急预案及制定延长县金融稳定工作联席会议制度、工作信息交流制度、工作协调合作制度等，就金融稳定工作的指导原则、协作方式内容、组织机构、成员单位职责、信息交流制度及重大事项合作制度予以规范。是年，围绕县委、县政府提出的"石油强县、果畜富民"的特色经济战略，持续不断加大信贷规模，大力支持"三农"经济和全县石油开发。年末，全县金融机构存款总额103856万元，首次突破10亿大关；贷款余额72739万元，同比增长24523万元。定期召开全县金融机构区域金融稳定联席会议，研究全县金融形势，防范金融风险。建立个人、企业信息系统，实现了金融机构个人、企业单位信息共享，为防范化解金融风险，维护金融稳定发挥重要作用。2006年，全县各金融机构贷款余额85890万元，为20多年来最多的一年。此后，随着全县县域经济增速放缓，全县各金融机构贷款余额小幅度下降，但一直在高位运行，成为全县经济持续发展的引擎。2010年，全县各金融机构存款金额达222234万元，突破20亿大关，再创新高。

保险业 1988年6月，中国人民保险公司延长保险办事处成立并开办保险业务。1990年1月起，办事处共经办简易人身、子女备用金、学生平安、养老金、团体人身意外伤害等10余种传统保险业务，是年保费收入116.50万元。1996年顺应中国人民保险公司体制改革要求，中国人民保险公司延长支公司一分为二，分设为中保财产保险有限公司延长支公司、中保人寿保险有限公司延长支公司，独立运营。此后，随着县域经济的发展，工矿企业产能及规模的扩大以及群众保险意识的增强，开办的财险、人险种类逐年增多。2000年后，随着保险业的发展和陆续开放，先后有数家国内知名保险公司在县内设立办事机构,开展财产保险和人寿保险业务,竞争态势日趋激烈。是年,财险保费231.10万元,支付赔案145件,理赔金额98.70万元;人险保费收入323万元,支付赔案77件,赔款总额21.56万元。2003年,仅财险公司开办的险种就达九大类数百种,极大地方便城乡群众参保。人险公司股改上市,保费收入呈连年翻番态势,当年保费收入456.25万元,支付赔案54件,理赔金额18.96万元。至2010年年末,延长县共有6家保险公司(财产保险公司5家,人寿保险公司1家),开办的险种有12大类数百种,涵盖全县人民生产生活各个领域,保费收入3093.04万元,是1990年的26.5倍。

第九节　完善社会保障制度

20世纪90年代以来,随着改革开放的不断深入和国民经济持续快速发展,国家各项社会保障制度逐步建立并完善,且惠及人群更加广泛,保障力度随着国家经济发展程度逐年提高。

城乡低保　1997年起,延长县在延长镇和雷赤乡开展城乡低保试点工作。1998年,制定出台了《城镇居民最低生活保障制度实施办法》和《农村最低生活保障制度暂行办法》,于1月1日启动实施。将痴呆、孤老、病残、聋哑四种类型家庭,23户、23人纳入城镇低保,人均月补标准为50元。农村低保施保对象为家庭年收入低于450元的贫困户,经普查纳入农村低保对象760户,年补助标准为150元。

随着国家经济社会的全面发展,城乡低保覆盖面随之扩大。2004年,遵照上级民政部门安排,全力开展城镇低保扩面提标工作,城镇居民低保标准调整为每人每月130元,按照动态管理,应保尽保原则,当年登记城镇低保对象共1721户,4119人。同时,推行分类施保,对城市"三无"人员、无劳动能力老年人、有子女上学的低保家庭和单亲家庭根据其生活情况,适当提高了补差标准。2005年,农村低保标准调整为每人每年625元。按照申请审批程序,当年登记纳入农村低保对象3044户,6002人。

2008年10月起,给城镇低保户一次性发放取暖补贴、生活补贴。至年底,全县登记纳入城镇低保对象2810户,6912人,年发放最低生活保障金及各种补贴1251.5万元,基本实现了应保尽保,城镇困难群众生活得到全面保障。

2010年,针对农村低保工作中出现的竞争吃低保所引发的一系列社会问题,及时开展农村低保核查和重新申报工作,全面纠正"一户保一人""平均保""人情保"等弊端,净化低保工作环境。全县农村低保户由7810户15415人,降至7255户12826人,补差标准由25元提高到54元,保障人口占农村总人口比由13%降至9.8%。

2013年,制定出台了《延长县2013年城乡低保对象核查工作实施方案》及《延长县农村最低生活保障核查暂行办法》,对保障范围,保障条件,保障金的申请、审批、发放、责任追究等都作了明确规定,进一步规范低保工作程序。4月至5月,延长县重新启动城乡低保核查工作,对城乡低保户进行全面审查和重新登记,完善相关档案资料,通过核查和信息比对,对死亡和超龄、经济情况好转等不符合享受人员予以精减、清退、停发低保。在全面排查的基础上,开展分类施保工作,重点对城镇"三无"人员、家中有危重病人、严重残疾人、无劳动能力的老年人,有子女上学的低保家庭进行分类施保调整,将保障标准由三个档次调整为五个档次,提高补助标准。

2014年起,逐步建立规范的城乡低保管理机制,城乡低保工作做到阳光操作,全程接受社会各界监督,实现了公开、公平、公正工作目标。此后,改变管理模式,实现了一厅式受理,方便全县困难弱势群体及时办理低保待遇。

2016年起,将城乡低保与扶贫工作相结合,对低保对象中生活十分贫困的家庭采取兜底保障,经普查核实,确定兜底保障户,逐户建立信息档案,并在其衣、食、住、医等基本生活方面予以全力保障。

社会福利 1990年，延长县拥有8家福利企业，年总产值106万元，实现利润10万元。1993年，福利企业发展到11家，共有干部职工210名，其中残疾职工71名。1996年，福利企业因经营亏损减至7个，完成生产总值270万元，实现利润27万元。此后，全县福利企业因经营不善，逐年关停。

延长县敬老院，成立于2002年4月，创建运行后，坚持"敬老、养老，以院养院"的办院宗旨，在加强内部管理，为五保老人提供优质服务的同时，发展棚栽业，冬季种植反季节西瓜、小瓜、蕃茄；夏季种植蔬菜，满足全院蔬菜供应。还大力发展养牛、羊、猪等养殖业，累计经济收入达31.3万元。走出一条以院办产业辅助敬老运行的新路子。2004年，荣获延安市农村敬老院建设工作先进集体。2010年，又先后建成了安沟、南河沟两个乡镇敬老院，累计收养五保老人118人。

2014年，县重点民生工程项目，延长县社会福利服务中心（中心敬老院）建成投运，设床位216张。中心集住宿、餐饮、卫生保健、图书阅览、健身娱乐、书画棋牌功能于一体。中心运行以来，运行管理以现代敬老养老经营方法和要求为标准，建立并完善各项内部管理制度，夯实人员管理责任，县中心敬老院经营步入规范化管理轨道。

五保供养 1995年前，延长县五保户供养形式有三种，一种是靠集体供养，由村提留粮食，按月供养，村民保供柴水；一种是投亲靠友，由兄弟亲友包养；第三种是以乡统筹解决粮食供给。此后，按照政策对五保供养办法进行四方面的改革，既由原来的以村供养改由以乡统筹，按比例提留；统一供养标准；层层落实责任，乡镇发放供养款物，村上派人照顾；制定出台了系统的五保供养优惠政策。1997年，对分散供养的农村五保户落实包生产、包生活、包服务的三包责任制，并给每人每年发放420元五保供养金。集中供养的五保老人供养金由养老服务机构统一管理使用。随后，国家逐年提高五保供养金发放标准，从2005年的每人每年720元，2018年增至5500元。县委、县政府坚持开展"双节"期间,给五保户送温暖活动,发放慰问金、食品、衣物,把党和政府的关怀和温暖送到每一户鳏寡孤独老人的家中。孤儿救助方面也得到党政部门的重视和加强。自2011年起,提高了孤儿基本生活费标准。社会散居孤儿基本生活费每人每月600元,福利机构收养孤儿基本生活费为每人每月1000元。

老龄事业 落实老年人权益保障法。1996年,利用多种宣传方式,宣传《中华人民共和国老年人权益保障法》,倡导尊老、敬老、爱老的社会新风尚。县老龄办针对个别家庭出现的不履行赡养父母责任的个例,开展认真耐心的思想工作,和睦了家庭,保障了老年人的基本权益。协调组织老年人开展太极拳、门球比赛及文艺演出等活动。2009年,县城先后注册老年体协、门球协会、夕阳红艺术团、老年学会、老年乐队等协会,发挥组织协调职能。

县委、县政府还组织定期召开老干部、老同志座谈会,组织他们参观县经济社会发展成就,征求他们对县域经济建设的意见和建议,并积极采纳,为全县社会经济全面进步发挥了一定作用。1999年,遵照延安市政府老年人优待法,给70岁以上老年人发放寿星优待证,老年人持证可享受乘车、旅游优惠政策。2003年起,在全省率先给90岁以上老年人发放政府津贴。2010年10月起,落实省民政厅、财政厅《关于建立高龄老人补贴制度意见和通知》精神,将享受政府津贴年龄下沿至80岁。

灾害救济 每年春荒、冬令期间,制订出春荒和冬令救助方案,下拨救灾救济钱粮物资,帮助困难群众渡过生活难关。救灾钱粮和物资从1990年的10多万元,增至2015年的467万元。2006年,编制《延长县自然灾害应急预案》,各乡镇也分别制订出灾害应急处置办法,做到处置、救助及时。

2013年7月13日至26日,延长县遭受百年不遇的持续降雨所引发的自然灾害,居民房窑损毁达5942孔(间),因灾直接经济损失达18.59亿元。灾情发生后,县委、县政府启动救灾应急预案,动员组织干部群众投入到抗灾救灾工作中,紧急设置安置点304个,集中安置受灾群众14407人,下拨救灾款3455.61万元,保障了大灾之年群众的基本生活。

医疗救助 1990年起,城乡居民重大疾病救助,可在户籍地申请,并在救灾救济资金中予以救助。2006年3月,出台了《延长县农村医疗救助暂行办法》和《延长县城镇居民医疗暂行办法》,对患重病、大病的困难群众看病就医实行救助,救助比例为20%。2010年,修订城镇和农村医疗救助办法,放宽大病救助病种和门槛,困难群众救助比例提至30%。同年,救助城乡困难群众519人次,发放救助金160.34万元。并为全县16018人城乡低保户、五保户、优抚对象缴纳医疗保险费。

2012年4月,出台了《延长县城乡医疗救助暂行办法》及《延长县城乡医疗救助"一站式"即时结算服务暂行办法(试行)》,在县人民医院、县中医院、县翠屏山医院三所定点医院试运行。2014年,"一站式"医疗救助服务系统在全县9个乡镇卫生院全面推开,城乡群众住院治疗得到救助。当年,医疗救助城乡群众5306人,发放救助金1536.4万元。2015年,全县医疗"一站式"救助实现全覆盖,救助资金实行"一卡通"发放。

贫困大学生救助 2003年起,实施贫困大学生救助。每名学生发放救助金2000元,当年救助54名。2006年救助243名。2007年起,救助工作转交教育部门实施。

临时救助 1990年至2004年期间,临时救助工作由乡镇政府根据受灾和困难生活情况审批发放,救助资金由民政局下拨。2004年7月,省政府印发《陕西省基层救济款物管理使用暂行办法》,确定了临时救助乡镇属地管理原则。临时救助资金由乡镇人民政府审批,民政工作站支付,上报县民政局备案。

慈善救助 2009年9月,组建延长县慈善协会筹备工作领导小组。2010年12月,成立延长县慈善协会,筹集创始基金256万元。自此,全县贫困大学生均得到及时救助。

养老保险 1994年4月,成立延长县农村社会养老管理处,1996年,全县参保1250人,保费收入25.20万元。2002年,按照国家政策要求,重新启动农村社会养老保险工作,当年参保农民9775人,收缴保费54.84万元,基金总额74万元。2004年,全县农村养老保险业务划交县人事和社会保障局管理。2010年,全县应保农民60330人,累计参保人数53291人,实际参保率88.33%,共征缴养老保险费470.97万元。

延长县企业养老保险1994年实行"两金"(固定工养老金和劳动合同制工人养老金)合并使用并相应提高养老基金的缴纳比例。养老金实行统一核算,银行代发机制。是年,延长县作为延安地区试点县,开展个体户养老金收缴工作,全年收缴个体户养老金2800元。2005年,出台了《延长县下岗职工基本生活保障办法向失业保险并轨工作实施意见》,对并轨的对象和范围、资金筹集与使用,方法步骤等作出具体规定。2010年,全县企业养老保险参保4404人,发放企业离退休养老金770人1050万元,发放率100%。

1995年,延长县机关事业养老保险管理所成立,组织对全县机关事业单位合同制工人进行摸底造册,并收缴养老金。2003年,建立健全事业单位养老保险规章制度,全县参保人员增至690人。2010年,全县机关事业单位养老保险实施范围为全额、差额和自收自支机关事业单位合同制工人。

医疗保险 1994年8月,成立延长县公费医疗办公室。此后,县公费医疗办按照享受公费医疗对象、范围及报销标准和程序,逐年开展工作。2002年2月,延长县启动运行城镇职工医疗保险工作,县政府下发《延长县离休人员医疗保险实施细则》,依照"积极、稳妥"的工作原则,强化医保统筹基金的管理。是年,离休干部医疗费实行月清月结。2004年,全县医疗保险实行网络化管理,全年收缴医保基金228万元。2010年,全县城镇职工基本医疗保险参保8234人,基金征缴867万元,支出776.70万元。12月,全县城镇职工医疗保险实行市级统筹。2010年,全县参保1926人,缴费84.80万元。

2002年11月,启动实施大病互助基金征缴工作,至2004年,全县累计收缴基本医疗保险大病互助基金50万元。

农村合作医疗 2006年5月20日,延长县召开新型农村合作医疗启动大会,下发了《新型农村合作医疗实施方案(试行)》。当年,全县参加新型农村合作医疗参合85482人,参合率73%。2007年,延长县被列为新农合国家试点县,县政府将新农合工作列为全县惠民十件大事之一,新农合定点医院由原23个扩大到39个,用药目录由584种扩大到658种,全县参加新型农村合作医疗91785人,参合率80%,报销住院医药费用13299人480.87万元,人均报销361.58元,农民收益率14%,较上年提高6%。2009年,出台了《延长县新型农村合作医疗门诊统筹补偿实施方案(试行)》。6月,启动新农合门诊统筹报销,首批确定门诊统筹定点医疗机构30个,新农合定点医院增至56个,参加新型农村合作医疗99365人,参合率94%,基金标准提高至每年每人100元。同时,进一步强化基金管理,全县新农合工作逐步规范,农民看病难、看病贵状况得到了改善。2010年,全县参加新型农村合作医疗98871人,参合率94%,基金标准提高至每年每人150元。

失业保险 2004年,启动实施职工失业保险工作,当年征缴失业保险金36万元,发放失业保险金57万元。2010年,失业保险参保5715人,征缴失业保险金66.80万元,向5679名下岗失业人员发放失业保险金259.50万元。

工伤保险 于2005年在全县教育、卫生系统和部分国有企业启动实施工伤保险征缴工作。2010年,工伤保险参保1172人,缴费120人1.44万元。

生育保险 2005年,在全县教育、卫生系统和部分国有企业启动实施生育保险征缴工作,当年参保2202人。2010年,参保人数5038人,征缴基金82.05万元,支出基金88.36万元,参保人数和资金总量呈现上升趋势。

第六章　中国特色社会主义新时代

2012年11月，中共十八大胜利召开，选举产生了新一届中央领导集体。以习近平为总书记的中共中央发出了实现中华民族伟大复兴的中国梦的号召。全县人民响应号召，在县委、县政府领导下，加强政治思想建设，深化重点领域改革，打造特色工农业发展格局，扎实开展精准扶贫，保障和改善民生，推进生态文明建设，拉开全县迈入中国特色社会主义新时代的序幕。

第一节　开展主题教育活动

延长县坚持把加强理论武装作为坚定理想信念、增强政治定力、鼓舞发展信心的首要任务，真正用先进理论武装头脑、指导实践、推动工作。坚持把学习贯彻习近平新时代中国特色社会主义思想和中共中央的十八大、十九大精神作为重大政治任务，持续在学懂、弄懂、做实上下功夫。

2013年以来，先后组织开展"党的群众路线""三严三实""两学一做""讲政治、敢担当、改作风""讲党性、强作风、勇担当"等主题教育实践活动。县委成立了主题教育实践活动领导机构，制订出台了实施方案和安排意见，从严从实开展党建工作述职评议，对党员干部及群众提出的意见和建议，有针对性地制订整改方案，按时限完成整改任务，主题教育活动取得丰硕成果。

制订印发了《关于2018年县委中心组理论学习的安排意见》《中国共产党党委（党组）理论学习中心组学习规则实施办法》，健全完善县委中心组学习服务制度。围绕中共的十九大精神这条主线，结合县委、县政府中心工作，通过专家讲授特色宣讲等形式，推进中心组学习制度化、规范化和科学化。围绕"1235"工作思路，制订出台了全县主题教育实施方案，聚焦"一个主题"，围绕共产党人的初心和使命，教育引导党员干部悟初心，守初心，践初心。推进"两个融合"，把推进"两学一做"学习教育与开展主题教育有机融合，充分利用红色资源开展现场教学，实现了学习教育常态化、制度化。开展"三项活动"，发挥"主题党日"活动的统揽作用，组织开展"饮水思源、增光添彩""初心不改、奋勇前行"和"书香延长、全民学习"活动。强化"五种意识"，不断强化政治意识、宗旨意识、先锋堡垒意识、担当意识和延长意识。实施了"四大工程"，落实"四个一"工作机制（一名县级领导联系、一个部门帮扶、一名第一书记驻村、一个工作队整顿），整顿转换软弱涣散党组织。推动镇村档案规范化、数字化和智能化建设，全面推行村民小组议事制度和"1+X"便民服务模式，组建村民小组议事机构，设立便民服务中心（站）。深入开展了"三亮三比三评""两学习两突出两创建"活动，打造出"司法为民""大爱民政""人社家""情系夕阳"等基层党建品牌。从建立健全党组织和规章制度入手，引导非公和社会组织党员学习教育及支部生活规范化、常态化。搭建起"互联网＋党建"云平台，落实每月5日、20日远程教育固定学习日制度。实施"一村一品"致富工程，发挥党员在扶贫工作的模范带头作用，形成贫困党员带头脱贫，非贫困党员带动脱贫的良好工作局面。

制定出台了鼓励、容错、能上能下"三项机制"实施办法，注重考核结果作用，发挥目标责任考核的激励导向作用。2016年，将工作表现突出的15名干部提拔任用到领导岗位。按照"四必核、五注重"要求,真正把政治上靠得住、想干事、会干事、干成事、能共事的干部选拔到合适岗位,全年共调整干部3批次281名,党组织选人用人的公信度和满意度不断提高。

落实县委《关于进一步激励广大干部新时代新担当新作为的实施意见》《延长县建设高素质专业化干部队伍(2018—2020)三年行动方案》精神,探索完善干部选拔任用程序和办法,落实干部选任全程纪实制度,明确责任环节和责任主体。发挥党组织领导和把关作用,扩大了选任民主,提高考察质量。注重党内监督和群众监督,在坚持党内政治生活经常化的同时,畅通群众反映问题的渠道,严格执行提醒、函询、诫勉和领导干部报告个人有关事项、领导干部因私事出国境管理办法等监督制度,督促党员干部遵纪守法,按本色做人,按角色办事,做到组织监督管理"实",制度监督管理"严",群众监督管理渠道"畅"。

围绕"脱贫摘帽、追赶超越"目标,将"三项机制"学习贯彻落实情况纳入年度目标责任考核,加大"五项重点工作"分值权重,执行每月"一清单一报告"制度和"月督查、季考核"常态化考核机制。细化完善"三项机制"的配套制度,出台了《一个意见三个行动方案》,完善《延长县重点项目干部实绩档案纪实办法(试行)》《延长县党政机关和事业单位领导班子、领导干部动态监测实施办法(试行)》等配套制度。坚持把"三项机制"贯穿干部考核管理、评优树模、监督管理、重点培养、优先推荐全过程。

开展"忠诚履职、勇于担当"主题教育活动,督促教育党员干部带头履职尽责,敢于担当,对落实中央、省、市、县重大决策部署情况加强监督检查,并对政治责任落实不到位,脱贫攻坚、环境保护等重点工作中推动不力的问题进行严肃问责。

采取专项检查和明察暗访等方式,开展"四风"问题随手拍活动,重点查纠私车公养,"一桌餐"接受吃请、违规收送礼金等作风问题。2018年,发现问题线索239件,发督办函解决174件,函询8件,初核57件。开展了落实中央八项规定精神、扶贫领域腐败和作风问题、扫黑除恶、生态环境保护和优化营商环境监督执纪问题"五个专项治理"活动，县上成立了6个专项监督检查组，深入基层督查，2018年共发现问题线索235件，反馈整改33件、函询9件、通报108件，立案查处85件95人，专项活动取得显著成效。

紧紧围绕扶贫三城联创、农业、工业、教育、城建、项目建设、扫黑除恶、党建等县委、县政府中心工作，制订宣传方案，创新方法手段，努力打造多方位、多层次、多领域的对外宣传新格局，为实现延长经济社会追赶超越发展营造良好的舆论氛围。

第二节 深化行政司法改革

中共十八大以来，延长县政法工作紧紧围绕全县党建和经济建设中心工作，扎实开展各项专项整治，加强综治维稳网格体系和社会稳定风险评估体系建设，努力营造风清气正，和谐稳定的经济和社会发展氛围，为全县各项事业发展保驾护航。

公安 2012年至2018年，结合全县治安形势，精心组织开展了"春雷行动""夏季攻势""433专项行动""百日破千案""打黑除恶""命案侦破""秦剑"行动、"秦盾"行动等一系列严打整治专项行动，始终保持对违法犯罪活动的高压态势和凌厉攻势，从严从快打击对全县危害较大的犯罪团伙和恶性犯罪典型案件，伸张了正义，受到全县广大干部群众的称赞。2012年，针对群众反映强烈的盗墓盗尸犯罪进行集中整治，连续三次召开打击盗墓盗尸公开处理大会，遏制此类案件频发的势头，有力地防范和震慑了违法犯罪活动。2013年，结合专项整治开展"打拐"专项行动，共立案12起，破案10起，打击处理11人，打掉犯罪团伙1个，解救出妇女儿童10人。同时，在巩固打击盗墓违法犯罪活动的基础上，根据举办线索深挖案件，抓获犯罪嫌疑人。2018年，在全县开展了声势浩大的"扫黑除恶"社会整治活动，破获各类刑事、治安案件，维护了社会稳定大局。围绕全县石油生产，严厉打击各类偷盗、破坏原油及石油生产设施的违法行为，保障了县境内石油生产的有序进行。2014年，收缴被盗原油80.05吨，及时办理治安案件，妥善处理油气纠纷。积极配合县政府实施重点项目建设。2016年，全力保障沿黄公路、蒙华铁路、槐里坪新区等项目建设，及时处置各类矛盾纠纷，共梳理排查出影响项目建设的治安隐患25处，矛盾纠纷45起，并由公安局主要负责人督促整改查处，予以落实。始终不渝地做好禁毒工作，加大对贩毒案件的查处力度，2019年共抓获吸毒人员125名，破获毒品刑事案件7起，抓获犯罪嫌疑人12名；共缴获海洛因2279.42克，强制戒毒15人，在全市禁毒百日攻坚行动中获第一。

检察 反贪污贿赂工作坚持"惩防并重、注重预防"的原则，按照"有案必办、突出重点、确保质量、提高效率、增强效果、保证安全"的总体要求，不断加大对职务犯罪案件的查处和预防力度，并迅速侦办了一批贪污贿赂案件，做到有腐必惩，有贪必肃。职务犯罪预防工作中坚持以机关事业单位、重点领域、重点工程、重点行业的职务犯罪为重点，开展系统预防，收到了显著成效。深入开展预防职务犯罪"进机关、进企业、进乡村、进学校、进社区"活动，举办预防宣讲，警示教育活动，从源头上治理和预防职务犯罪的发生。在个案预防上落实"五个一"要求，做到了一案一分析、一案一建议、一案一整顿、一案一教育、一案一回访。2012年，开展查办危害能源资源和生态环境渎职犯罪专项工作，突出查办国家机关工作人员滥用职权，玩忽职守和徇私舞弊等渎职犯罪案件，在办理职务犯罪案件中严格按照提前制订安全防范预案，落实安全防范措施，案案进行同步录音录像，确保办案工作顺利进行。当年，初查渎职侵权案件5件，并对个别干部滥用职权和玩忽职守案予以纠正。2014年，开展查办"毒豆芽"案件背后渎职犯罪专项活动，集中查办"毒豆芽"生产、销售环境监管部门人员渎职犯罪，重点查办了监管部门不负责任，检查走过场及对整改情况不予监督落实而导致"毒豆芽"继续生产、销售的案件，保障了城乡居民的餐桌安全。

2013年，李延兵被陕西省人民检察院评为"全省人民满意"的政法干警。2015年，依法追诉漏罪漏犯的经验做法被陕西省人民检察院在全省检察机关推广。

法院 全面贯彻宽严相济刑事政策，及时审结刑事、抢劫、故意伤害、强奸、诈骗、侵占、敲诈勒索、"黄赌毒"等典型案件，严惩各类犯罪，维护了社会公共安全和群众财产安全，净化社会风气。在民事审判中，坚持"维护权益"与"优化环境"相结合，注重通过裁判引领价值导向，保护当事人的合法权益，营造公平、诚信的社会环境。2018年，审结各类民商事案件1282件，诉讼标的额达14190万元。坚持服务扶贫工作大局，依法审理产业发展、基础建设、社会保障等相关案件，助推全县脱贫攻坚中心工作；贯彻新发展理念，依法审理产业项目建设、农产品后期整理、环境污染整治、特色产业发展等相关案件，助推全县经济转型升级。2012年，继续深化"无执行积案先进法院"创建活动，加大监督力度，全面执行案件期限管理，提高执行案件的按期结案率。2013年至2014年，开展了"涉党政机关执行积案"专项清理活动和"反规避执行、反无理缠访、反暴力抗法"专项整治活动，两年累计运用"五查三限三惩"措施132起（查行踪、查账户、查房产、查车辆、查产业，限制出境、限制高消费、限制投融资，拘留、罚款、拒执罪）。2014年，依法采取查封、扣押、冻结等措施59案次，媒体曝光48人次，决定罚款、拘留28人，解决了部分"老赖"案件的执行，执行到位率、标的到位率连续两年位居全市前列。2015年至2016年，持续开展"执行亮剑""打击拒不执行法院生效判决裁定""规避执行、抗拒执行行为"专项活动。2015年起，逐批公布失信被执行人"黑名单"，迫使"老赖"履行义务，执结了一大批难案、骨头案。2016年至2018年，持续开展执行攻坚年活动，全院干警向执行难发起总攻，全年案件执结率96.9%，基本解决执行难评估核心指标，"三个90%、一个80%"全部达标。

按照"谁审理谁负责"的原则，逐步落实合议制度，主审法官办案责任制，按照法官—助理—书记员的结构逐步配齐审判组织，真正还权给合议庭和独任法官。开展每月"四评查""一讲座"制度，根据评查出的问题以讲座、研讨等形式逐个解决，提升司法能力。2018年，推行审判权运行机制改革，落实院长办案机制，推动领导"回归"法官本色，三名法院院长共办理案件146件，发挥领导带头办案示范引领作用。完善审判团队运行机制，出台了《审判团队专业化审判机制》，根据审判团队法官业务专长、案件难易程度等因素，确定同类型的案件由固定的审判团队进行审理。推行专业化审判、流水线办案，使法官在审判中审有所专、审有所精、审有所长，统一裁判尺度，实现简案快审、繁案精审，提高审判效率。

秉持为人民服务的宗旨，持续优化践行便民服务职能。2013年，改造并建成具备法律咨询、诉讼指导、立案审查、诉前调解、信息查询、信访接待等十项功能的"一站式"诉讼服务大厅。推行司法确认零收费。同时，试行"民事、行政案件预约开庭"制度，降低诉讼活动对当事人工作生活的影响。全年缓减免缴诉讼费12件7.83万元，落实司法救助资金13案15万元。2018年，传承马锡五审判方式，坚持把路途遥远，交通不便，涉及老弱病残等案件作为巡回审理的重点，全年巡回办案50余次。深化"群众说事，法官说法"工作机制，学习借鉴"枫桥经验"，建立审判团队与调委会"一对一"对接机制，整合化解各类纠纷矛盾。

司法 2012年全面启动"六五"普法工作，在全县开展"法律六进"活动，通过组织大型宣传活动，发放人民调解工作职能单页挂历，印制宣传袋等方法进一步创新普法形式，推进普法工作进程。此后数年，深化普法宣传工作，在县宾馆巷道、东征广场、县委广场建成了500米的法制文化宣传长廊和300平方米的宣传栏，在县城主干道悬挂法制宣传标语140条。陆续发放了《消费者权益保护法》《老年人权益保护法》《人民调解法》等宣传资料，圆满完成"六五"普法工作。2016年，延长县启动"七五"普法工作，突出领导干部和青少年两个普法核心，落实"谁执法谁普法"责任制，继续深入开展法律"六进"活动。2018年,立足于青少年自身特点和创建平安校园实际,开展了"法律进校园"和"网络进校园"活动,指导学校开展法治校园创建活动,结合农村和社区人口的特点,开展了送法"进工地、进果园、进农田"、法律咨询会、法律进农家等活动。加强法治文化建设,先后打造出翠屏山法治文化公园、西河子沟民主法治示范村、延长县高级中学法治校园、桐城明珠和朱家湾安居小区等民主法治示范点。稳定推进民主法治示范村(社区)创建活动,建成省级"民主法治示范村"1个,县级"民主法治示范村"10个,县城南社区被司法部、民政部评为"全国民主法治示范社区",树立了全县普法依法治理先进典型。

贯彻执行《法律援助条例》,利用"12348"法律援助热线,帮助困难群众解决"打不起官司、请不起律师"的问题。2015年,法律援助中心成立了8个法律基层工作站,组织开展法律援助案件评查活动,提升了法律援助工作质量。同时,完善法律援助制度,扩大受援范围,紧跟精准脱贫大局,积极做好困难群众和贫困户就业、就学、就医、社会保障等领域法律援助工作。2018年共办理各类法律援助案件241件。

依规办理公证业务,推进公证机构改革,全面细化公证办理程序和案卷质量评价标准,积极拓展公证业务领域,优化服务,开展便民利民活动,主动为老、弱、病、残等弱势群体办理上门公证业务。

2016年11月,召开了延长县人民调解员代表大会暨延长县人民调解协会成立大会。全县共建立各级调解委员会180个,调委会8个。各级调解组织坚持"以防为主、调防结合"的工作方针,从推进人民调解工作制度化、规范化、法制化建设入手,主动参与矛盾纠纷调处,让"小事不出村,大事不出乡镇"。落实司法调解、人民调解、行政调解"三调联动"机制,及时化解各类矛盾纠纷。2018年,制订出台了《延长县人民调解参与信访矛盾纠纷化解工作实施方案》,以司法所和调解委员会为主体,在重大会议、节假日开展矛盾纠纷排查化解活动。组织开展"扫黑除恶专项斗争""农村社会治安集中整治"和"政法干警大走访大巡防暨提升两率一度"等专项活动，排查矛盾纠纷500余件，维护了全县社会和谐稳定。

第三节 向现代农业迈进

"十三五"以来，延长县的农业农村工作围绕"推进国家现代农业示范区建设，统筹城乡发展和产业精准扶贫，以创建有机农特产品基地县为载体，培育壮大县域特色农业经济，为建设经济强、人民富、生态美、社会和谐新延长奠定坚实的产业基础。

县委、县政府结合农业发展实际，制定出塬区苹果、川道棚栽、全县畜禽、沿黄特色农业产业布局。县乡各级干部和广大农民群众全力推进"苹果增效富民"和"一村一品、一乡一业"工程，做大做强以苹果、蔬菜、畜牧、特色、饲草、农产品加工、休闲旅游为主的七大特色产业，走出了一条独具特色的农业产业发展之路。

一、塬区苹果业

塬区苹果以提质增效为目标，突出标准化生产、果园水肥、储藏营销体系建设三个重点，推进苹果生产向产业化方向迈进。坚持举办梨果管理培训班，按照梨果生产的不同阶段向全县果农进行拉枝、修剪、环割、病虫害防治等技术培训，实现了户户有专业技术人员的培训目标，提高果农的管理技术。2015年12月9日，县委、县政府召开了全县秋冬果园管理现场观摩会，推动果树管理标准向更精、更严转变。当年，全县开展技术培训360场次，培训人员3.8万人次，推广普及套袋、布设防雹网、生草覆盖、覆膜等管护措施，提倡果农以施农家肥为主，以复合肥和中微量元素生物菌肥为辅。2016年，免费给果农发放油菜种子25吨，黄豆种子35.15吨，推广果园豆菜轮茬10.3万亩，施农家肥16万亩。

病虫害防治方面，实行统防统治。推广杀虫灯、石硫合剂、波尔多液矿物质防治措施。2016年，先后给果农免费发放硫磺粉、生石灰，带动各镇（街道办）配套硫磺粉200吨，各类杀菌剂1500余箱，达到了防治效果。选择苹果产业基础好，农民群众积极性高的村，通过宣传引导和政策扶持等办法全力扶持苹果专业村和示范园区建设。2015年10月，张家滩镇丛座、佃子塬、接子坪、克亚、西庄、下驿村，交口镇马家村、地落村，安沟镇二圪台、瓦庄、岭头村，郑庄镇兰窑科村和郑庄镇刘塔村姚光平苹果专业户，分别被延安市政府命名为延安市第二批苹果专业镇、专业村、苹果专业大户。10月，全县有11个示范园区的1604亩果园被命名为市级示范园。2016年，建设果业扶贫产业示范园区108个3万亩。

注重果品储藏营销，提高果农经济收入，加大资金投入。至2016年，共建成3000吨以上气调库9座，2000吨以下制冷库8座，各类简易果库260余座，可储藏苹果5万余吨，占到总产量的22%。有6家企业（合作社）开展电子商务，交易额均在30万元以上。2015年至2016年，组织果品企业（合作社）在洛川、西安、银川新建了果品形象店，支持企业、合作社建设果品销售网店19个，销量320吨，营销额306万元。

至2017年年底，全县果园总面积32.53万亩（其中苹果30.53万亩，梨2万亩），挂果面积25万亩，苹果产量达28万吨，梨2万吨。梨果总产值12亿元，果农人均收入达到1.2万元。

二、川道棚栽业

利用川道地区便利的灌溉和运输条件，采取政策扶持，林木培育等措施，集中发展棚栽产业。经努力建成了郭旗现代农业示范园区和七里村薛家芽塬县级示范园。充分发挥其辐射带动示范作用，开展集中育苗。2016年，共育各类瓜菜苗45万余株，供给全县瓜农、菜农。新建日光温室150亩，大拱棚88亩，发展露地菜2000亩。全县蔬菜面积累计达到2.71万亩，广泛分布在黑家堡、郑庄、七里村、张家滩等川道地区。至2017年年底，全县建成日光温室8243座，面积23975亩，瓜果总产量9.98万吨，产值1.62

亿元；建成拱棚 8060 座，面积 3703 亩，瓜果总产量 1.62 万吨，产值 3505 万元。

三、沿黄特色产业

为多渠道增加黄河沿岸乡镇农民收入，从 2002 年起，在罗子山、安河、南河沟、雷赤四乡镇发展红枣、红葱、红薯、花椒、辣椒、小杂粮等特色产业，经十几年的精心扶持，已初具规模。2016 年，种植小杂粮 1 万亩，红薯 0.6 万亩，红葱辣椒 0.4 万亩，为农民人均增收 660 元。

四、延续传统产业

2016 年，落实耕地保有量面积 46 万亩，基本农田面积 53.51 万亩。开展农村土地流转及确权登记，对乡镇土地流转管理、土地合同管理等工作进行指导培育，引导承包农户依法采取转包、转让、出租及入股等方式，长期流转承包地。并鼓励土地向产业大户、合作社和家庭农场等新型农业经营主体流转。2016 年，全县家庭承包经营的耕地面积 31.89 万亩，家庭承包耕地流转面积 2.97 万亩，流转率为 9.3%。

坚持发展粮食种植业，做好物资储备供应，调用储备化肥，种子、农用地膜、农机具。2016 年，农作物播种面积 23 万亩，粮食总产量 4.1 万吨。

坚持发展畜禽养殖业，做好养殖技术培训，疫病防控等服务工作。遵循"集中连片、统防统治"原则，对全县 15 万亩草原鼠虫害进行防治，奠定了畜牧养殖业基础。2016 年年末，畜牧业总产值达到 3.5 亿元，占农业总产值的 20%；畜牧业人均收入达到 960 元，占农民人均纯收入的 10%。

五、建设美丽乡村

延长县从 2014 年起全面实施美丽乡村幸福家园建设项目，相继出台了《建设"美丽乡村幸福家园"的实施意见》《延长县 2014 年"美丽乡村幸福家园"建设包抓安排》和《延长县"美丽乡村幸福家园"建设推进改造补助办法》等 10 多个文件，奠定了美丽乡村幸福家园工作的基础。至2018年，共建成美丽乡村示范村74个。

坚持社区基础设施建设和经济发展并重，大力发展园区经济。在项目带动下，鼓励农户发展特色产业。至2016年，郑庄社区、郭旗社区、安沟社区、白家川社区、安河社区、杨家湾社区达到验收标准，占比85.7%。各类企业、设施农业、规模养殖、服务业等吸纳规划区内常住劳动人口达到72.8%。7个新型农村社区2015年年底前主体建成的各类住房入住率达到90.5%，并实行社会化物业管理。

至2017年年底，全县建成32万亩优质苹果生产基地、3万亩绿色瓜菜生产基地、5万亩特色农产品基地。建成省级现代农业示范园区2个、市级现代农业示范园区6个、县级示范园区131个。发展农民专业合作社423个，家庭农场131个。建成省级示范社9家，市级示范社18家；省级家庭农场39家，市级家庭农场59家。建成"一村一品"专业村63个、"一乡一业"专业镇4个。申请注册了"延长西瓜""延长红薯""延长红葱""延长甜瓜""延长黑猪"等5个农特产品地理标志证明商标。2017年，实现农业增加值8.94亿元，同比增长5.2%，农村居民人均可支配收入达10095元，同比增长8.7%。

第四节　全力实施精准扶贫

2015年2月13日，习近平总书记在延安召开的陕甘宁革命老区脱贫致富座谈会上强调，要让老区贫困人口尽快脱贫致富，确保老区人民同全国人民一道进入全面小康社会。延长县各级组织和人民群众牢记习总书记嘱托，将精准脱贫作为全县的头等大事和最大政治任务，向全县干部群众发出总动员令，汇全县之智，聚全县之力，全面打响脱贫攻坚战。

一、夯实责任

县委、县政府以高度的政治责任感和使命感，推出了一系列行之有效的工作措施，保证精准脱贫沿着正确的轨道前行。坚持党委、政府同责，四级书记主抓，四套班子共管，四支队伍攻坚。出台了《关于扎实推进精准扶贫实现整体脱贫目标的实施意见》《中共延长县委、延长县人民政府关于打赢脱贫攻坚战的决定》等一系列政策文件，确定"两年合力攻坚，三年巩固提升"的总体要求，围绕"两不愁三保障"核心目标，成立了由县委书记任第一组长，县长任组长的脱贫攻坚领导小组和脱贫攻坚指挥部，下设"十办两组"，签订责任书，立下军令状，明确工作责任。领导干部以身作则，带头包抓一对一扶贫工作，安排县、乡包抓领导46名，驻村工作队员490名，联户帮扶责任人2790名，选派158名优秀年轻干部担任158个村党支部第一书记，整合驻村工作队、第一书记、包村干部和村"两委会"成员组成"四支队伍"，并承诺一任三年不变，群众不脱贫不脱钩。

开展贫困户精准识别工作，组织县、乡干部严格按照贫困户识别程序和识别标准，逐村逐户调查登记，精准识别贫困户及致贫原因。经户申请、村评议、镇审核、县审批程序，全县共确定贫困村102个，建档立卡贫困人口8456户，20198人。全县行政村撤并整合后，调整为83个贫困村，建档立卡贫困人口7146户15212人。

制订出台了《延长县脱贫攻坚督查办法》和《延长县脱贫攻坚工作考核办法》，对脱贫攻坚工作情况进行定期督查，随机抽查考核，对83个贫困村脱贫情况进行定向动态监测，建立健全贫困人口总台账，外出户、兜底户、产业户"一账三册"分类扶持台账和"一簿一册两卡""十办两组"行业台账等脱贫档案，对精准识别，精准帮扶，精准施策，精准退出和综合管理分类归档管理，全程记录了脱贫过程。同时，严明工作纪律，持续开展扶贫领域执纪问责专项整治，保证了各项扶贫措施的精准落地。

二、精准施策

2015年起，延长县改变过去"大水漫灌"和"输血式"扶贫模式，坚持"精准滴灌"和提高贫困群众的"造血"能力，大力实施产业脱贫、易地搬迁脱贫、教育脱贫、健康脱贫、技能培训脱贫、保障兜底脱贫、基础设施建设脱贫、社会帮扶脱贫等八大工程，积极推行"企业（合作社）+贫困户""金融+贫困户""产业园区+贫困户""资产收益+贫困户""互联网+贫困户"等六大扶贫模式，加快了脱贫工作进程。

产业扶贫方面，川道、沟道和黄河沿岸半山坡是全县产业发展的薄弱区域。延长县将扶贫产业培育与区域产业布局统筹起来，一手抓苹果、葡萄、花椒等长效产业，为贫困户长期增收打基础；一手抓养猪、养牛、养鸡等短期增收项目，实现产业到户全覆盖，保障贫困户当年收入过线。通过长短结合建产业的办法，为6421户16142名有劳动能力的贫困群众建成了增收产业。黑家堡镇瓦村在县、镇政府帮助下，通过采取土地流转，配齐水、电、路设施，贴息贷款扶持，分户承包经营等多种措施，建立发展起棚栽产业，种植反季节蕃茄、西小瓜等，成为全村的支柱产业。安沟乡阿青村是全县重点贫困村之一，在县、乡政府的大力扶持下，阿青村摸索出了长期产业苹果，短期产业养殖长短结合的产业发展扶贫模式，全村发展果园1788亩，人均2.4亩。2017年全村苹果产业总收入达1000多万元，人均纯收入9600元。

2017年，延长县通过苹果产业后期整理，尝试扩大苹果"银行+保险+期货"订单农业范围，提高农业产业抗灾和抵御市场风险的能力，为巩固提升脱贫成效注入了强劲动力。2018年，延长县扩大苹果"银行+保险+期货"试点范围，投保840万元，保险苹果1.5万吨，覆盖面积1万亩，参与果农906户，其中贫困户153户。

创新扶贫模式，探索建立了"党支部+合作社+贫困户"的扶贫模式，解决贫困户无法解决的资金、技术、营销问题，公司帮扶与合作社带动为贫困户脱贫注入了动力。进驻延长县七里村镇白家川工业园区的延安中果公司，拥有可储藏6000吨果品的气调冷库，配备了万吨苹果自动分选线，是陕西省现代农业产业精准扶贫试点企业。2016年以来，公司通过技术指导、物资帮扶、销售帮扶，帮助贫困户解决技术、资金、销售等难题，先后帮扶1171户贫困户脱贫致富。

基础设施扶贫方面，安沟乡阿青村因基础设施落后，村民住房条件差，安全饮水困难等因素，一直无法达到退出贫困村条件。2015年以来，县上投资260万元，新建水上塬工程6处，维修用水工程2处，全村自来水入户率达到100%。为了解决贫困地区村民的用水问题，县政府出台惠民政策，对居住10人以上的村组全部建设了集中供水工程。至2017年，延长县实现了过去几十年都没有完成的农村基础设施升级换代，群众实现了走平坦路，喝放心水，住安全房的目标。安全住房率、行政村道路硬化率、电力、电视、通信、网络入村入户率、安全饮水率均达到100%。自来水普及率达到96.5%。

教育扶贫方面，每年落实学前免费资金460多万元，贫困幼儿资助金90万元；拨付"两免一补"营养计划资金800多万元，发放普通高中助学金90万元，大学生生源地信用助学贷款500余万元，并落实贫困学生"一对一结对帮扶"政策，全县没有一名贫困学生因贫辍学。

医疗扶贫方面，出台了《进一步加强"全科医师团队+贫困户"签约服务模式的通知》，组建团队医师44个，对2017年2106户，4670人贫困户全部实行签约动态实时管理，贫困户人口签约服务率达到100%。建立特困家庭医疗慈善救助基金，2016年免费手术治疗白内障、翼状胬肉患者254例，为156例患者进行胆结石、胆囊息肉、腹腔镜胆囊摘除术，前列腺电镜切除术。2015年以来，建成村级标准化卫生室159个，全科医师结对服务5590人，医疗救助1849人，贫困群众医保参保率100%，住院报销比例提高到84%以上。同时，兜底保障工作也取得实效，累计实施兜底保障3776人，低保救助8046人，残疾救助4040人。

2015年以来，县委、县政府将脱贫攻坚作为最大的政治、最大的民生、最大的发展机遇，按照"三个统筹、五查五补、两到位、一整治、一提升"要求，在抓重点、强弱项、补短板上下功夫，扶贫工作取得了实实在在的成效。至2018年年底，全县83个贫困村全部脱贫，9077户20163名建档立卡贫困人口脱贫退出8899户19863人，贫困发生率从2014年的11.86%下降到0.25%。全县农民人均可支配收入9650元，脱贫户年人均纯收入3070元。2018年9月26日，省政府正式批准延长县脱贫"摘帽"，退出贫困县序列。

第五节　推进城镇化进程

延长县按照"拉大城市框架，完善城市功能，规范城市管理，提升城市品位"的总体布局，以"做强县城、做大集镇、做好社区、做美乡村"为目标，确定了"一城三镇七个社区百村"工作重点。从规模建设上高起点、高标准、严要求、出实效，城乡基础设施明显改善，城镇带动功能进一步增强。

城镇建设方面，完成槐里坪新区一期建设工程，入住5200户1.6万人，承载聚集辐射带动等综合能力得到显著提升。城区面积由5.6平方公里扩大到10平方公里，全县城镇化率达到49.7%，较2010年年底的26%增长23.7个百分点，人均住房面积达到30平方米。旧城区改造持续推进。完成西桥、吴家山、城东、城南等片区棚户区改造，累计投入资金10.45亿元，拆迁房屋21.3万平方米，安置棚户区改造户1895户。建成市场、公园、广场、景观、绿地等一批公共服务项目。县城和中心镇、重点镇的空间、形象、环境、品位全面提升。

交通建设方面，省道211沿黄公路于2017年8月贯通。省道205延伸线延长至马头关公路于2017年全线开工建设，2018年8月竣工通车。榆蓝高速延长—黄龙公路于2018年3月开工建设，"一横四纵五辐射一环线"的路网架构基本形成。改造县乡公路234.7公里，新改建通村公路144.1公里，"油返砂"整治385.3公里，改造贫困村道路281.6公里，全县公路网总里程达到1673.7公里。

其他方面，159个行政村实现硬化道路、安全饮水、标准化卫生室全覆盖，全部解决群众安全住房问题。电视、通信、网络覆盖率达100%，83个贫困村的基础设施和公用设施配套到位，创建生态村83个，美丽宜居示范村20个。完成安沟水库泄洪工程，改造县城供水管网14.2公里，城区自来水覆盖率达95%以上，新建镇、村集中供水工程344处，维修改造158处，新建分散供水工程238处，抗旱应急水源工程2处；加固李家坪、朱家塬等病险淤地坝68座，新建各类堤防7500米；新建胡家村、管村等小型节水灌溉工程8处；新建基本农田3.18万亩，治理水土流失面积102平方公里，累计完成投资达6.6亿元。延安东330千伏输电站建成投用，新建10千伏电网520.9公里，0.4千伏电网446公里，供电可靠率99.8%，综合电压合格率达到98.2%，配电网络智能化、信息化、手拉手环网供电基本实现，城乡电网更加完善。人居环境持续改善，城乡一体化发展水平大幅度提升。

第六节　强化环境整治

延长县牢固树立"绿水青山就是金山银山"的理念，坚持"刚性治标，系统治本"工作思路，统筹推进打赢污染防治攻坚战和"碧水、蓝天、青山、净土"保卫战，积极创建国家卫生城市和省级园林城市，县域生态环境持续优化。

一、夯实环境保护责任

每年年初，县政府召开油气开发环境保护工作座谈会，与各油气煤开发企业签订年度油气煤开发环境保护目标责任书，落实环境保护责任。通过开展环保知识进校园、进企业、进社区、进农户活动，召开新《环保法》培训会，利用科普宣传月，"六五"世界环境日志愿服务活动，编写简报，发放倡议书等活动和形式，进一步增强全县干部群众的环保意识。不间断地对王家川、七里村、甘谷驿采油厂及天然气液化厂的石油废水、锅炉废气进行监督监测，对县污水处理厂进行减排监测。2016年，共上报监测数据1120个，编写监测报告97份，检测报告9份。

加强城区大气污染治理，全面落实"减煤、控车、抑尘、治源、禁燃、增绿"六项措施，继续以转换煤种为重点，积极推广使用天然气锅炉供暖和集中供热。2016年起，在县城大气治理区内禁止任何单位和个人新建燃煤锅炉。2018年，全县35个供热点全部使用天然气供热。全县城镇锅炉"煤改气"达97%。2016年，化学需氧量削减31.9吨，氨氮削减3.12吨，二氧化硫削减12.28吨，氮氧化物削减3.11吨，全年天气优良天数300天以上。组织人员采取排查和巡查相结合的方式，对县城焦煤摊点，燃煤锅炉、机关食堂、饭馆和居民燃煤情况进行检查，明确规定燃烧和购买非指定煤种单位不得结算报账。

定期对油气企业和医疗单位进行检查，严格按规定做好对危险废弃物的收集、储存等工作，并按规定收集转移到有资质的处置企业处理。对各涉源机构进行定期检查，准确掌握含有放射、辐射设备的使用和管理情况，严防发生放射、辐射源造成的环境污染事故。加强建筑施工工地监督检查，减少扬尘污染。完成污水处理厂提标改造，垃圾填埋场渗滤液收集处理，新建延河污水箱涵15.8公里，城区11条沟实现雨污分流，10处乡镇污水处理站和工业园区生活污水处理工程建成投运，全县污水处理厂污水处理能力达到600立方米/日，阎家滩国控入黄断面水质达到Ⅳ类标准。

实施农村厕所改革，改革完成农村卫生厕所6235座。推进"户分类、村收集、镇转运、县处理"垃圾处理模式，建成张家滩垃圾填埋场和黑家堡、罗子山、雷赤镇垃圾低温热解处理站及槐里坪垃圾转运站，农村垃圾无害化处理率达到92%。全面实施畜粪污资源化利用项目，全县95%的规模养殖场安装了粪污处理配套设备，畜禽粪污综合利用率达到75%。

二、持续开展生态修复工作

坚持不懈地实施"三北"防护林工程。2018年，黄土高原综合治理人工造林累计0.9万亩，封山育林0.5万亩。2016年，完成中央财政造林补贴试点建设任务0.8万亩。实施退耕还林后续产业山地苹果基地建设工作，2014年，新建果园1500亩，改造山地果园8000亩。2015年，采取统一招标采购苗木，农户自行栽植，林业技术人员跟踪指导办法实施，当年新建果园1.36万亩。2016年巩固退耕还林成果后续产业项目新建果园865亩，改造低产低效园13784亩。

坚持开展重点区域绿化工作。2014年春秋两季对姚白公路、渭清公路沿线进行高标准绿化，累计投资1490万元，栽植苗木68万株，绿化面积4236亩。对31个美丽乡村进行绿化，栽植各类苗木7.4万珠，面积1072亩。绿化乡镇栽植树木8万余株，绿化面积1000亩。2015年，重点对安沟水源区和刘家河水流域进行保护性修复，同步实施19个美丽乡村，张家滩、罗子山两个乡镇驻地及张雷路公路绿化工作。2016年，加强乡村公路河岸、城镇村居、饮用水源保护区和美丽乡村的绿化工作，绿化雷赤、安河、安沟等五条通村公路共36公里；绿化延河过境段115公里；完成了刘家河水源保护区0.4万亩重点区域绿化工作。

退耕还林始终坚持"三季整地、两季栽植、四季管护"原则，以"两区三线"（两区：城区造林绿化示范区、王家河水源保护区，三线：延马公路沿线防护林带、南部山梁松柏林带、黄河沿岸干果林带）为突破，纵横延伸，由点到面，整体推进。工作中严把规划设计关、种苗供应关、工程质量关、检查验收关四道关口，确保造林质量。同步实行封山禁牧措施，促进植被自然修复，巩固退耕还林成果。2014年4月14日，全市退耕还林工作现场会在延长县召开，与会人员观摩了延长县城区造林绿化和姚白路绿化情况。至2016年，新增林地面积86.1万亩，治理水土面积662.7平方公里，森林覆盖率和林草覆盖率分别由退耕还林前的16.7%和23.8%提高到31.9%和61.5%，生态环境明显改善。粮下川，树上山，羊进圈，农业生产方式由以粮为主，倒山种地、广种薄收的传统耕作方式，逐步向多种经营，精耕细作，少种高产的现代农业方向发展。同时，随着退耕还林工程的推进，农民群众的收入结构发生深刻变化，梨果业、草畜业、棚栽业和劳务输出已成为农民收入的重要来源，走出了一条改善生态、保持水土和农业增效、农民增收的"双赢"之路。

三、开展"2+1"三城联创工作

2015年10月26日，延长县"2+1"三城联创工作动员大会在县城召开，号召全县广大干部群众积极参与到"2+1"三城联创工作中来，提升延长整体形象，打造美丽宜居环境。

延长县省级卫生县城于2011年完成验收挂牌，从2012年开始启动实施国家卫生县城创建工作，并取得了阶段性成果。

第七节　建设工业园区

2009年，延长县工业园区被确定为全省重点建设县工业园区，规划布局"一园两区"，东区为农副产品加工物流园区，西区为能源化工源区。工业园区总规划面积5981亩（东区1125亩，西区4579亩），于2010年4月开工建设。

2014年3月，成立延长县工业园区管委会，制定出台了《延长工业园区管理暂行办法》和《延长工业园区建设发展联席会议制度》，全力做好组织协调和保障服务工作，推进园区建设工作进程。至2018年底，东区农副产品精细加工、仓储、物流企业入驻23个，西区能源化工入驻企业5个。工业园区的产业格局已初具规模，就业人数1650人，园区完成固定资产投资26.84亿元，完成产值26.1亿元，上缴税金2亿元。

延长县把培育壮大新的经济增长点作为谋转型、促发展的主攻方向，积极培育新经济业态，集聚新发展动能，拓展新增长领域，推动产业结构持续优化。县委、县政府坚定不移地实施油气转型强县战略，加快天然气开发利用。2017年5月31日，延长油田股份有限公司将县域内的七里村采油厂和王家川采油厂合并重组为七里村采油厂。七里村采油厂新一届领导班子带领全厂干部职工积极应对油价持续低迷的冲击，不断深化内部改革，转变开发方式，优化管控模式，提升质量效益，走内涵式发展道路，努力向建设东部油田精细化管理示范采油厂目标迈进。2018年，采油厂生产原油376168吨，上缴税费2.33亿元，完成固定资产投资28412万元。

2018年，新打气井118口，液化天然气19.3万吨，净化天然气7.8亿立方米，实现规模以上企业工业增加值22.12亿元，增长11.5%。新型产业快速发展，延长石油伴生气资源循环利用项目完成投资25.44亿元，为年底全年投产打下了坚实的基础。风电一期、二期并网发电，三期开工建设，实现收入6922万元。杨家湾村44兆瓦，瓦村10兆瓦和郭旗17兆瓦光伏扶贫电站全部建成并网，实现收入742万元。落实非公经济发展政策，鼓励企业发展文化产业、现代物流、旅游等服务业、新增企业243户，个体工商户2689户，新增经济企业5户。新增"五上"企业12家，总数达到53家，实现非公经济增加值17.62亿元，占生产总值的比重达到32.6%。

第八节　民生事业持续加强

2012年以来，延长县关注民生福祉，集中人力、财力发展社会事业，保障民生，提高城乡居民生活水平。

教育　制定出台了《关于进一步加强教育工作的决定》和一系列配套制度，深化教育改革，振兴教育事业。采取多种渠道筹措资金，办学条件持续优化。全县累计投资34502万元，先后建成延长县高级中学、延长县实验小学等18个项目，并对全县38所中小学幼儿园进行维修改造，新增校舍面积9.29万平方米，维修校舍12.13万平方米。对延长县中学等6所学校户外活动场地进行软化，建成塑胶跑道，软化操场3.95万平方米。城乡中小学、幼儿园标准化建设全面完成。继续推行一校一目标和校长办学责任制，制定责任考核办法,学期末对照学校目标进行考核,解决了校长"能上能下"问题,学校管理水平和校风进步显著。定期开展督导检查,确保各学校发展规划,工作思路,办学目标定位准确,办学理念符合教育发展要求,学校管理制度健全规范,形成以制度管人、靠制度管事的工作运行机制。推行基础教育课程改革,进一步确立"面向全体、全面发展"的素质教育观。加强师德师风建设,制定出台了师德师风建设考核细则,与教师签订承诺书,教师撰写学期师德师风自查报告,接受师生评议,并督查整改,全县教风学风实现根本好转。全县幼儿园和小学入学率达到98%和100%,义务教育阶段巩固率达到99.5%,高中生入学率达到98%以上;小学、初中、高中专任教师达标率均为100%。2016年,义务教育均衡县通过国家认定,"双高双普"创建通过省级评估验收。

卫生 延长县持续推进医改工作,逐步建立维护公益性、调动积极性、保障可持续的运行新机制。2016年,完成乡镇卫生院和计生站的整合及县妇幼保健站与计划生育技术服务站的整合。扩大横向联合领域,成立了县域专科医联体,与珠海市蓝海之略医疗股份有限公司合作,组建眼科、微创外科治疗中心;县中医院与西安市中医医院建立肛肠专业医疗联合体;与陕西省第四人民医院建立协作医院,血管肿瘤科、骨伤科、肾内科专家每周上午到中医院坐诊。强化规范诊疗管理和督查,加强对高额医疗费用、抗菌药物、贵重药品,以及高值医用耗材使用的检查力度,做好医疗费用增长情况的监测与控制,及时查处为追求经济利益的不合理用药、治疗和检查等行为,县镇医疗机构就诊率明显增加。2018年,全县医疗总费用9237.4万元,同比增长了22.8%。药品网采率达到100%,药占比为26.4%,同比降低0.78%。百元医疗收入(不含药品收入)消耗的卫生材料由2017年的29.27元下降到18.8元,同比降低10.4元,居全市前列。全面实行单病种结算和临床路径管理。2018年,全县单病种结算31个病种,临床路径管理14个专业50个病种,符合临床路径3285例,入组1987例,入组率为60.5%,入组完成率

99.8%，占出院患者的31.8%。推进公立医院薪酬制度改革，制定出台《延长县县级公立医院薪酬制度试点工作实施方案》及《延长县公立医院绩效考核实施方案》，建立以患者、职工、社会满意度为核心指标的公立医院评价体系，激发了医务人员的工作积极性。印发了《关于在全县县级公立医疗机构实行药品和医用耗材"两票制"的通知》，并于2017年5月正式实施，各医院每月开展临床使用抗菌药物排名、大处方点评、"三合理"检查等质控工作，镇医院基本药物使用率达到100%，县级医疗机构基本药物使用率达到70%以上。

按照"县聘、乡管理、村用"的原则，创新村医管理机制，稳定壮大乡村医生队伍，探索多方补偿机制，增加村医收入。同时，根据村医提供的公共服务数量和质量，对其进行绩效考核，引入激励奖惩机制。规范医疗市场准入和卫生行政许可，打击非法行医、非法医疗广告及非法鉴定胎儿性别和选择性别终止妊娠行为等专项整治活动。加强村卫生室和个体诊所的监督管理，建立健全档案和规章制度。规范内部设置，完善服务功能，并通过技术培训指导，提高其整体医疗水平。按照《传染病防治法》要求，加大传染病的监测与报告工作力度，特别是对乙肝、手足口病、猩红热、结核病、狂犬病等重点疾病进行监测，进行定期分析，掌握疫情动态，通过行之有效的措施，防止境内传染病的暴发流行。至2018年年底，全县共有县、乡公立医疗卫生机构33个，民营医院1个，村卫生室153个，个体诊所10个。落实人口政策，开展优质服务，国家计划生育优质服务县通过验收。

新建县中医院，妇幼保健院及黑家堡、张家滩卫生院，维修改造了疾控中心、罗子山卫生院，新建、维修改造村卫生室120处，实现了规范化农村卫生室全覆盖。中医院顺利通过省级二甲复审，县医院实现规范化管理，县域内就诊率95%以上，每千名常住人口卫生技术人员达到8.06人标准。开展了14类55项公共服务和疾病预防控制"十大行动"，人民健康水平显著提升。

社会保障 持续推进城乡低保规范化管理，完善救助政策，推动农村低保和扶贫开发的有效对接，实现了应保尽保、应退尽退工作目标。2018年，城镇低保对象最低限定保障标准提高到555元/人·月；农村低保对象最低限定保障标准提高到4020元/人·年；城市特困供养生活补助标准提高到8658元/人·年，农村特困供养生活补助标准提高到5500元/人·年。民政救助7189人次，发放救助金632.4万元。同时，为了使因病、因灾等突发性灾难陷入困境的城乡群众得到及时救助，2018年起，县民政部门将救助金额提高到2万元。急难救助工作交由乡镇（街道办）直接审批，有效地解决了救助工作的临时性和紧迫性难题，受到群众称赞。2018年，给各乡、镇下拨临时救助款717万元，提升灾害救助能力。为全县4716名残疾人落实了两项补贴金政策，发放补贴资金395万元；与162名重病精神障碍患者签订监护责任书，发给监护人补贴金38.88万元。做好流浪乞讨人员返乡救助、生活救助、医疗救助、贴外托养、主动救助、寻亲服务及未成年人保护工作，接收流浪乞讨人员94人次，给150名无人抚养儿童发放生活补贴22.5万元。6月，延长县殡仪馆、公益性公墓投入运营，提升了殡葬服务能力。"五大"保险覆盖面稳步扩大，城乡居民养老参保率达到99.9%，实现全覆盖。建成高标准创业平台4个，城镇年均新增就业760人，城镇登记失业率控制在4%以内。

附件一

人物传

黑宪章（1897—1929） 字子斌，延长县张家滩镇古州村人。民国十年（1921），黑宪章在后九天修筑工事，组建民团。民国十一年（1922），任宜川县民团团长。十月，被杨虎城收编任第一游击队司令，与麻振武部激战数次，麻部惨败。民国十五年（1926）四月在"二虎守长安"战役中，黑宪章奉命镇守东关前沿，与军阀刘镇华激战于韩森冢。民国十六年（1927）二月，被于右任委任为国民革命军第二十集团军第十军第二师第三旅旅长。随杨虎城东出潼关，同北伐军会师中原，与直鲁联军在徐州以西作战近半年。民国十八年（1929）八月三十日，陕西省政府代主席刘郁芬派第五警备区武天祯到宜川县城将黑诱捕。黑宪章旧部及各区民团围城营救，陕北共产党人谢子长也带领共产党员赵文蔚（李锦峰）等赶往宜川，参加营救。营救军民昼夜攻城，武天祯畏其势众，速将黑秘密杀害。

阎　忠（1905—1933） 延长县安河镇阎家圪崂村人。1923年在黑宪章部当兵，练就一手好枪法，是当时闻名的"神枪手"。1932年在抗粮抗款运动中，建立武装队，担任队长。在寻找刘志丹、谢子长的艰苦行程中，被国民党张廷祥部包围，突围后在甘谷驿遭民团伏击。1935年，被叛徒秦振邦出卖，在张家滩丛座村被捕。11月，在肤施被高双成部杀害。

黑志德（1913—1956）　延长县张家滩镇古州村人。1932年加入中国共产主义青年团，次年转为中共党员，历任宜川抗日义勇军指挥，富县、宜川抗日救国会主任，黄龙专区专员，中共黄龙地委书记，中共延安地委书记，陕西省总工会主席。1950年5月至1953年7月，兼任延安军分区政治委员。因病去世。

孙君一（1911—1967）　延长县人。1929年加入中国共产主义青年团，次年转入中国共产党。曾任中共陕北省委秘书长、庆阳县委书记、第一野战军后勤部政治部主任。中华人民共和国成立后，历任中共青海省省委常委、宣传部部长，青海省副省长，宁夏回族自治区人民政府副主席。第一、第二届全国人大代表。

赵文献（1908—1967）　延长县南河沟乡肖吉村人。1935年加入中国共产党。曾任宜川县赤卫队大队长、县苏维埃政府副主席，陕甘宁边区三边分区保安分处处长，中共三边地委社会部部长，横山县委书记，咸阳公安分局处长。中华人民共和国成立后，历任中共宁夏回族自治区区委常委兼宁夏回族自治区公安厅厅长，宁夏、甘肃省人民检察院检察长、甘肃省副省长。

呼延位（1901—1970）　字励忍，延长县安河镇后山村人。1935年9月入黄埔军校高教班四期学习。1936年12月任陕西保安司令部办公厅主任。抗日战争期间，任陕西省军管区司令部兵役处处长、征募处处长，陕西华潼师管区少将司令，河南临嵩师管区少将司令，陕西省军管区司令部少将参议。1949年入西北军政大学高教班学习，参加中国人民解放军。1950年5月任西北军区军官学校校务处副处长。1953年任西北军政委员会参事、西北行政委员会参事、陕西省人民政府参事。

肖彩丰（1909—1977）　延长县张家滩镇咀头村人。1927年在原籍当雇工。1934年加入中国共产党。曾任陕甘宁边区三分区工会、延安市工会主任。1940年入中共中央党校学习。后任陕甘宁边区总工会副主任、茶坊兵工厂厂长、全国总工会执委。中华人民共和国成立后，历任兰州市总工会主任，甘肃省总工会副主席，全国总工会第七、八届执委。

刘维舟（1913—1979） 延长县七里村镇柳家原村人。1929年加入中国共产党。早年参加学运工作。1932年后，从事党的武装工作，在红二十六军创建时期，任少先队副队长、抗日义勇军八支队参谋长、政治委员。1934年10月后，从事党的政权建设工作，任陕甘宁苏维埃政府财政科科长。1935年1月，任红二十六军驻西安办事处主任，跟随刘志丹对创建和发展二十六军作出了很大贡献。1935年4月被捕入狱，在一年多的时间里，屡次遭受严刑拷打，始终坚贞不屈。1937年，在延安抗大学习后，历任陕甘宁边区党委巡视员、陇东驿马关抗敌后援会主任、华池县委宣传部部长，华池县委副书记、华池县参议长。解放战争时期，先后任热河省凌源县、兴城县委副书记、县支队政委，辽西独立团党委书记兼政委，第四十八军民运部部长等职。中华人民共和国成立后，积极参加社会主义建设，历任赣西南行政公署民政处处长，中央内务部专员，燃料部建井管理总局副局长，西北煤矿基本建设局副局长、党组副书记，西安市服务局局长、党组书记，西安市人民代表大会代表、委员。1958年，转到文教战线，任西安机械专科学校党委书记。"文化大革命"中，遭受残酷迫害，左臂致残。1979年8月31日，平反恢复名誉，行将重新工作，不幸因病在西安逝世。

谭生彬（1911—1980） 字志博，延长县安沟乡阿青村人。1926年参加革命。1927年4月加入中国共产主义青年团，次年春转为中国共产党党员。1930年2月，进入后九天山寨，成立特别党支部，任组织委员，着手改造这支地方武装。1932年5月，成功组织发动农民抗粮抗款运动，围城10天，取得胜利。1933年2月，参加红二十六军骑兵连，5至8月间随红二十六军南下血战终南山。部队被打散后，突出重围，千里讨饭回陕北。11月与刘维舟、黑志德成立中共南区委员会，任委员。1935年5月，红二十七军第一团政委魏子荣化装入境，提前联络当地党组织。时任延长县委书记谭生彬召开区委书记会议，组织动员群众，搜集延长县城国民党驻军防务情报。并与刘志丹率领的部队接头，汇报了县城兵力布防情况及动员群众、支援战争的准备情况。27日诱延长守军出城。28日连夜围城。29日攻城，不到3个小时，干净利索地全歼延长守军，县城解放。谭任延长县革命委员会主席。1936年1月，谭率全县军民协助红军东征，由于工作出色，受到毛泽东接见和表扬奖励。1936年，领导延长县红色政权与国民党反动军队和地主还乡团进行游击战争。1937年7月至9月，任延长县苏维埃政府主席，同年10月至1940年10月任延长县县长。1940年10月任陕甘宁边区粮食局局长。1941年1月至1942年2月，任陕甘宁边区抗战动员委员会副主任。1942年在延安中共中央党校学习。1944年4月至10月，任延安大学行政系副主任、西北军区政治部组织部部长。1945年当选为中共七大代表，出席了中国共产党第七次全国代表大会。解放战争时期，历任陕甘宁晋绥联防军党委委员、陕甘宁晋绥联防军政治部组织部部长、中共子长县委书记、西北军区政治部组织部部长。中华人民共和国成立后，历任西北军区政治部代主任，中共西北局纪律检查委员会副书记，西北军政委员会人民监察委员会秘书长，西北行政委员会人民监察委员会副主任、秘书长，中华人民共和国监察部工业监察司司长、部长助理，中共青海省委书记处书记。1962年因"习仲勋反党集团"问题受到牵连，被撤销中共青海省委书记处书记职务。"文化大革命"中遭林彪、"四人邦"迫害，身心受到严重摧残，家属亦遭株连。1980年5月26日病逝于北京。1980年6月平反。

赵建基（1916—1967） 罗子山乡石佛村人。1931年11月入党，参加党的地下活动。1935年5月，韩城中学毕业后，受党组织委派回宜川苏区工作，担任赤川县第五区苏维埃政府主席。1936年3月，任红宜县委书记。1937年秋，红宜县更名为固临县，赵建基任固临县委书记。1938年3月，任甘肃省庆阳县委书记。1940年3月，因病回延安，在中央党校学习。全国解放后，历任延长县政府监委会秘书、延长县卫生局局长、延长县委视察员等职。1967年因病去世。

白　璋（1906—1977）　七里村镇崖头村人。1935年8月参加革命工作并加入中国共产党。在革命战争年代，历任中央土地部干事、延安县工会组织科科长、陕甘宁边区总工会组织部组织科科长、陕甘宁边区工会机关农场场长、陕甘宁边区抗敌后援会生产科科长。他响应党中央号召，投身大生产运动，大办农场，建设边区，支援前线。全国解放后，历任洛川县副县长，甘肃省两当县县长，县委书记、中共天水地委常委、行署副专员等职。1977年11月5日病故。

呼育之（1911—1979）　罗子山乡呼延村人。1928年加入中国共产主义青年团，1930年转为中共党员。第二次国内革命战争时期，历任宜川县苏维埃政府主席，陕北保卫局执行科科长。抗日战争时期，历任西北局派延长县委工作团团长、陕甘宁边区政府财政厅研究室主任等职。解放战争时期，任山西省孝义县县委书记，支队政治委员。全国解放后，相继担任西北石油管理局计划处处长，国家计委燃料局副局长、甘肃省计划委员会副主任、甘肃省革命委员会生产指挥部副主任等职，一直从事经济建设工作。1979年6月26日病逝。

李立格（1905—1981）　罗子山乡益枝村人，1934年6月参加革命，1935年10月加入中国共产党。历任陕北省苏维埃政府粮食部会计、延长县苏维埃政府粮食部部长、鲁西太西第一专员公署财政科科长，冀鲁豫边区行政公署财务处副处长。其间出席冀鲁豫边区群英会，被评为边区"劳动英雄"和"模范工作者"。全国解放后，任天津市手工业管理局副局长、天津市轻工业局副局长、河北省手工业管理局副局长、河北省二轻工业厅副厅长等职。1981年10月19日因病逝世。

苏一凡（1913—1983）　七里村镇苏家芽塬人。1935年7月参加革命，同年9月加入中国共产党。历任延长县保安科科长、黑龙江省牡丹江市公安局局长等职。全国解放后，历任江西省吉安专区公安处处长、公安部十一处处长、水利部监察局副局长、水电科学研究院副院长、中央监委驻水电部监察组监察员等职。1983年12月15日因病逝世。

张思温（1913—1983） 张家滩镇岭于村人，1935年1月参加革命，同年10月加入中国共产党。战争年代历任赤卫队中队长、区苏维埃政府主席、延长县苏维埃政府副主席、西安军事管制委员会财政厅被服科副科长等职。中华人民共和国成立后，历任西北财政部供应处副处长、物资局副局长、西北财政部物资管理局副局长、陕西省储备物资管理局副局长、党组书记等职。1983年2月9日病逝。

李笃信（1910—1984） 交口镇南河村人，1928年加入中国共产主义青年团，1935年6月转为中共党员。第二次国内革命战争时期，历任延长四区区委书记、红泉县委宣传部部长、陕北东地特区宣传部部长兼白军部部长，宜君、中部（黄陵）工委书记。抗日战争期间，历任中央宜洛八路军办事处主任、关中分区中心区委和新正县委书记，参加延安中央党校学习。解放战争时期，历任西北党校党支部书记、土改试办指挥所主任、清涧县委书记等职。中华人民共和国成立后，历任甘肃省优抚局局长，陕西省地质局、西北石油地质局副局长等职。1984年4月16日病逝。

吴文遴（1915—1986） 安河乡桥儿沟村人，1934年秋参加革命，次年9月加入中国共产党。历任延长县苏维埃政府教育科科长，陕甘宁边区党委宣传教育科科长、中共绥德地委宣传部部长兼绥德县委书记、甘肃省委宣传部部长、文教部部长、甘肃省科学技术委员会副主任、甘肃省科学技术协会第一副主席、党组书记等职。1986年病逝。

郝树才（1904—1986） 祖籍清涧县郝家崖沟村，延长县交口镇谭石原村人。1935年8月参加陕北工农红军，被编入红军第二五〇团机枪连。1936年6月加入中国共产党。历任班长、排长、团生产队队长，甘肃省军区司令部管理科科长等职。先后参加劳山战役、直罗镇战役、榆林桥战役、兑九峪战役、平型关战役，战斗中先后负伤三次，荣立四次特等功，一次大功，两次被评为特等战斗英雄。1942年在陕甘宁边区大生产运动中，创造了一天开荒4.23

亩的纪录，被誉为"气死牛"。陕甘宁边区政府授予"特等劳动模范"称号，多次被评为劳动英雄，两次出席陕甘宁边区劳动模范代表大会，受到毛泽东、朱德等中央领导的接见。当时，从部队到地方都开展了"向郝树才学习"的活动。1955年响应中共中央大办农业的号召，复员回乡务农，担任村党支部书记20余年，始终保持艰苦奋斗的优良传统，廉洁奉公、热爱集体。1979年，年过七旬，孑然一身，搬到离村10里的窑子湾，植树造林护林，新栽果树800余棵。他年过花甲不服老，身为功臣不自傲。回乡后，他多次应邀到省内外机关、厂矿、部队、学校，作发扬革命传统、发扬延安精神的报告。国务院民政部、西北军政委员会等单位先后给他颁发"人民功臣""劳动英雄"等奖章和纪念章。曾先后当选为延长县党代会、人代会代表，中共延长县委委员，中共延安地委委员，第五届全国人民代表大会代表。1986年5月29日因病逝世。

白儒生（1915—1986） 又名白可臻，延长县罗子山乡桃枝村人。1935年12月参加中国工农红军，同年加入中国共产党。土地革命战争时期，任蟠龙补充师第六连文书。抗日战争时期，任第一军分区第五支队锄奸科科长。解放战争时期，任冀察总队第六旅第十八团副团长。中华人民共和国成立后，历任中国人民解放军总政治部保卫部部长、北京卫戍区副政治委员、山西省军区副政委。1981年7月离休。1986年冬因病于北京逝世。

阎志遵（1913—1990） 延长县罗子山乡上西渠村人。1927年参加革命，同年加入中国共产主义青年团。1931年转为中共党员。历任陕甘宁边区红宜县游击队中队长、队长，环县、固北县、华池县苏维埃政府主席兼党团书记，盐池县县长，安东省民政厅副厅长，辽南第五专署专员、地委副书记、军分区副政委，营口市市委书记，鞍山钢铁公司副经理，湘潭钢铁公司经理、党委书记，中央监委驻冶金部监察组副组长，冶金部政治部副主任，冶金部学大庆办公室、企业管理办公室主任，企业管理领导小组副组长。1990年因病于北京逝世。

朱　凡（1919.9—1991.9）　延长县刘家河乡朱家圪崂村人。1935年5月参加陕北红军，同年12月加入中国共产党。第二次国内革命战争时期，任乡党支部委员。抗日战争时期，任陕甘宁边区县金库主任、财政科科长兼税务局局长、审计室主任。1944年12月入中共中央党校学习，1945年11月调陕甘宁边区延安联防军政治部组织部工作。解放战争时期，先后担任延安联防军区政治部干部科科长，甘肃军区政治部副部长。中华人民共和国成立后，先后任甘肃军区干部部部长、南京军区干部部部长、福州军区空军干部部部长、空军第十二航校党委副政治委员、空军第十师政治委员、北京军区空军政治部正军职副主任。曾参加过延安保卫战、宜瓦战役、西府战役。曾荣获二级解放勋章、二级红星功勋荣誉章。1991年9月在北京逝世。

李瑞山（1920.11—1997.10）　延长县罗子山乡益枝村人。1935年5月参加革命，同年加入共青团。1936年5月加入中国共产党。1935年任共青团陕西延长县县委书记、共青团中央儿童局书记、陇东地委青年工作委员会书记、青年救国会主任。1940年，任陕甘宁边区青年抗日救国会组织部部长、主任，后在延安中央党校学习。1945年，任黑龙江省北安县委组织部部长，克东县委副书记，兼县委组织部部长。1949年，任湖南省宁乡县委书记，湖南益阳、常德地委副书记，湖南省委农村工作部部长。1954年10月，任湖南省委组织部部长。1955年6月，任湖南省委常委。1956年2月，任湖南省委副书记。1956年6月至1966年9月，任湖南省委书记处书记。1957年4月至11月，任湖南省委秘书长，兼长沙市委第一书记。1966年8月至1967年11月，任陕西省委第二书记。"文化大革命"中受冲击。1968年1月至1978年12月，任陕西省革命委员会主任。1970年3月至1977年3月，任陕西省革命委员会党的核心小组组长。1971年3月至1978年12月，任陕西省委书记。1969年6月至1978年5月，任兰州军区政委。1969年6月至1978年12月，任陕西省军区第一政委。1977年12月至1978年12月，任陕西省政协主席。1979年2月，任国家农委副主任，党组副书记。1982年5月，任国家经委副主任，党组成员。1985年6月，任国家经委顾问，全国人大第四、第五届代表，第七届全国人大常委会常委，中共第九、第十、第十一届中央委员，第十二届中央候补委员。1997年10月于北京逝世。

阎子庆（1912—2000） 原名阎增光，延长县罗子山乡上西渠村人。1927年加入中国共产主义青年团。1929年转入中国共产党。1935年参加革命。土地革命战争时期，任罗子山小学共青团组织委员，中共延长第六区特支书记、区委组织委员，红十五军团政治部民运干事，第七十三师政治部民运科科长。抗日战争时期，任晋察冀军区第四军分区第九大队政治委员，第十二军分区（平北军分区）第四十团政治委员，晋察冀军区政治部组织部部长。解放战争时期，任察哈尔省军区政治部主任。中华人民共和国成立后，任总后勤部干部部副部长，总后勤部重庆办事处副政治委员、总后勤部西安办事处副政治委员、陕西省军区顾问。曾荣获国家二级八一勋章、二级独立自由勋章、二级解放勋章及二级红星功勋荣誉章。1982年离职休养，副兵团职待遇。1955年被授予大校军衔。

李文江（1918—2000） 延长县安河镇兰街村人。1936年5月参加中国工农红军。1938年2月加入中国共产党。土地革命战争时期，任少先队队长。抗日战争时期，任八路军第一一五师第三四四旅第六八七团排长、连长。解放战争时期，任东北军区独立第四旅警卫团第三营营长。中华人民共和国成立后，任中国人民解放军空军后勤部第二分部参谋长、沈阳军区空军修建总队总队长、兰州军区空军后勤部部长。1980年离职休养。2000年12月于西安病逝。

封　装（1923—2003） 延长县张家滩镇薛家河村人，1935年5月参加中国工农红军。1940年4月加入中国共产党。曾任红二十六军独立团通信员、宣传员，红一军团总卫生部、八路军总医院、太行军区野战医院、晋冀鲁豫军区医学院、冀鲁豫军区和平医院、中原军区第十一纵队卫生部、第十七军卫生部、第十六军第四十七师卫生科护士、班长、卫生班班长、卫生队队长、医政股股长,第十六师后勤部卫生科科长,南京军区第二卫校、军事电信工程学院卫生处副处长,中国医药工业公司重庆分公司副经理,四川长征制药厂革命委员会主任、党的核心领导小组组长、党委书记、顾问等职。1983年8月离休。2003年10月于四川乐山病逝。

米志高(1919—2003) 延长县人。1936年参加红军。1937年加入中国共产党。土地革命战争和抗日战争时期,历任八路军留守兵团卫生员、通信班班长、排长、副指导员、连长、营长、团参谋长等职。解放战争时期,历任第二野战军副团长、团长、师副参谋长、东北航空学校大队长、太原第四航空学校参谋长等职,参加过平汉、南渡黄河、淮海、渡江等战役。1957年,毕业于军事学院空军系,后任空军第四航空学校副校长、校长,北京军区空军司令部副参谋长兼军训部副部长、北京军区空军副司令员、北京军区空军顾问等职。曾荣获二级八一勋章、二级独立自由勋章、二级解放勋章和二级红星功勋荣誉章。2003年11月21日在北京逝世。

肖庆时(1915—2004) 延长县张家滩镇咀头村人。1935年参加革命,同年加入中国共产党。历任游击纵队第十八支队政委,独立营第一、第三连指导员。中华人民共和国成立后,先后任渭南军分区副政委、榆林军分区副政委,西北有色金属勘探公司政治部主任、党委副书记。

李杰庸(1908—2005) 又名李忠信,延长县交口镇驮步村人。1927年春,在陕西省延安四中上学,同年加入中国共产主义青年团。1928年10月,在延长县秘密加入中国共产党。1930年春至1933年秋,考入北京大学法学院预科班,先后在北京、河北等地上学、任教,同时担任中共北京市委秘密交通员。1933年秋至1934年1月,在山东省范县师范教书。1934年1月,因叛徒出卖在北京被捕入狱。1937年2月释放。1937年2月至7月,在山东恒沂华埠小学任教。1937年7月至1938年12月,先后在山西省牺牲救国同盟会、晋察冀边区政府冀中办事处、边区政府训练班、人民武装部工作,历任组织干事、政府委员、办事处主任等职务。1938年12月至1941年2月，在晋东北专署工作，任代理专员。1941年2月至1944年4月，先后在华北联大研究室、边区政府和边区抗敌后援会工作。1944年5月至1945年9月，在延安中央党校学习。1948年2月任热辽地区后勤司令部司令员。1949年1至6月，任辽西省政府副主席兼秘书长。1949年6月，随部队南下到江西工作，任江西省人民政府秘书长。1953年，任江西省人民委员会财贸办公室副主任，兼江西省劳动局局长。1953年至1954年8月，任江西省省委委员，江西省财贸办公室主任。1954年8月至1967年1月，任江西省省委委员，江西省人民委员会副主席、副省长，兼省财贸办公室主任。"文化大革命"中，被隔离审查、监督劳动。1980年恢复工作后，任江西省经济学会常务副会长。1984年8月离休。2005年去世。

薛占财（1905—1972） 张家滩镇薛家河村人，1927年加入中国共产党，同年参加革命工作。几十年为红色政权的建立和边区的生产建设进行过不懈的努力。1949年10月后，历任商县县委书记、陕西省水保局副局长、延安行署副专员。1972年因病逝世。

权维财（1900—1981） 安河镇人，1935年参加革命，同年加入中国共产党。历任延长县保安科科长、陕甘宁边区公安处副处长、陇海铁路公安处处长。1952年任中华人民共和国最高人民检察院刑二庭庭长，代表国家在东北审判日本战犯。1958年因病在兰州逝世。

赵志贤（1920—1983） 罗子山乡石佛村人，1938年参加革命，同年入党。历任固临县联社指导员、三支队政委、宜川县生产建设科科长、区委书记、公安局局长、延安地区合作办事处主任、陕西省联社处长、陕西省棉花、食品、果品公司党委书记兼经理等职。1983年在西安病故。

谭生晟（1916—1985） 安沟乡阿青村人，1935年5月参加革命，同时入团转党。历任延长县委宣传部部长、县委书记，灵台县县长、县委副书记，乾县县长、西北铁路干线工程局民工处处长、铁路第三工程局党委组织部部长、监委副书记，内蒙古自治区铁路局党委监委副书记、内蒙古自治区"五七"干校副校长、内蒙古自治区人事局顾问等职。1985年2月，因病在内蒙古呼和浩特市逝世。

白儒生（1915—1986）　罗子山乡桃枝村人，1935年参军，同年加入中国共产党。一生戎马疆场，屡建战功，曾任北京卫戍区副政治委员、山西省军区副政委等职。1986年因病在北京逝世。

冯作霖（1909—1986）　罗子山乡上利壁村人，1935年2月参加革命，10月加入中国共产党。历任延长县六区组织干事兼宣传干事、定边县特委财政科科长，甘肃省驿马关县委组织部部长、靖边县盐业公司兼贸易公司经理、延长油矿科科长、副矿长等职。为红色政权的建设、经济建设、石油工业的发展作出重大贡献。1949年10月后，历任延长油矿矿长，陕西省重工业厅供销处副处长，西安化工厂厂长、党委书记，西安市化学工业局领导小组成员。1986年因病逝世。

白云亭（1903—1987）　七里村乡崖头村人，1935年参加革命。先后在延长县第一完全小学任教师、校长。抗战胜利后，任延长县政府副县长、代理县长。中华人民共和国成立后，白云亭调延安中学工作，历任该校副校长、校长。其间加入中国共产党。1953年1月，白云亭入中央政法干校学习，毕业后担任西安政法学院副院长。1961年秋，调任延安大学副校长。是年冬调回本县，任延长县人民政府副县长。1987年8月，因病医治无效，在延长县城逝世。

附件二

人物录

高伯祥 1907年出生,延长县黑家堡镇高家沟村人。1932年参加革命,同年加入中国共产党。历任八路军第三八五旅、警备第三旅、警备第四旅、第一野战军第十二师供给部部长、政治委员。中华人民共和国成立后,历任甘肃永登县、岷县县委书记,甘肃省商业厅副厅长。1983年离休。

魏方中 1911年出生,延长县张家滩镇后河村人。1935年参加中国工农红军。从事医务工作,1936年加入中国共产党。历任第二后方医院院长,第五军区五分区、四分区卫生处处长、医务科科长,第二野战军卫生部部长,第二纵队卫生部副部长。中华人民共和国成立后,先后任中央防疫委员会检查组副组长,沈阳市卫生局局长。1969年离休。

李育英 1913年出生,延长县安河镇芙蓉村人。1926年参加革命,次年加入中国共产党。历任游击队队长,连长、指导员,独立营营长、政委,特区军事部部长,军分区武装部部长、政委等。转业后历任固临县苏维埃政府副主席兼裁判部部长,边区典狱长,华北人民法院秘书处处长,最高人民法院办公室副主任,甘肃省法院、沈阳市法院副院长,甘肃省检察院副检察长,省公安局副局长,省人大常委会专职委员,甘肃省顾问委员会委员。

段志清 1914年出生，延长县郭旗乡陈旗村人。1933年5月参加中国工农红军。次年加入中国共产党。土地革命战争时期，任陕北第二路游击队第十八支队分队长、中队长，红一军团第一师第十三团副排长、排长、副连长，曾参加山城堡战斗。抗日战争时期，任晋察冀军区第一军分区第二团连长、副营长、营长，第三军分区司令部副科长、第二支队参谋长、第四十二团团长。解放战争时期，任辽吉军区第一军分区第十三团团长、独立第十师第二十八团团长，第四野战军第三十八军第一五一师团长、副师长。参加过辽沈、平津等战役。中华人民共和国成立后，任广西军区龙州军分区副司令员、司令员。1952年入朝作战，任中国人民志愿军第四十七军第一四〇师副师长。回国后任广西军区钦州军分区司令员。1957年毕业于南京军事学院高级系，后任海南军区副司令员、广州军区生产建设兵团副司令员、海南军区副司令员。1964年晋升为少将。先后获三级八一勋章、二级独立自由勋章、二级解放勋章、一级红星功勋荣誉章。

李寅张 1914年出生，延长县张家滩镇李家河村人。1935年参加革命，同年加入中国共产党。中华人民共和国成立后，1952年任甘肃省军区后勤部副政委、政委。1955年授中校军衔。1958年转业，任中国科学院兰州分院干部处处长。1966年任中国科学院陕西天文台党委书记。

刘思治 1915年出生，延长县罗子山乡关道村人。1935年参加革命。1936年加入中国共产党。1935年6月至1948年，先后在延长县六区、红军独立师政治部、固临县、警政学校工作，历任主任委员、保安员、队长、保安科科长等职。1948年，任西北野战军第四军第十二师保卫科科长。1950年，任第四军政治部保卫科科长。1950—1954年，任第三团政委。1957年7月，任黑龙江哈尔滨市武装部政委。1960年任黑龙江省军区黑河军分区政委，后在沈阳军区旅大警备区任职。1983年离职休养。1988年获二级红星勋章。

李岐山 1916年出生，延长县安河镇克苏村人。1935年5月参加革命，10月加入中国共产主义青年团。1936年7月转为中国共产党党员。土地革命战争时期，先后任延长县互济会主任，中央党校学员，固临县内务部部长、一科科长。抗日战争时期，任陕甘宁边区政府干部科科员、干部科科长。解放战争时期，任第一野战军后勤供给部粮秣处副处长、处长，西北军区后勤部财务部粮秣处处长。中华人民共和国成立后，任总后勤部驻重庆办事处军需处处长、第三军医大学校务部部长。1962年1月，任第三军医大学副校长。1979年9月离职休养。

刘安国 1916年出生，延长县交口镇西村人。1935年参加革命，同年加入中国共产党。历任陕甘宁边区卫生部部长，第一野战军第四军第十二师卫生部部长兼党委书记。中华人民共和国成立后，先后任西北军区后勤卫生部卫生防疫处处长，西北铁路第一工程局卫生处处长、区工会主席，援助坦赞铁路建设办公室主任。1983年离职休养。

张少庭 1917年出生，延长县张家滩镇后张家滩村人。1935年参加革命。1936年1月由中国共产主义青年团转入中国共产党。土地革命战争时期，先后任延长县少共团支部书记、少共区委部长、少共县委组织部部长。抗日战争时期，任县青救会科长、主任，陇东青救会少队部部长，延安毛泽东青干校二班党支部书记，武阳县委组织部部长、县委书记、县长、县大队政治委员。解放战争时期，任内蒙古陶武工委书记，武川县县长兼县大队政治委员，陕甘宁晋绥联防军司令部缉私大队政治教导员、政治委员，第一野战军骑兵第二师政治部副主任。中华人民共和国成立后，任军委骑兵学校政治部主任，公安部政治部文化部副部长、部长，中国人民志愿军政治部友好部部长，总政治部文化部副部长，陕西省军区副政治委员，总政治部文化部副部长。1985年2月离职休养，副兵团职待遇。

马洪山 1918年出生，延长县交口镇马家河村人。1935年加入中国共产主义青年团，参加中国工农红军。1936年转为中国共产党党员。土地革命战争时期，任延长县交口区少共区委书记、红一军团第一师第一团民运干事。抗日战争时期，任八路军第一一五师军法处看守所所长、师直通信营特派员、师保卫部一科副科长、师直属政治处副主任。解放战争时期，任陕甘宁晋绥联防军保卫部一科科长、延安军分区独立团政治处副主任、西北野战军第六纵队政治部组织部副部长、第一野战军第六军教导团政治委员。中华人民共和国成立后，任中国人民解放军第一兵团师政治委员，新疆军区政治部组织部部长、军事检察院检察长，南疆军区政治委员、第二政治委员，陕西省军区顾问。1955年被授予大校军衔。1964年晋升为少将军衔。荣获二级独立自由勋章、二级解放勋章。1983年后离休，副兵团职待遇。1988年被中央军委授予中国人民解放军一级红星功勋荣誉章。

谢红胜 1918年出生，延长县七里村镇呼家川村人。1936年参加中国工农红军，同年加入中国共产党。曾任陕甘宁边区警备第五团营副教导员、冀东军区军工处政委、热辽军区军工处处长。中华人民共和国成立后，历任营口纺织厂厂长，东北纺织管理局副局长，纺织工业部纺织科学研究院副院长、党委书记，纺织工业部纺织机械公司副经理，轻工业部、纺织工业部副部长，国务院机械工业委员会副主任，国务院山西能源基地规划办公室副主任等职。1982年离休。

杨殿邦 1918年出生，延长县人，1935年11月参加革命。1947年入伍。1936年2月入党。曾任总后后勤工程三团副团长。1964年8月离职休养，正师职待遇。

李玉洁 1919年出生，延长县张家滩镇苏家岭村人。1935年参加革命，同年加入中国共产党。历任西南空军宝鸡办事处副主任，西南空军油塔工程队队长，武汉空后营管处副处长、修建处副处长等职。

张文学 1919年出生，延长县人。1936年参加革命，同年加入中国共产党。曾任教导旅第三团团长。

杨树基 1920年出生，延长县南河沟乡范家庄村人。1935年参加工农红军。中华人民共和国成立后，历任西北通讯学校副大队长，西北军区通讯枢纽部副主任，步兵第十一师通信兵主任，甘肃省军区通信兵主任，武威军分区副参谋长、参谋长，四机部兰州市九一四二厂厂长，甘肃省甘南藏族自治州军分区司令部参谋长，天水军分区副司令员。1978年离职休养。

刘 平 1920年出生，延长县城人。1935年参加革命，同年加入中国共产党。历任兰州军区军马部部长、西北军用汽车修理厂党委书记、陕西省公路设计院院长兼党委书记。

魏明中 1921年出生，延长县张家滩镇后河村人。1935年参加革命。1936年加入中国共产党。历任陕甘宁边区医院副院长，边区医专教务主任，陕甘宁晋绥联防军司令部第七后方医院院长，第一野战军第一野战医院院长。中华人民共和国成立后，先后任西北医学院党委第一书记、副院长，陕西省委文教办公室副主任，西安市副市长、市委常委，陕西省外事办公室主任、党组书记，陕西省顾问委员会委员，省政协第五、六届副主席，国际文化交流中心陕西分会理事长。

王 清 1924年出生，1943年参加革命，同年加入中国共产党。曾任西南军区十七团后勤处处长。

赵展夫 1926年出生，延长县罗子山乡石佛村人。1945年3月参加工作，1946年5月参军。历任连、营指导员、教导员，团政治部主任，兰州军区政治部科长，青海省军区党委委员，政治部处长。转业后任青海省革委会生产组副组长，西安市检察院处长、副检察长。1988年离休。

呼延夫 1928年出生，延长县罗子山乡古渡甸村人。1948年参加工作，同年加入中国共产党。历任广东省军区第二〇三师六一八团团长、政委，基建工程兵二六二团、二六六团政委、支队副政委。

郭 韬 1928年出生，延长县刘家河乡郭家原村人。1946年参加革命，同年加入中国共产党。历任护士、班长、政治指导员、政治干事。1950年参加中国人民志愿军赴朝参战。1957年回国,历任营政治教导员、师政治委员。1976年任石油化学工业部化工设计院副院长。

刘子谦 1928年出生,延长县交口镇西村人。1944年参加革命,同年加入中国共产党。历任营教导员、团政治主任、师党委委员、师直属机关党委书记。曾荣获建国功臣勋章、西北解放纪念章、西藏解放纪念章、独立自由勋章,后转业任中国科学院兰州地球物理研究所政治部主任,中国石油工业部西安石油仪器厂党组书记、革委会主任。1982年离职休养。

周占旭 1930年出生,延长县七里村镇周家原村人。1946年10月,参加八路军教导旅二团二营四连三排九班,历任班长、副指导员、指导员、副教导员、教导员、飞行大队副政治委员、政治委员、飞行团副政治委员。1948年6月加入中国共产党。参加过宜川交里镇战斗、清涧战斗、攻打榆林战斗、瓦子街战役、西府战役、荔北战役、扶眉战役、兰州战役、玉门战役。西府战役荣立大功一次,荣获功臣奖章一枚、解放奖章一枚、西北解放奖章一枚、抗美援朝纪念章一枚。1971年转业,任延长油矿常委副矿长、延长油矿管理局协理员。1992年离休。

刘增富 1932年出生,延长县安河镇东山村人。1947年参加游击队,1952年加入中国共产党。历任班长、排长、连长、营长、团参谋长、副团长、团长、副师长,甘肃省酒泉军分区司令员。1988年离休。

呼振邦 1936年出生,延长县安河镇后山村人。1962年加入中国共产党。1963年毕业于北京政法学院。历任延安地区公安处股长、副处长,延安地区人民武装警察部队大队长、政委,陕西省人民武装警察总队政治部副主任、主任,中国人民武装警察部队总部政治部副主任。1994年晋升为少将军衔。

李 玉 1943年出生,延长县刘家河乡滑里河村人。1962年加入中国共产党。1968年毕业于中国人民大学。1970年4月参加中国人民解放军，任第二十一军司令部作训处参谋。1978年6月任第二十一军六十三师司令部作训科副科长。1979年2月任兰州军区司令部军训部参谋。1980年8月任兰州军区司令部办公室秘书。1982年10月任兰州军区司令部作战部一处处长。1983年12月任兰州军区司令部作战部副部长。1985年10月任兰州军区司令部办公室主任。撰写军事论文400余篇，其中3篇获全军优秀论文奖，立三等功两次。1992年2月任兰州军区司令部作战部部长。1993年10月任第四十七集团军副军长。1994年9月任中国军事科学院科研指导部副部长。1996年7月任军事科学院百科研究部部长。1998年3月任军事科学院科研指挥部部长。1998年10月任解放军总参谋部办公厅主任。2000年12月任中国人民解放军总参谋长助理。1988年被授予大校军衔。1995年7月晋升为少将军衔。2002年晋升为中将军衔。2002年9月当选中共十六大代表。

赵景林　1948年出生，延长县罗子山乡石佛村人。天津廊坊炮校工程师。1986年设计的红箭导弹发射架获国家发明制造三等奖。

李耀财　1945年出生，延长县安河镇人。1964年入伍。1968年后任兰州军区第三六一团排长、连长、团参谋、团参谋长。1976年任兰州军区某团团长，1985年任新疆军区某师副参谋长。1993年任副师长。2001年任参谋长，2005年离休。

牛照银　1946年出生，延长县交口镇交口村人。1964年入伍。1968年任兰州军区七六一团五连排长。1970年任连长。1972年任团作训股股长。1975年任副团长。1978年任兰州军区某团团长。1983年任新疆军区某师副参谋长。1994年任副师长。1999年转业。

王管良　1949年出生，延长县南河沟乡左溪村人。1949年11月出生。1968年10月参加工作。1973年8月加入中国共产党，先后任小学教师，上海"七二八"工程处技术员，延安地区公安处治安科副科长、科长。1983年1月转入武警部队工作。1984年12月，任后勤处处长。1990年5月，任政治委员、党委副书记。1994年3月，调任武警水电指挥部延安办事处主任。

王永生 1954年出生,延长县罗子山乡寨石村人。1969年入伍。1970年入党,任北京军区某部雷达排排长。1977年任连长。1993年调任总政解放军艺术学院军务处参谋、上校军衔。2002年任副师职、大校军衔。

孟世强 1957年出生,延长县安河镇孟家村人,1973年入伍,历任兰州空军司令部战勤连报务员、营部书记员,航空兵第二十三师警卫连指导员,航空兵第二十三师政治部干事,空军第十一军政治部干事,武警水电部纪检办干部、组织处干事、干部处副处长、处长,武警北京市第二总队政治处副主任,武警青海省总队政治部副主任、主任(正师)。1984年授少校军衔,1990年晋升中校军衔,1995年晋升上校军衔,2004年晋升大校军衔。研究生学历,酷爱文学、书法艺术,作品曾多次参加全国性大展并获奖,兼任青海省书法家协会主席、中国书法家协会理事。2005年被评为青海省"德艺双馨"艺术家。曾被聘为中国国防大学特聘教授。

赵立荣 1964年出生,延长县刘家河乡郭家原村人。1982年10月入伍。1984年8月入党。先后任步兵第一四一师第四二二团排长、副连长,第一四一师教导队二中队中队长,师司令部作训股股长,68304部队司令部作训处参谋,68304部队副旅长、旅长。68303部队旅长,兰州军区作战部副部长。先后三次荣立三等功。

李志军 1972年出生,延长县刘家河乡滑县河村人。1989年3月入伍,任兰州军区第一测绘大队战士、班长。1991年9月入西安陆军学院学习。1993年7月任第二十一集团军第六十三师第一八八团排长、副连长、连长。1996年9月入西安政治学院学习。1998年7月任兰州军区司令部作战部三处参谋。2000年3月任国家国防动员委员会综合办公室秘书。2005年7月入国防大学基本系学习。1992年3月加入中国共产党,研究生学历,军事专业硕士学位,现任军委国防动员部民兵局正团职参谋,中校军衔。曾荣获西安陆军学院"全优学员"和第二十一集团军"优秀参谋"称号,荣立三等功一次。

附件三

革命烈士名录

一、土地革命战争时期烈士

胡金城（1904—1932） 延长县安沟乡刘家村人，1932年参加革命，战士，1932年在延长县安沟被杀害。

贺宝铭（1911—1933） 延长县安沟乡杨道原村人，1928年参加革命，骑兵连连长，因作战在渭华地区牺牲。

尚　义（1914—1934） 延长县张家滩镇运家村人，独立营文书，因作战在宜川县蝉原牺牲。

李树发（1906—1935） 延长县雷赤乡赤江村人，1935年参加革命，红二团战士，因作战在清涧县牺牲。

房怀章（1910—1935） 延长县交口镇下房家原村人，1934年参加革命，病故于延川县。

康绳武（1889—1935） 延长县安沟乡聅梁村人，1933年参加革命，红五团战士，因作战在佳县牺牲。

胡帮贤（1916—1935） 延长县安沟乡下段家村人，1935年参加革命，红一方面军战士，1935年因作战在山西省牺牲。

彭文荣（1909—1935） 延长县刘家河乡封家河村人，1935年参加革命，红二团战士，因作战在延长县青龙寨牺牲。

强全宇（1911—1935） 延长县七里村镇城关人，1934年参加革命，县委宣传员，1935年被错杀于延长县。

马福图（1911—1935） 延长县郑庄镇李台村人，1935年参加革命，红二十八军战士，1935年12月因作战在富县直罗镇牺牲。

杜义贵（1919—1935） 延长县黑家堡镇贺家沟村人，1935年参加革命，少年先锋营战士，因作战在甘泉县牺牲。

冯　富（1909—1935） 延长县南河沟乡下坡村人，1935年参加革命，赤卫军战士，因作战在宜川县牺牲。

呼成云（1913—1935） 延长县张家滩镇枣林子村人，1934年8月参加革命，独立营排长，因作战在内蒙古包头牺牲。

阎思信（1907—1935） 延长县安河镇阎家圪崂村人，1935年参加革命，县独立营排长，因作战在延长县白家川牺牲。

刘文义（1912—1935） 延长县交口镇埝义沟村人，1935年参加革命，红十五军团排长，因作战在甘泉县劳山牺牲。

卫三俊（1917—1936） 延长县张家滩镇于家村人，1935年10月参加革命，红二团战士，因作战在山西省境牺牲。

张思选（1914—1936） 延长县张家滩镇岭于村人，1936年9月参加革命，红二团战士，因作战在延长县马头关牺牲。

宋　有（1915—1936） 延长县张家滩镇宋家山村人，1935年8月参加革命，红二团战士，因作战在山西省境牺牲。

张成喜（1888—1936） 延长县张家滩镇西庄村人，1935年10月参加革命，红二团战士，因作战在宁夏银川市牺牲。

宋克俊（1891—1936） 延长县张家滩镇宋家山村人，1935年参加革命，红二团战士，因作战在山西省境牺牲。

高振德（1914—1936） 延长县张家滩镇神西村人，1935年参加革命，红二团战士，因作战在山西省永和县牺牲。

高鸿奎（1910—1936） 延长县张家滩镇从座村人，1935年参加革命，延长县军事部部长，因作战在延长县罗子山乡埝坡村牺牲。

白思聪（1914—1936） 延长县张家滩镇多古村人，1935年3月参加革命，红二团战士，因作战在山西省境牺牲。

白思伟（1916—1936） 延长县张家滩镇多古村人，1935年参加革命，红二团战士，因作战在山西省境牺牲。

何来存（1916—1936） 延长县张家滩镇何家村人，1935年参加革命，战士，因作战在甘泉县劳山牺牲。

冯思选（1916—1936） 延长县张家滩镇人，1935年参加革命，红二十九军第二五七团团长，因作战在富县套洞原牺牲。

李春光（1909—1936） 延长县张家滩镇接子坪村人，1935年参加革命，延长县苏维埃宣传部部长，因作战在延长县罗子山乡埝坡村牺牲。

王二英（1899—1936） 延长县张家滩镇书贝村人，1935年参加革命，红一方面军战士，因作战在山西省境牺牲。

肖拴娃（1918—1936） 延长县张家滩镇咀头村人，1936年2月参加革命，战士，因作战牺牲。

刘邦明（1910—1936） 延长县张家滩镇下余佛村人，1936年参加革命，红八十一师第三团第三营第九连战士，因作战在山西省境牺牲。

张生金（1906—1936） 延长县张家滩镇人，1935年参加革命，红二团班长，因作战在山西省中阳县牺牲。

黑风章（1918—1936） 延长县张家滩镇固洲村人，1935年参加革命，红二团战士，失踪。

张宪帮（1912—1936） 延长县张家滩镇上村人，1935年参加革命，战士，失踪。

张正义（1916—1936） 延长县张家滩镇上通地村人，1935年9月参加革命，红二十五军战士，失踪。

王玉娃（1916—1936） 延长县张家滩镇下通地村人，1935年参加革命，红二十五军战士，1936年因作战在东北失踪。

郝兴娃（1914—1936） 延长县张家滩镇埝曲村人，1935年6月参加革命，红十五团战士，失踪。

白照喜（1915—1936） 延长县张家滩镇克亚村人，1935年参加革命，警备第一连战士，在山西省青水河失踪。

毋威振（1913—1936）　延长县安河镇古道村人，1935年参加革命，红一方面军第一师第三连第二排排长，因作战在山西省孝义县牺牲。

康好连（1907—1936）　延长县安河镇康家山村人，1935年12月参加革命，红一方面军第一师第一团第三连战士，因作战在山西省孝义县牺牲。

康富荣（1901—1936）　延长县安河镇康家山村人，1935年12月参加革命，红一方面军第一师第一团第三连战士，因作战在甘肃省境牺牲。

张　勇（1903—1936）　延长县安河镇张家村人，1935年参加革命，红一方面军战士，因作战在山西省兑九峪牺牲。

李富强（1909—1936）　延长县安河镇芙蓉村人，1935年参加革命，游击队队员，因作战在定边县牺牲。

李文良（1903—1936）　延长县安河镇芙蓉村人，1935年参加革命，红宜县云岩区委书记，1936年在宜川县云岩白家原牺牲。

呼三娃（1912—1936）　延长县安河镇芙蓉村人，1935年参加革命，游击队队员，因作战在延长县马头关牺牲。

李福德（1919—1936）　延长县安河镇芙蓉村人，1935年参加革命，游击队队员，因作战在定边县牺牲。

李玉明（1916—1936）　延长县安河镇芙蓉村人，1935年参加革命，游击队指导员，因作战在定边县牺牲。

王志义（1922—1936）　延长县安河镇张家村人，1936年参加革命，游击队战士，因作战在定边县牺牲。

张帮行（1900—1936）　延长县安河镇张家村人，1935年参加革命，红一方面军第一师第一团第三连战士，因作战在甘肃省会宁县牺牲。

杨苏昌（1907—1936）　延长县安河镇杨家村人，1935年参加革命，游击队战士，失踪。

冯白明（1907—1936）　延长县安河镇冯家坬村人，1936年参加革命，红一方面军连长，在山西省失踪。

欒尚武（1917—1936）　延长县安河镇下原村人，1935年参加革命，延长游击队队员，在子长县失踪。

刘玉瑞（1917—1936）　延长县安河镇李库村人，1935年参加革命，游击队队员，在山西省失踪。

李启明（1921—1936）　延长县安河镇克苏村人，1936年参加革命，游击队战士，失踪。

昊思财（1913—1936）　延长县安河镇桥沟儿村人，1935年参加革命，红一方面军连长，1936年在山西省潞安府失踪。

李怀杨（1896—1936）　延长县安河镇贺益村人，1935年参加革命，红一方面军第一师第一团战士，因作战在山西省孝义县牺牲。

杨三娃（1920—1936）　延长县安河镇黑家山村人，1936年参加革命，红三十军第三连战士，病故于清涧县。

贾步英（1909—1936）　延长县安河镇欒见村人，1935年参加革命，游击队战士，因作战在定边县牺牲。

孟宏如（1913—1936）　延长县安河镇孟家村人，1935年参加革命，红宜县工会干事，病故于本村。

刘定进（1918—1936）　延长县罗子山乡堡石村人，1935年参加革命，红一方面军第一师第一团第三连第三排战士，因作战在山西省郭家庄牺牲。

刘凤才（1905—1936）　延长县罗子山乡南山村人，1935年参加革命，红二十八军第三团第一连连长，因作战在定边县牺牲。

呼生彩（1896—1936）　延长县罗子山乡呼延村人，1935年参加革命，红十五军团第七十三师第七团战士，在西安市牺牲。

薛　明（1910—1936）　延长县罗子山乡东阁村人，1935年参加革命，红二十八军战士，失踪。

呼延友（1905—1936）　延长县罗子山乡呼延村人，1936年参加革命，地下工作者，在延长县罗子山被敌杀害。

呼文华（1905—1936）　延长县罗子山乡呼延村人，1935 年参加革命，战士，失踪。

刘国彦（1916—1936）　延长县罗子山乡白家庄村人，1935 年参加革命，红一方面军第一师第一团战士，因作战在山西省霍县牺牲。

孙万英（1899—1936）　延长县罗子山乡天尽头村人，1936 年参加革命，红一方面军第四师第五团一营战士，因作战在山西省马头关牺牲。

呼生贵（1914—1936）　延长县罗子山乡古渡甸村人，1935 年参加革命，红二十九军战士，失踪。

刘如玉（1913—1936）　延长县罗子山乡东阁村人，1935 年参加革命，红二十八军第三团第九连战士，因作战在定边县牺牲。

冯顺智（1911—1936）　延长县罗子山乡良俭村人，1936 年参加革命，战士，失踪。

冯谭珠（1911—1936）　延长县罗子山乡良俭村人，1935 年参加革命，战士，因作战在富县直罗镇牺牲。

冯志清（1920—1936）　延长县罗子山乡良俭村人，1935 年参加革命，战士，失踪。

呼增荣（1916—1936）　延长县罗子山乡凡家山村人，1935 年参加革命，战士，失踪。

呼增贵（1915—1936）　延长县罗子山乡凡家山村人，1935 年参加革命，红二十九军排长，因作战在定边县安边镇牺牲。

王生俊（1917—1936）　延长县罗子山乡垴坡村人，1935 年参加革命，红一方面军特务营二连战士，在定边县病故。

王化珍（1917—1936）　延长县罗子山乡垴坡村人，1936 年参加革命，红一方面军特务营二连战士，失踪。

申海生（1894—1936）　延长县罗子山乡下鲁儿村人，1936 年参加革命，担架队民工，因作战在山西省石楼县牺牲。

苏胜明（1915—1936）　延长县罗子山乡鼻头村人，1935 年参加革命，红二十九军战士，因作战在山西省水土镇牺牲。

黑占军（1918—1936） 延长县罗子山乡鼻头村人，1935年参加革命，红二十九军战士，因作战在山西省境牺牲。

冯光来（1915—1936） 延长县罗子山乡鼻头村人，1934年参加革命，红二十九军战士，因作战在安塞县牺牲。

阎志道（？—1936） 延长县罗子山乡上西渠村人，1935年参加革命，陕甘宁边区政府干部，在甘肃省环县被敌杀害。

白好仁（1911—1936） 延长县南河沟乡张多村人，1935年参加革命，赤卫军排长，因作战在宜川城南川牺牲。

冯银成（1912—1936） 延长县南河沟乡郭家村人，1935年参加革命，红二十九军战士，因作战在宜川县牺牲。

樊好义（1911—1936） 延长县南河沟乡韩见村人，1935年参加革命，红二十九军战士，因作战在定边县牺牲。

黑杨娃（1917—1936） 延长县南河沟乡下曲木村人，1935年参加革命，红二十九军第八团排长，因作战在富县子安桥牺牲。

白义山（1915—1936） 延长县南河沟乡上曲木村人，1935年参加革命，赤卫军战士，因作战在宜川县阳湾村牺牲。

刘文炳（1904—1936） 延长县交口镇埝义沟村人，1935年参加革命，红二团第一连第一排战士，因作战在富县羊泉牺牲。

曹元盛（1909—1936） 延长县交口镇郝家沟村人，1935年参加革命，红十五军团战士，病故于西安市。

张海堂（1905—1936） 延长县交口镇人，1935年参加革命，红二十九军战士，因作战在甘肃省境牺牲。

胡宗仁（1919—1936） 延长县交口镇驮步村人，1935年参加革命，独立营战士，因作战在山西省永和县牺牲。

马安光（1916—1936） 延长县交口镇马家河村人，1935年参加革命，游击队队员，因作战在山西省境牺牲。

房金明（1904—1936） 延长县交口镇大崾村人，1935年参加革命，红二团战士，失踪。

刘尚学（1911—1936） 延长县交口镇酸枣树村人，1934年参加革命，红二团战士，因作战在山西省境牺牲。

刘自华（1914—1936） 延长县交口镇南原头村人，1935年参加革命，战士，因作战在山西省境牺牲。

赵应青（1928—1936） 延长县交口镇刘管村人，1935年参加革命，红一军团战士，失踪。

郑慎发（1920—1936） 延长县交口镇后张家沟村人，1935年参加革命，红一方面军第四师第六团骑兵连战士，因作战在山西省境牺牲。

王玉录（1910—1936） 延长县交口镇李家坪村人，1935年参加革命，红一方面军第三团第二连班长，因作战在甘肃省境牺牲。

冯国英（1919—1936） 延长县交口镇谭石河村人，1935年参加革命，红十五军团通信员，失踪。

张培兴（1906—1936） 延长县交口镇阿多村人，1935年参加革命，战士，失踪。

郝治宗（1906—1936） 延长县交口镇石河村人，1935年参加革命，红二团战士，失踪。

贺文斗（1912—1936） 延长县交口镇下中山村人，1936年参加革命，战士，因作战在山西省李家山牺牲。

郝耀宗（1907—1936） 延长县交口镇朱家原村人，1936年参加革命，红十五军团第八十一师第一团战士，因作战在瓦窑堡牺牲。

郝迎宗（1905—1936） 延长县交口镇朱家原村人，1935年参加革命，红一军团战士，因作战在山西省境牺牲。

冯金明（1918—1936） 延长县交口镇小阿地村人，1935年参加革命，延安保安队队长，因作战在延安牺牲。

卫德章（1919—1936） 延长县交口镇谭石原村人，1935年参加革命，红十五军团战士，失踪。

卫登善（1917—1936） 延长县交口镇谭石原村人，1935年参加革命，红十五军团战士，失踪。

贺二小（1921—1936）　延长县交口镇下村人，1935年参加革命，战士，失踪。

冯连升（1912—1936）　延长县交口镇岭上村人，1935年参加革命，战士，失踪。

刘尚义（1911—1936）　延长县交口镇酸枣树村人，1935年参加革命，红二团战士，因作战在山西省境牺牲。

罗重勋（1915—1936）　延长县安沟乡东卓村人，1934年参加革命，中共华池县委书记，因作战在甘肃省华池县牺牲。

李学白（1916—1936）　延长县安沟乡谢家村人，1934年参加革命，组织部部长，因作战在山西省境牺牲。

肖守儿（1917—1936）　延长县安沟乡上折村人，1935年参加革命，赤卫队队长，在延长县被杀。

肖振元（1903—1936）　延长县安沟乡多海村人，1934年参加革命，战士，因作战在甘肃省境牺牲。

罗俊秀（1915—1936）　延长县安沟乡岭头村人，1935年参加革命，红一方面军战士，因作战牺牲。

谭生兴（1906—1936）　延长县安沟乡阿青村人，1928年参加革命，安沟区副区长，在延长县安沟乡平原村被杀害。

贺来存（1918—1936）　延长县安沟乡高家川村人，1935年参加革命，红二十八军战士，因作战在山西省境牺牲。

兰作财（1919—1936）　延长县安沟乡三圪台村人，1936年参加革命，红一方面军班长，因作战在山西省境牺牲。

薛相戏（1909—1936）　延长县安沟乡杨道原村人，1936年参加革命，延长游击队第六支队队员，因作战在定边县牺牲。

苏海有（1907—1936）　延长县安沟乡岔口村人，1935年参加革命，红三团班长，在定边县被杀害。

张贯俊（1918—1936）　延长县安沟乡三圪台村人，1935年参加革命，延长县第十三支队战士，在宜川县被杀害。

薛几栓（1901—1936）　延长县安沟乡东卓村人，1935年参加革命，红二团战士，因作战在甘泉县劳山牺牲。

包殿元（1917—1936） 延长县安沟乡哨子河村人，1935年参加革命，战士，在延长县安河冯家圪村被杀害。

谭顺奇（1912—1936） 延长县安沟乡阿青村人，1936年参加革命，红二十八军战士，因作战在定边县牺牲。

兰玉德（1919—1936） 延长县安沟乡二圪台村人，1935年参加革命，延长县第六游击支队队员，因作战在山西省境牺牲。

苏光晨（1916—1936） 延长县安沟乡岔口村人，1936年参加革命，红二十八军战士，在定边县被杀害。

党登儒（1913—1936） 延长县安沟乡林圪村人，1935年参加革命，红二十六军战士，因作战在安塞县牺牲。

赵帮英（1917—1936） 延长县安沟乡安沟村人，1935年参加革命，义勇军战士，因作战在安定县李家崖牺牲。

彭文明（1907—1936） 延长县刘家河乡封家河村人，1935年参加革命，红二团战士，因作战在甘泉县牺牲。

刘龙怀（1915—1936） 延长县刘家河乡刘家河村人，1935年参加革命，战士，因作战在延川县永坪牺牲。

张光新（1912—1936） 延长县七里村镇金盆村人，1935年参加革命，红二十九军战士，失踪。

薛志良（1915—1936） 延长县七里村镇薛家芽原村人，1935年参加革命，红二团战士，失踪。

冯三熬（1915—1936） 延长县七里村镇老人仓村人，1935年参加革命，战士，失踪。

张招喜（1914—1936） 延长县七里村镇雷家村人，1935年参加革命，红二团战士，失踪。

艾 周（1916—1936） 延长县七里村镇小白家河村人，1935年参加革命，战士，失踪。

徐平公（1915—1936） 延长县七里村镇白家川村人，1935年参加革命，红十五军团排长，因作战在子长县牺牲。

段海生（1902—1936）　延长县七里村镇关子口村人，1935年参加革命，红十五军团战士，因作战在延长县马头关牺牲。

刘廷宪（1917—1936）　延长县七里村镇孙家原村人，1935年参加革命，陕北工农红军战士，失踪。

董生秀（1911—1936）　延长县七里村镇孙家原村人，1935年参加革命，红十五军团副连长，因作战在山西省洪洞县牺牲。

艾候娃（1918—1936）　延长县七里村镇小白家河村人，1935年参加革命，战士，失踪。

尹口吾（1918—1936）　延长县七里村镇吴家沟村人，1935年参加革命，游击队队员，因作战在清涧县牺牲。

杨生彪（1910—1936）　延长县七里村镇关子口村人，1934年参加革命，关子口乡指导员，在延长县被杀害。

惠秀春（1902—1936）　延长县七里村镇城关人，1935年参加革命，红一方面军战士，因作战在山西省境牺牲。

尚好儿（？—1936）　延长县七里村镇城关人，1930年参加革命，某部连长，因作战在延长县牺牲。

高建其（1916—1936）　延长县七里村镇城关人，1935年参加革命，红十五军团班长，因作战在子长县牺牲。

杜世德（1916—1936）　延长县七里村镇城关人，1935年参加革命，因作战牺牲。

张　行（1909—1936）　延长县郭旗乡郭旗村人，1935年参加革命，红一方面军红三团战士，失踪。

海立仁（1917—1936）　延长县郭旗乡郭旗村人，1935年参加革命，红一方面军红三团战士，失踪。

曹志秀（1908—1936）　延长县郭旗乡郭旗村人，1935年参加革命，红一方面军红三团战士，失踪。

张德元（1914—1936）　延长县郭旗乡郭旗村人，1935年参加革命，红一方面军红三团战士，失踪。

阎　丑（1917—1936）　延长县郭旗乡郭旗村人，1935年参加革命，红一方面军红三团战士，失踪。

王　根（1916—1936）　延长县郭旗乡郭旗村人，1935年参加革命，红一方面军红三团战士，失踪。

李海子（1915—1936）　延长县郭旗乡郭旗村人，1935年参加革命，红一方面军红三团战士，失踪。

李长德（1918—1936）　延长县郭旗乡郭旗村人，1935年参加革命，陕甘北游击队连长，因作战在延川县豪叉牺牲。

丁　东（1914—1936）　延长县郭旗乡王良寺村人，1935年参加革命，红一方面军红三团战士，失踪。

姬林富（1912—1936）　延长县郭旗乡王良寺村人，1935年参加革命，红一方面军红三团战士，因作战在甘泉县劳山牺牲。

杜　科（1913—1936）　延长县郭旗乡陈旗村人，1936年3月参加革命，陕北红军战士，失踪。

李玉山（1918—1936）　延长县郭旗乡郭旗沟村人，1935年参加革命，红十五军团战士，失踪。

张世俊（1912—1936）　延长县郭旗乡前陈家沟村人，1936年参加革命，战士，失踪。

李来拴（1914—1936）　延长县郭旗乡徐旗村人，1935年参加革命，战士，失踪。

杜养贵（1920—1936）　延长县郭旗乡前杜家沟村人，1935年参加革命，战士，失踪。

刘才儿（1912—1936）　延长县郭旗乡王仓村人，1934年参加革命，延安保安科排长，因公在延安牺牲。

刘杜锁（1930—1936）　延长县郑庄镇石马科村人，1935年参加革命，红十五军团战士，失踪。

张满福（1909—1936）　延长县郑庄镇石马科村人，1936年参加革命，战士，1936年8月因作战在山西省孝义县牺牲。

刘德胜（1918—1936）　延长县郑庄镇李台村人，1935年参加革命，红二十八军战士，失踪。

刘台气（1918—1936）　延长县郑庄镇屈台村人，1935年参加革命，红十五军团战士，因作战在山西省境失踪。

高凤明（1912—1936）　延长县郑庄镇赵庄村人，1935年参加革命，红二十六军副排长，1936年4月因作战在山西省吉县牺牲。

柳高喜（1918—1936）　延长县郑庄镇人，1935年参加革命，红二团第八支队战士，1936年3月因作战在山西省兑九峪牺牲。

徐成柱（1918—1936）　延长县郑庄镇新窑科村人，1935年参加革命，红十五军团战士，1936年5月因作战在山西省高平县失踪。

白小苟（1919—1936）　延长县黑家堡镇孙吉屯村人，1935年参加革命，红一方面军电线员，因作战在山西省境失踪。

康连贵（1903—1936）　延长县黑家堡镇康家坪村人，1936年参加革命，红十五军团战士，失踪。

康巨才（1913—1936）　延长县黑家堡镇康家坪村人，1935年参加革命，红十五军团战士，失踪。

张长升（1915—1936）　延长县黑家堡镇张家原村人，1935年参加革命，红十五军团战士，因作战在山西省境失踪。

张思仁（1911—1936）　延长县黑家堡镇枣花沟村人，1936年1月参加革命，红十五军团战士，1936年2月因作战在延川县失踪。

杜世贵（1910—1936）　延长县黑家堡镇前马家沟村人，1936年参加革命，某部司号员，1936年3月因作战在子长县牺牲。

李　贵（1906—1936）　延长县黑家堡镇中村人，1936年参加革命，红十五军团战士，因作战在山西省石楼县牺牲。

张润德（1918—1936）　延长县黑家堡镇张罗沟村人，1935年参加革命，红二团战士，失踪于山西省境。

景思荣（1916—1936）　延长县黑家堡镇瓦村人，1935年参加革命，红一军团战士，失踪于山西省境。

白进富（1915—1936）　延长县黑家堡镇瓦村人，1935年参加革命，红二十五军战士，因作战在山西省境牺牲。

黑从乐（1914—1936）　延长县黑家堡镇黑家堡村人，1936年参加革命，红十五军团战士，在山西省境失踪。

贺振东（1916—1936） 延长县黑家堡镇贺家庄科村人，1935年参加革命，红十五军团战士，失踪。

张宗厚（1901—1936） 延长县黑家堡镇沙家沟村人，1935年参加革命，红二团战士，因作战在延长县牺牲。

马根福（1916—1936） 延长县黑家堡镇李布袋沟村人，1935年参加革命，红十五军团战士，因作战在山西省境牺牲。

冯根全（？—1936） 延长县人，1935年参加革命，红二十九军第二五七团团长，因作战在富县套洞原牺牲。

张维光（1895—1937） 延长县张家滩镇岭于村人，1936年9月参加革命，红二团司务长，失踪。

尚登义（1911—1937） 延长县张家滩镇上克亚村人，1935年参加革命，黄宜县游击队第一支队战士，因作战在宜川县牺牲。

李树藩（1908—1937） 延长县张家滩镇苏家岭村人，支书，党员，因作战在延长县牺牲。

肖定录（1914—1937） 延长县张家滩镇嘴头村人，1936年2月参加革命，八路军军民合作社主任，因作战在山西省境牺牲。

杨有本（1908—1937） 延长县安河镇杨家圪塔村人，1935年参加革命，游击队队员，因作战在靖边县宁条梁牺牲。

冯克家（1903—1937） 延长县安河镇岭石村人，1936年参加革命，红二十九军战士，因作战在延川县永坪牺牲。

白德才（1906—1937） 延长县安河镇马山村人，1936年参加革命，红一方面军排长，因作战在河北省境牺牲。

李国泰（1919—1937） 延长县安河镇芙蓉村人，1935年参加革命，陕北地方游击队战士，失踪。

冯思华（1920—1937） 延长县罗子山乡木芽村人，1935年参加革命，红一方面军后勤部战士，病故于延川县永坪医院。

王加善（1914—1937） 延长县罗子山乡西渠村人，1935年参加革命，红一方面军第一师第三团第三连班长，因作战在甘肃省境牺牲。

阎有录（1906—1937） 延长县罗子山乡上西渠村人，1936年参加革命，战士，失踪。

阎取文（1910—1937） 延长县罗子山乡上西渠村人，1936年参加革命，战士，失踪。

赵胡月（1923—1937） 延长县罗子山乡老井头村人，1937年参加革命，红五团战士，失踪。

刘光明（1913—1937） 延长县罗子山乡鼻头村人，1336年参加革命，红二十九军战士，因作战在甘泉县牺牲。

冯万生（1918—1937） 延长县罗子山乡鼻头村人，1936年参加革命，红二十九军战士，因作战在定边县花马池牺牲。

阎志远（？—1937） 延长县罗子山乡上西渠村人，1933年参加革命，战士，因作战在河北省境牺牲。

王文小（？—1937） 延长县罗子山乡埝坡村人，1936年参加革命，红二十九军战士，因作战在定边县花马池牺牲。

王有清（？—1937） 延长县罗子山乡木牙村人，战士，失踪。

孙有生（？—1937） 延长县罗子山乡南庄村人，战士，失踪。

胡洋喜（1915—1937） 延长县南河沟乡寺儿村人，1936年参加革命，红二十九军战士，因作战在延长县童儿湾牺牲。

古建昌（1908—1937） 延长县南河沟乡张阳村人，1935年参加革命，红二十九军第二五六团第五连班长，因作战在延川县关庄牺牲。

尹德法（1916—1937） 延长县雷赤乡贾崾崄村人，1936年参加革命，战士，失踪。

关二小（1917—1937） 延长县雷赤乡史家河村人，1935年参加革命，战士，失踪。

李春和（1905—1937） 延长县雷赤乡雷多村人，1935年参加革命，陕甘宁边区干部，因作战在志丹县牺牲。

崔富明（1919—1937） 延长县雷赤乡尚落村人，1935年参加革命，游击队队员，失踪。

崔吉贤（1920—1937）　延长县雷赤乡尚落村人，1935年参加革命，游击队战士，失踪。

古太娃（1913—1937）　延长县雷赤乡太留村人，1935年参加革命，游击队队员，失踪。

白启宁（1915—1937）　延长县交口镇新窑科村人，1935年参加革命，红十五军团战士，失踪。

白启良（1920—1937）　延长县交口镇新窑科村人，1935年参加革命，红十五军团战士，失踪。

杨小成（1920—1937）　延长县交口镇普儿村人，1935年参加革命，战士，失踪。

杜海士（1922—1937）　延长县交口镇人，1935年参加革命，战士，失踪。

刘学忠（1919—1937）　延长县交口镇李家坪村人，1935年参加革命，警三旅第九团第三营第一连连长，失踪。

李志恭（1904—1937）　延长县交口镇上畔村人，1935年参加革命，陕北红军政治部主任，因作战在甘泉县牺牲。

卫国仓（1911—1937）　延长县交口镇谭石原村人，1936年参加革命，红十五军团副班长，因作战在山西省境牺牲。

常胜兰（1916—1937）　延长县交口镇人，1935年参加革命，红二团战士，因作战在靖边县宁条梁牺牲。

赵学文（1918—1937）　延长县安沟乡下平原村人，1937年参加革命，战士，因作战在山西省牛抚镇牺牲。

马万昌（1913—1937）　延长县刘家河乡高万家河人，1936年8月参加革命，骑兵队战士，因作战在榆林市乡水石窑滩牺牲。

高平旺（1914—1937）　延长县郭旗乡徐旗村人，1935年参加革命，红十五军团战士，因作战牺牲。

张希全（1912—1937）　延长县郭旗乡郭旗村人，1935年参加革命，红十五军团第七十八师战士，失踪。

高家有（1919—1937） 延长县郭旗乡徐旗村人，1935年9月参加革命，红十五军团第七十八师特务员，失踪。

高平旺（1914—1937） 延长县郭旗乡徐旗村人，1935年参加革命，红十五军团骑兵营战士，因作战牺牲。

刘生义（1904—1937） 延长县黑家堡镇张家巷村人，1935年参加革命，红二十九军连长，1937年4月因作战在甘肃省环县牺牲。

黑　白（1912—1937） 延长县黑家堡镇黑家堡村人，1937年3月参加革命，红十五军团战士，因作战失踪。

黑兰强（1918—1937） 延长县黑家堡镇黑家堡村人，1936年参加革命，补充师战士，在山西省境失踪。

张登才（1911—1937） 延长县黑家堡镇张罗沟村人，1935年8月参加革命，红二十九军战士，因作战在定边县牺牲。

康从德（1912—1937） 延长县黑家堡镇彭家圪台村人，1936年1月参加革命，红一团第一营第二连战士，因作战在定边县牺牲。

张进财（1919—？） 延长县张家滩镇西庄村人，1935年参加革命，红二团战士，失踪。

白教齐（1911—？） 延长县张家滩镇西庄村人，1935年参加革命，红二团战士，失踪。

宋小管（1917—？） 延长县张家滩镇宋家山人，1935年参加革命，红二团战士，失踪。

王自来（1918—？） 延长县张家滩镇后王家河村人，1935年参加革命，红十五军团战士，因作战在富县牺牲。

李永祥（1918—？） 延长县张家滩镇文中村人，1935年参加革命，红二团战士，失踪。

李银拴（1919—？） 延长县张家滩镇文中村人，1936年参加革命，红二团战士，失踪。

卫希贤（1910—？） 延长县张家滩镇蝎子庙村人，1935年参加革命，红一方面军团级干部，因作战在山西省中阳县牺牲。

李改民（1914—？） 延长县张家滩镇母生村人，1935年参加革命，陕北工农红军战士，失踪。

吴兰庄（1919—？） 延长县张家滩镇杆村人，1935年参加革命，红二团战士，失踪。

马俊英（1916—？） 延长县张家滩镇书贝村人，1935年参加革命，战士，失踪。

康古发（1914—？） 延长县安河镇康家山村人，1935年参加革命，游击队战士，失踪。

刘清财（1915—？） 延长县安河镇赵家崾村人，1935年参加革命，红一方面军战士，在保安县（今志丹县）失踪。

呼延岗（1916—？） 延长县安河镇呼家山村人，1936年参加革命，游击队战士，因作战在甘肃省境牺牲。

李德福（1909—？） 延长县安河镇呼家山村人，1935年参加革命，游击队战士，失踪。

肖佐瑞 生卒不详，延长县张家滩镇嘴头村人，1936年参加革命，支书，病故于本村。

刘福小 生卒不详，延长县张家滩镇下罗皮村人，红一方面军第二师第十团战士，失踪。

刘忠义 生卒不详，延长县张家滩镇下罗皮村人，独立营战士，失踪。

李福成 生卒不详，延长县张家滩镇郑家岭村人，独立营战士，失踪。

刘二奴 生卒不详，延长县张家滩镇汪家原村人，战士，失踪。

张　勇 延长县安河镇张家村人，红一方面军战士，因作战牺牲于山西省孝义县，时年33岁。

杨世忠 生卒不详，陕甘宁边区民政科科长，因作战在甘肃省庆阳县曲镇牺牲。

李丰弟 生卒不详，交口镇东沟村人，1935年参加革命，红二团战士，失踪。

袁有民 延长县安沟乡下平原村人，1935年参加革命，红十五团战士，失踪。

高海青 生卒不详，延长县安沟乡石畔村人，1936年参加革命，陕北红军第十九支队战士，失踪。

马振凡 生卒不详，延长县安沟乡林狐村人，红二十六军战士，因作战在绥德县牺牲。

兰海生 生卒不详，延长县安沟乡林狐村人，红二十六军战士，因作战牺牲于马林桥。

兰园生 卒不详，延长县安沟乡杨道原村人，红二十八军战士，因作战牺牲于定边县。

张　家 生卒不详，延长县安沟乡安沟村人，红二十八军战士，因作战牺牲于定边县。

王治虎 生卒不详，延长县安沟乡林狐村人，红二团战士，失踪。

刘富来 生卒不详，延长县刘家河乡下昌家原村，1935年参加革命，战士，失踪。

朱清明 生卒不详，延长县七里村镇金盆村人，战士，失踪。

宋德让 延长县七里村镇城关人，1935年参加革命，延长女子学校校长，病故于县城。时年24岁。

罗文成 生卒不详，延长县七里村镇城关人，工农红军西北先锋队战士，在延长县城被杀害。

张连娃 生卒不详，延长县七里村镇城关人，安定县第一支队队长，因作战在咸阳牺牲。

周天福 生卒不详，延长县七里村镇城关人，渭北游击队队长，被杀害。

张文高 生卒不详，延长县郑庄镇吴旗村人，红一方面军红三团战士，失踪。

高金堂 生卒不详，延长县郑庄镇吴旗村人，红十五军团战士，失踪。

贾福有 生卒不详，延长县黑家堡镇瓦村人，第十八支队战士，失踪。

刘生华　生卒不详，延长县黑家堡镇麻池河村人，八路军第一一五师战士，失踪。

董曲成　生卒不详，延长县黑家堡镇高花河村人，红十五军团战士，失踪。

二、抗日战争时期烈士

焦成仁（1917—1937）　延长县张家滩镇焦村人，1935年参加革命，八路军第一一五师第三营第三连副连长，1937年8月因作战在山西省架子山牺牲。

高生华（1910—1937）　延长县张家滩镇高家堡子村人，1937年参加革命，战士，1937年10月因作战在甘肃省山城堡牺牲。

阎文奎（1911—1937）　延长县安河镇阎家圪垯崂村人，1936年参加革命，八路军第一二九师连长，因作战在延长县郑庄镇沙滩坪牺牲。

李国泰（1919—1937）　延长县安河镇芙蓉村人，1935年参加革命，游击队战士，失踪。

白德才（1906—1937）　延长县安河镇马山村人，1936年参加革命，红一方面军排长，1937年因作战在卢沟桥牺牲。

刘光汉（1918—1937）　延长县交口镇谭石原村人，1937年参加革命，延长县游击队队员，因作战牺牲于延长县西村崾岭。

赵学文（1918—1937）　延长县安沟乡下平原村人，1937年参加革命，某部战士，因作战在山西省抚镇牺牲。

王存付（1908—1937）　延长县七里村镇韩家村人，1936年11月参加革命，八路军第一二〇师第三五九旅战士，因作战在山西省大宁县牺牲。

郭发福（1909—1937）　延长县刘家河铁其原村人，1934年参加革命，某部战士，因作战在延川县马家沟牺牲。

张希全（1912—1937）　延长县郭旗乡郭旗村人，1935年参加革命，初为红一方面军第七十八师战士，失踪。

高加有（1919—1937） 延长县郭旗乡徐旗村人，1935年参加革命，初为红十五军团第七十八师报务员，失踪。

张占民（1914—1937） 延长县郑庄镇沙滩坪村人，1936年参加革命，八路军第一一五师战士，在山西省五台县失踪。

白云才（1912—1937） 延长县黑家堡镇孙吉屯村人，1935年参加革命，八路军某部八连连长，失踪。

张登才（1911—1937） 延长县黑家堡镇张罗沟村人，1935年参加革命，初为红二十九军战士，因作战在定边县牺牲。

康从德（1912—1937） 延长县黑家堡镇彭家圪台村人，1936年参加革命，初为红一团第一营第二连战士，因作战在定边县牺牲。

石有成（1926—1938） 延长县张家滩镇书贝村人，1935年参加革命，八路军第一一五师教导二旅战士，因作战在山西省境牺牲。

肖定录（1914—1938） 延长县张家滩镇咀头村人，1936年参加革命，教导旅军民合作社主任，因作战在山西省境牺牲。

秦玉忠（1917—1938） 延长县张家滩镇兰干村人，1935年参加革命，八路军战士，因作战在山西省境牺牲。

高振荣（1909—1938） 延长县张家滩镇神西村人，1935年参加革命，八路军战士，在宝鸡牺牲。

刘生明（1912—1938） 延长县安河镇土莫村人，1936年参加革命，两延河防司令部战士，因作战在山西省马头关牺牲。

黑有智（1905—1938） 延长县安河镇觅太村人，1935年参加革命，游击队战士，因作战在靖边县宁条梁牺牲。

阎存相（1914—1938） 延长县罗子山乡西渠村人，1935年参加革命，延安保卫营战士，病故于延安。

冯万珍（1919—1938） 延长县罗子山乡鼻头村人，1936年参加革命，某部战士，1938年因作战在山西省境牺牲。

殷胜宽（1906—1938） 延长县交口镇驮步村人，1938年参加革命，县自卫军战士，因作战牺牲于延长县童儿湾。

附件三
革命烈士名录

白福章（1918—1938） 延长县交口镇南东原村人，1936年参加革命，某部战士，因作战牺牲于安徽省境。

张志敬（1909—1938） 延长县交口镇堡子村人，1935年参加革命，某部三团二连战士，因作战牺牲于靖边县张家畔。

王希明（1908—1938） 延长县交口镇下乃木村人，1936年参加革命，八路军某部副排长，因作战在山西省境牺牲。

李 征（1909—1938） 延长县七里村镇韩家村人，1938年参加革命，支前民工队排长，因公在延安飞机场牺牲。

付登亮（1912—1938） 延长县郭旗乡南河沟村人，1935年参加革命，初为红一方面军第十三团战士，因作战在山西省温家川牺牲。

黑申有（1903—1938） 延长县黑家堡镇黑家堡村人，1937年参加革命，延安保卫团战士，在西安市失踪。

高振蓬（1906—1939） 延长县张家滩镇神西村人，1935年参加革命，独立营战士，因作战在宜川县牺牲。

白秀山（？—1939） 延长县南河沟乡铁村人，1937年参加革命，八路军西安办事处警卫队通信员，病故于潼关。

黑星福（1917—1939） 延长县雷赤乡县西村人，1935年参加革命，警一团战士，因作战在定边县牺牲。

刘英来（1919—1939） 延长县交口镇东村人，1935年参加革命，八路军第一一五师六八七团一营四连副班长，因作战在山西省高平县西村牺牲。

殷具财（1922—1939） 延长县交口镇驮步村人，1938年参加革命，八路军第一二九师战士，因作战牺牲于靖边县宁条梁。

高占全（1888—1939） 延长县高家湾村人，1939年参加革命，担架队民工，在定边县花马池牺牲。

刘增高（1908—1939） 延长县交口镇李家坪村人，1935年参加革命，陕甘宁留守兵团警一旅三团二营五连班长，因作战牺牲于靖边县宁条梁。

刘世章（1918—1939） 延长县交口镇下乃木村人，1938年参加革命，保安县游击队战士，病故于延长县。

刘振金（1911—1939） 延长县七里村镇管村人，1935年参加革命，八路军某部副连长，因作战在山西省境牺牲。

拓官保（1923—1939） 延长县七里村镇拓家原村人，1935年参加革命，战士，因作战在山西省五台县牺牲。

拓保祥（1913—1939） 延长县七里村镇寨子沟村人，1935年参加革命，山西省临县第五区党委书记，在山西省临县失踪。

杨增瑞（1910—1940） 延长县安河镇杨家村人，1936年参加革命，警卫团战士，病故于富县槐树庄野战医院。

赵　珠（1921—1940） 延长县罗子山乡石佛村人，1938年参加革命，八路军第一一五师教导二旅战士，因作战在山西省境牺牲。

黑德胜（1912—1940） 延长县雷赤乡县西村人，1935年参加革命，八路军第一一五师排长，失踪于山西省境。

杨文东（1916—1940） 延长县雷赤乡东岭村人，1935年参加革命，警七团文书，病故于靖边县张家畔。

张世荣（1918—1941） 延长县张家滩镇郝才村人，1934年参加革命，八路军某部指导员，因作战在延安牺牲。

高生全（1919—1941） 延长县张家滩镇高家堡子村人，1937年参加革命，新四军第十四支队连长，因作战在河北省平山县牺牲。

马树丛（1915—1941） 延长县张家滩镇文中村人，1935年参加革命，延长县税务员，1941年7月因作战在延长县城牺牲。

郝毓文（1917—1941） 延长县张家滩镇郝家窑科村人，1938年参加革命，区政府主席，病故于本村。

赵俊滔（1921—1941） 延长县张家滩镇马家村人，1937年参加革命，警四团排长，因作战在山西省境牺牲。

呼建福（1914—1941） 延长县张家滩镇西岭村人，1939年参加革命，战士，因作战在富县牛武失踪。

白金成（1914—1941） 延长县安河镇白见村人，1936年参加革命，某部排长，因作战在山西省境牺牲。

张田录（1906—1941） 延长县交口镇青儿村人，1936年参加革命，某部战士，在青海省境因公牺牲。

冯清贺（1906—1941） 延长县交口镇北桌村人，1936年参加革命，八路军第一一五师战士，因作战在河北省平山县牺牲。

周成录（1910—1941） 延长县七里村镇韩家村人，1935年参加革命，延长县安河二区主任工会主席，因作战在延长县水门洞牺牲。

王占鳌（1912—1941） 延长县七里村镇真西河子沟村人，延长县四乡乡长，病故于本村。

刘帮杰（1909—1942） 延长县张家湾镇高家原村人，1935年7月参加革命，八路军第一一五师排长，1942年9月因作战在富县小园子沟牺牲。

赵三才（1912—1942） 延长县张家滩镇白虎村人，1940年参加革命，延长县警卫连战士，因作战在延长县牺牲。

冯毓清（1919—1942） 延长县南河沟乡郭家村人，1937年参加革命，八路军第三五九旅第八团班长，因作战在宜川县泥金滩牺牲。

宋德义（1918—1942） 延长县交镇阿多村人，1935年参加革命，太行军区四分区排长，因作战牺牲于白水县。

郝思温（1915—1942） 延长县交口镇冯家村人，1935年参加革命，某部文书，因作战牺牲于黄陵县。

赵思忠（1913—1942） 延长县安沟乡平原原村人，延长县巡视员，1942病故于本村。

李文义（1914—1942） 延长县七里村镇龙眼子河村人，1937年参加革命，警卫连战士，因作战在延安县牺牲。

李富生（1922—1942） 延长县七里村镇白家川村人，1935年参加革命，新四军第三师第八旅第二十三团通信员，因作战在苏北小城集牺牲。

李　秀（1915—1942）　延长县七里村镇白家川村人，1935年参加革命，新四军第三师第八旅第二十二团第三营第九连排长，因作战在江苏省境牺牲。

阎天祥（1918—1943）　延长县安河镇闫家圪崂村人，1935年参加革命，保安二团战士，因作战在靖边县青阳岔牺牲。

王金华（1907—1944）　延长县张家滩镇艾团村人，1935年参加革命，八路军第一二九师排长，因作战在山西省境牺牲。

王鸿张（1916—1944）　延长县张家滩镇岭于村人，1936年参加革命，乡主席，被杀害。

赵冲祥（1917—1944）　延长县罗子山乡石佛村人，1935年参加革命，某部战士，因作战在河北省境牺牲。

刘德贵（1905—1944）　延长县安沟乡武家原村人，安沟合作社主任，1944年病故于本村。

郭文亮（1906—1944）　延长县七里村镇郭家河村人，延长县县政府秘书，病故于延长县城。

段荣山（1920—1944）　延长县七里村镇城关人，1936年参加革命，警三旅第八团战士。因作战在靖边县张家畔牺牲。

冯自成（1908—1945）　延长县张家滩镇白虎村人，1936年参加革命，固临县保安队队长，病故。

王才东（1915—1945）　延长县罗子山乡埝坡村人，1935年参加革命，八路军某部八连连长，失踪。

李尚娃（1924—1945）　延长县南河沟乡铁村人，1941年参加革命，游击队战士，因作战在延安牺牲。

崔丑娃（1927—1945）　延长县雷赤乡桃家村人，1945年参加革命，延长游击队队员，因公牺牲。

刘文永（1912—1945）　延长县交口镇普儿村人，1935年参加革命，担架队民工，在山西省境病故。

刘尚贤（1917—1945）　延长县交口镇普儿村人，1939年参加革命，某部战士，因作战在靖边县宁条梁牺牲。

刘关义（1921—1945） 延长交口镇桑园子村人，1936年参加革命，陕甘宁留守兵团警一旅第八团班长，因作战牺牲于定边县。

李应支（1921—1945） 延长县交口镇李家坪村人，1935年参加革命，八路军第一二九师教导三旅第九团排长，因作战牺牲于靖边县宁条梁。

董芳春（1918—1945） 延长县七里村镇城关人，1935年参加革命，失踪。

孙万才（1917—1946） 延长县罗子山乡天尽头村人，1935年参加革命，某部战士，因作战在富县牺牲。

刘生华（1912—？） 延长县安河镇土莫村人，1936年参加革命，游击队战士，失踪。

陈忠华（1915—？） 延长县安河镇冯家圪村人，1936年参加革命，某部战士，因作战在甘肃省曲子镇牺牲。

赵金山（1922—？） 延长县雷赤乡门山村人，1940年参加革命，警四团战士，失踪。

薛树才（1925—？） 延长县雷赤乡雷多村人，1940年参加革命，警五团战士，失踪。

白俊德（1920—？） 延长县雷赤乡花吧嘴村人，1940年参加革命，警五团战士，失踪。

石玉功（1920—？） 延长县交口镇郝家沟人，某部战士，失踪。

丁生海（1928—？） 延长县交口镇交口村人，1941年参加革命，八路军第一二〇师第三五八旅第七团战士，失踪。

梁福元（1924—？） 延长县七里村镇杨旗村人，1937年参加革命，某部战士，失踪。

赵俊德（1906—？） 延长县七里村镇赵家原村人，1938年参加革命，某部战士，失踪。

薛继明 延长县张家滩镇张家滩村人，八路军某部战士，因作战牺牲于甘肃省山城堡，时年19岁。

郝帮华 生卒不详，延长县张家滩镇母生村人，1941年参加革命，战士，失踪。

焦生彦 生卒不详，延长县张家滩镇焦村人，游击队指导员。病故于本村。

杜生福 生卒不详，延长县张家滩镇朱家湾村人，红一方面军战士，因作战在山西省境牺牲。

杨随文 生卒不详，延长县张家滩镇杨家岭村人，战士，失踪。

高永亮 生卒不详，延长县张家滩镇从座村人，县保安队战士，病故于县城。

谢生才 生卒不详，延长县张家滩镇社科村人，八路军第一一五师骑兵营连长，失踪。

黑有才 生卒不详，延长县安河镇觅太村人，某部战士，因作战牺牲于山西省兑九峪镇。

卫尚文 生卒不详，延长县安河镇莫见村人，独立团战士，因作战牺牲于靖边县宁条梁。

杨志双 生卒不详，延长县安河镇杨家村人，留守兵团战士，病故于富县槐树庄野战医院。

高玉贵 生卒不详，延长县安河镇前园子村人，八路军一二〇师某部连长，因作战牺牲于山西省境。

赵尊士 生卒不详，延长县罗子山乡阿湾村人，某部战士，因作战牺牲于山西省五台县。

王鸿善 生卒不详，延长县罗子山乡西渠村人，八路军第一二九师副营长，因作战在河南省林县牺牲。

爨生富 生卒不详，延长县罗子山乡抓儿村人，某部战士，因作战牺牲于河北省境。

冯三娃 生卒不详，延长县南河沟乡下坡村人，1941年参加革命，警四团战士，失踪。

冯振华 生卒不详，延长县南河沟乡郭家村人，固临警卫队战士，病故于赵家圪塔村。

★ 附件三
革命烈士名录

白善堂 生卒不详，延长县南河沟乡南庄村人，警四团第二营战士，失踪。

崔保泰 生卒不详，延长县南河沟乡东至村人，某部战士，因作战牺牲于延川县马家沟。

刘占奎 生卒不详，延长县雷赤乡喜家山村人，某部战士，病故于定边县城。

房根德 生卒不详，延长县交口镇家原村人，战士，病故于延川县董家湾。

刘德功 生卒不详，延长县交口镇寺河沟人，八路军某部二团战士，失踪。

房考生 生卒不详，延长县交口镇房家原村人，支前民工，病故于延川县太相寺。

张志先 生卒不详，延长县交口镇南坡村人，红宜县保卫局局长，病故于本村。

李万珍 生卒不详，延长县安沟乡东桌村人，郭旗区妇女部部长，病故于延长县城。

刘保英 延长县安沟乡刘家村人，1936年参加革命，陕甘宁留守兵团警五团排长，因战牺牲于靖边县宁条梁，时年24岁。

高文武 延长县安沟乡高家川村人，1935年参加革命，保安司令部战士，病故于延安。时年16岁。

朱小环 生卒不详，延长县安沟乡红火渠村人，1935年参加革命，八路军第一一五师战士，失踪。

贺德胜 生卒不详，延长县安沟乡杨道原村人，1936年参加革命，八路军第一一五师战士，失踪。

兰俊杰 延长县安沟乡三屹台村人，八路军第三五九旅第二团连长，因作战在湖南省境牺牲，时年21岁。

李靖华 生卒不详，延长县安沟乡谢家村人，教导第一旅第三团连长，因作战在旬邑县马栏牺牲。

雷小卧 延长县安沟乡马家村人，某部二团战士，因作战在延川县牺牲。时年22岁。

高　斌　延长县安沟乡高家川人,延安警卫队战士,病故于延安大砭沟,时年18岁。

康武胜　生卒不详,延长县七里村镇杨旗村人,陕甘宁留守兵团警五团战士,因作战在定边县牺牲。

拓明升　生卒不详,延长县七里村镇拓家原村人,延安保安科战士,因作战在山西省境牺牲。

苏文选　生卒不详,延长县七里村镇人,本县四乡指导员,病故于本村。

刘连贤　生卒不详,延长县七里村镇刘家原村人,八路军某部六团排长,因作战在洛川县牺牲。

武强儿　生卒不详,延长县七里村镇武家原村人,修延安机场民工,在延安东关牺牲。

王来印　生卒不详,延长县七里村镇王怀子沟村人,陕甘宁边区政府战士,因作战在延安东关牺牲。

武立柱　生卒不详,延长县七里村镇天心掌村人,陕甘宁边区政府干部,因作战在延安东关牺牲。

李宽星　生卒不详,延长县七里村镇城关人,保卫队战士,失踪。

刘丕显　生卒不详,延长县七里村镇城关人,警五团战士。病故于甘肃省境。

李保帮　生卒不详,延长县七里村镇城关人,延长县委宣传部部长。因作战牺牲于安塞县。

呼青山　生卒不详,延长县七里村镇城关人,赤卫队队长,因作战牺牲。

周德山　生卒不详,延长县七里村镇城关人,党员,失踪。

刘生荣　生卒不详,延长县七里村镇城关人,党员,失踪。

李海瑞　生卒不详,延长县七里村镇城关人,宣传员,失踪。

张小亮　生卒不详,延长县七里村镇城关人,宣传员,失踪。

苏士杰　生卒不详,延长县七里村镇城关人,陕北特委负责人,因作战牺牲于新疆区境。

段福才 生卒不详,延长县刘家河乡党家沟村人,1935 年参加革命,战士,因作战在河北省张家口市牺牲。

马万昌 延长县刘家河乡高万家河村人,骑兵队战士,因作战在榆林市乡水石窑滩牺牲,时年 24 岁。

寇生才 生卒不详,延长县郑庄镇屈台村人,初为红一师第四团战士,因作战在保安县牺牲。

刘才元 生卒不详,延长县郑庄镇郑庄村人,蟠龙保卫营班长,因作战在蟠龙牺牲。

高福地 生卒不详,延长县郑庄镇沙滩坪村人,初为红二十七军战士,失踪。

霍二小 生卒不详,延长县郑庄镇沙滩坪村人,警四团战士,失踪。

黑润福 生卒不详,延长县黑家堡镇黑家堡村人,七里村纺纱厂工人,在县城北洞渠牺牲。

姬林堂 生卒不详,延长县黑家堡镇沙家沟村人,八路军第一一五师战士,因作战在山西省平陆县牺牲。

刘海德 生卒不详,延长县黑家堡镇前马家沟村人,初为红十五军团指导员,因作战在江苏省境牺牲。

刘丙娃 生卒不详,延长县黑家堡镇麻池河村人,补充师战士,因作战在甘肃省境牺牲。

三、解放战争时期烈士

张清瑞(1924—1945) 延长县张家滩镇西庄村人,1945 年参加革命,某部战士,病故于延长县张家滩镇西庄村。

阎 英(1922—1945) 延长县安河镇阎刘家村人,1937 年参加革命,军医,因作战在河南省舞阳县牺牲。

尚祥娃(1912—1945) 延长县安河镇尚家村人,1937 年参加革命，警四团第二营五连二排排长，因作战在河南省洛阳马玉川牺牲。

高玉占（1926—1945）　延长县郭旗乡王仓村人，1938年参加革命，西北野战军教导旅战士，失踪。

卫　锁（1921—1946）　延长县张家滩镇蝎子庙村人，1935年参加革命，战士，因作战在山西省中阳县牺牲。

王占标（1912—1946）　延长县安河镇古道村人，1936年参加革命，延长县游击队队员，因作战在宜川县阁楼牺牲。

李立勋（1925—1946）　延长县罗子山乡益枝村人，1946年参加革命，固临县第三支队战士，因作战在宜川县牺牲。

李生武（1910—1946）　延长县罗子山乡鼻头村人，1934年参加革命，初为八路军第一二九师排长，因作战在河北省境牺牲。

刘俊彦（1919—1946）　延长县罗子山乡下湾村人，1936年参加革命，警三旅第七团排长，因作战在关中十里原牺牲。

白虎山（1917—1946）　延长县南河沟乡下张多村人，1935年参加革命，西北野战军警三旅第八团一营代理排长，因作战在定边县牺牲。

袁炳玺（1916—1946）　延长县雷赤乡门山村人，1935年参加革命，初为八路军第一二九师排长，因作战在甘泉县劳山牺牲。

古有祥（1907—1946）　延长县雷赤乡小雪村人，1935年参加革命，二区四乡主任，因公在宜川县牺牲。

刘步英（1924—1946）　延长县雷赤乡大雅村人，1939年参加革命，警三旅第五团通信员，因作战在靖边县宁条梁牺牲。

郝文光（1920—1946）　延长县交口镇阿多村人，1935年参加革命，延安西河口制药厂战士，病故于延安刘万家沟医院。

郝玉瑞（1926—1947）　延长县张家滩镇郝家窑科村人，1945年参加革命，西北野战军第六纵队战士，因作战在山西省吉县牺牲。

王　英（1922—1947）　延长县张家滩镇枣林子村人，1935年参加革命，西北野战军某部侦察班班长，因作战在宝鸡牺牲。

石大元（1908—1947）　延长县张家滩镇前河村人，支前担架队民工，因作战在甘谷驿牺牲。

刘振安（1923—1947）　延长县张家滩镇老沟湾村人，1945年参加革命，西北野战军教导旅战士，因作战在宜川县孙家坡牺牲。

张文瑞（1927—1947）　延长县安河镇上土莫村人，1946年参加革命，某部班长，因作战牺牲于宜川县。

孟世荣（1928—1947）　延长县安河镇孟家村人，1947年参加革命，支前民工，因作战在延安金盆湾牺牲。

白居信（1927—1947）　延长县罗子山乡桃枝村人，1946年参加革命，固临县第三支队战士，因作战在延长县南河沟乡郭家崾岭牺牲。

贺居俊（1925—1947）　延长县罗子山乡木斗村人，1945年参加革命，延长独立大队队员，因作战在韩城县牺牲。

王安良（1925—1947）　延长县罗子山乡埝坡村人，1943年参加革命，西北野战军第二纵队独四旅第十二团二营六连战士，因作战在宜川县牺牲。

李志明（1918—1947）　延长县罗子山乡呼延村人，1935年参加革命，初为延长县独立营连长，因作战在商洛牺牲。

孙世昌（1920—1947）　延长县罗子山乡白家庄村人，1940年参加革命，初为延长县独立营战士，因作战在延川县禹居牺牲。

冯九成（1923—1947）　延长县罗子山乡鲁儿村人，1941年参加革命，保安九团三营文书，因作战在靖边县宁条梁牺牲。

冯学堂（1920—1947）　延长县罗子山乡下鲁儿村人，1936年参加革命，山东某部特务营副营长，在山东省境失踪。

王振前（1897—1947）　延长县南河沟乡凉水岸村人，1934年参加革命，延长县武工队战士，因作战在延长县雷赤白草峁牺牲。

古世学（1917—1947）　延长县南河沟乡寺儿村人，1940年参加革命，西北野战军第三五九旅战士，因作战在山西省境牺牲。

白胜占（1918—1947）　延长县南河沟乡下岭村人，1935年参加革命，固临县保安科警卫队班长，因作战在宜川县阁楼村牺牲。

白福堂（1930—1947） 延长县南河沟乡南庄村人，1947年参加革命，某部战士，病故于延长县。

杨天奇（1922—1947） 延长县南河沟乡杨家窑科村人，1940年参加革命，固临县安泰区区长，病故于山西省罗叉医院。

张举善（1905—1947） 延长县雷赤乡可丰村人，1935年参加革命，支前担架队队员，因作战在延川县永坪牺牲。

冯有成（1910—1947） 延长县雷赤乡侧里村人，1937年参加革命，西北野战军第四纵队战士，病故于延安临镇。

刘玉录（1923—1947） 延长县交口镇东村人，1947年参加革命，西北野战军第二纵队独四旅第十二团团部会计，因作战在白水县牺牲。

刘五英（1924—1947） 延长县交口镇普儿村人，1939年参加革命，某部战士，失踪。

延永宽（1923—1947） 延长县交口镇马家河村人，1938年参加革命，延属分区司令部卫生部护士班长，因作战在子长县侯家坪牺牲。

武风才（1922—1947） 延长县交口镇前乃木河村人，1939年参加革命，西北野战军第三纵队独二旅第四团战士，在靖边县青阳岔史家杨台村病故。

赵学习（1918—1947） 延长县安沟乡下平原村人，1935年参加革命，战士，因作战在洛川县牺牲。

陈清郎（1923—1947） 延长县安沟乡王良沟村人，1946年参加革命，陕北垦区游击队战士，因作战在延安松树林牺牲。

申候小（1932—1947） 延长县安沟乡于家沟村人，1947年参加革命，某部战士，失踪。

鲁小有（1930—1947） 延长县安沟乡董家畔村人，1947年参加革命，西北野战军教导旅班长，因作战牺牲于韩城县芝川镇。

张文才（1922—1947） 延长县安沟乡林坬村人，1946年参加革命，西北野战军第六纵队新四旅战士，1947年失踪。

孙连保（1891—1947） 延长县刘家河乡孙家塔村人，1947年参加革命，支前担架队队员，因作战在延川县牺牲。

李连清（1909—1947） 延长县七里村镇刘古原村人，1935年参加革命，延长油矿主任，1947年因作战在延长县苏家河牺牲。

李长有（1926—1947） 延长县郭旗乡郭旗村人，1947年参加革命，区政府通信员，在延川县老朱河被杀害。

马毛虎（1921—1947） 延长县郭旗乡石家河村人，1947年参加革命，游击队队员，因作战在延长县石马科牺牲。

王汉德（1920—1947） 延长县郭旗乡王仓村人，1944年参加革命，西北野战军教导旅战士，因作战在延长县牺牲。

贺延山（1930—1947） 延长县郭旗乡郭旗沟村人，1947年参加革命，西北野战军第四纵队独二旅第四团战士，因作战在山西省太原市牺牲。

冯青山（1927—1948） 延长县张家滩镇上余佛村人，1946年参加革命，西北野战军骑兵第六师第一团第三营战士，因作战在富平县牺牲。

张明胜（1928—1948） 延长县张家滩镇郝才村人，1944年参加革命，独立营战士，因作战在洛川县牺牲。

张　财（1915—1948） 延长县张家滩镇西庄村人，1937年参加革命，西北野战军某部战士，因作战在宜川县牺牲。

宋于富（1921—1948） 延长县张家滩镇宋家山村人，1947年参加革命，延长游击队队员，因作战在延长县赵家河牺牲。

王　玉（1920—1948） 延长县张家滩镇芝王川村人，1943年参加革命，某部战士，病故于宜君县。

王志仁（1923—1948） 延长县张家滩镇前王家河村人，1947年参加革命，延长县游击队战士，因作战牺牲。

刘生贵（1921—1948） 延长县安河镇上土莫村人，1937年参加革命，保安第二团一营一连战士，在志丹县杨庆川被杀害。

刘增德（1919—1948） 延长县安河镇杨家村人，1936年参加革命，西北野战军警三旅第七团连长，因作战在甘肃省境牺牲。

毋廷岐（1918—1948） 延长县安河镇喜家山村人，1938年参加革命，延安警卫队战士，在延安桥儿沟西北后勤医院病故。

卫福成（1928—1948） 延长县安河镇上畔村人，1945年参加革命，某部战士，在山西省吉县病故。

霽光亮（1922—1948） 延长县安河镇下原村人，1938年参加革命，西北野战军第四纵队侦察排长，因作战在宜君县牺牲。

杨陈得（1930—1948） 延长县安河镇觅太村人，1944年参加革命，西北通讯学校学员，失踪。

杨光福（1922—1948） 延长县安河镇觅太村人，1946年参加革命，延河纵队黄龙支队班长，因作战在宜川县云岩镇益善村牺牲。

张俊福（1917—1948） 延长县安河镇石邱村人，1940年参加革命，西北野战军第四纵队骑兵第六师排长，因作战在富平县苟苗村牺牲。

李金山（1921—1948） 延长县安河镇克苏村人，1939年参加革命，黄龙支队第二排排长，因作战在宜川县益善村牺牲。

赵可意（1924—1948） 延长县罗子山乡利壁村人，1944年参加革命，西北野战军第四纵队战士，因作战在富平县苟苗村牺牲。

赵彦帮（1931—1948） 延长县罗子山乡利壁村人，1947年8月参加革命，延安分区独立营战士。病故于本村。

赵成基（1924—1948） 延长县罗子山乡石佛村人，1947年参加革命，阎家滩农场战士，因公在延长县阎家滩牺牲。

孙明堂（1923—1948） 延长县南河沟乡西岭村人，1947年参加革命，某部战士，因作战在宜川县牺牲。

白成义（1905—1948） 延长县南河沟乡南庄村人，1942年参加革命，延长游击队战士，因作战在宜川县牺牲。

白怀仁（1901—1948） 延长县南河沟乡瑟琴村人，1943年参加革命，西北野战军警四旅第十二团特务连炊事班战士，病故于白城桥医院。

崔步清（1920—1948）　延长县雷赤乡尚洛村人，1935年参加革命，第八纵队独四旅七十二团三营教导员，因作战在山西省运城牺牲。

刘根据（1931—1948）　延长县交口镇普儿村人，1946年参加革命，西北野战军第六纵队新四旅战士，在西府战役中牺牲。

王志文（1917—1948）　延长县交口镇下山村人，1935年参加革命，延长县独立营保卫队队长，因作战在延长县交口镇乃木山牺牲。

刘生静（1924—1948）　延长县交口镇刘管村原村人，1947年参加革命，某部战士，因作战在宝鸡牺牲。

马良财（1923—1948）　延长县交口镇李家坪村人，1947年参加革命，西北野战军警四旅第十一团第三营通信班班长，因作战在甘肃省兰州牺牲。

王卫成（1928—1948）　延长县交口镇驮岔村人，1947年参加革命，西北野战军独四旅第十二团战士，因作战在白水县牺牲。

马纯山（1930—1948）　延长县交口镇乃木河村人，1948年参加革命，西北野战军第二纵队第二旅战士，因作战在澄城县梁周村牺牲。

张炳顺（1920—1948）　延长县交口镇大道河村人，1947年参加革命，某部战士，因作战在宜川县牺牲。

李树忠（1922—1948）　延长县安沟乡东南村人，1946年参加革命，西北野战军某部战士，因作战在宝鸡牺牲。

罗怀清（1919—1948）　延长县安沟乡东卓村人，1947年参加革命，西北野战军第六师战士，因作战在旬邑县牺牲。

谭生选（1909—1948）　延长县安沟乡阿青村人，1935年参加革命，西北野战军第六纵队新四旅营长，因作战在宝鸡牺牲。

魏志成（1921—1948）　延长县安沟乡瓦石头村人，1947年参加革命，西北野战军某部战士，因作战在宜川县牺牲。

兰海清（1926—1948）　延长县安沟乡三圪台村人，1946年参加革命，西北野战军第六纵队新四旅战士，因作战在大荔县牺牲。

高风亮（1929—1948）　延长县安沟乡姚家原村人，1948年参加革命，西北野战军第六纵队战士，因作战在淳化县牺牲。

杨树芝（1928—1948）　延长县刘家河乡高家河村人，1947年参加革命，西北野战军第四纵队骑六师战士，因作战在富平县牺牲。

孙懒小（1924—1948）　延长县刘家河乡西苏家河村人，1945年参加革命，某部战士，失踪。

段金元（1925—1948）　延长县刘家河乡后段家河村人，1946年参加革命，西北野战军第六纵队新四旅战士，病故于延长。

郝树生（1913—1948）　延长县刘家河乡郝家塔村人，1936年参加革命，初为西北野战军教导旅连长，因作战在甘肃省宁县牺牲。

郝凤祥（1913—1948）　延长县刘家河乡郝家塔村人，1935年参加革命，西北野战军第六纵队新四旅第十六团战士，因作战在白水县牺牲。

李　斌（1930—1948）　延长县刘家河乡下吕家原村人，1947年参加革命，西北野战军第四纵队骑六师战士，失踪。

高增旺（1899—1948）　延长县刘家河乡李家圪崂村人，1943年参加革命，初为陕甘宁晋绥联防军司令部战士，因作战在富平县牺牲。

刘新民（1920—1948）　延长县刘家河乡铁其原村人，1947年参加革命，初为陕甘宁晋绥联防军司令部战士，因作战在安塞县牺牲。

赵忠成（1924—1948）　延长县七里村镇石佛原村人，1947年参加革命，西北野战军第六纵队新四旅机枪连班长，因作战在富平县牺牲。

冯三杰（1917—1948）　延长县七里村镇老人仓村人，1935年参加革命，某部战士，因作战在山西省河津县牺牲。

李建荣（1911—1948）　延长县七里村镇李家圪台村人，1935年参加革命，西北野战军警三旅第七团第三营第七连第一排排长，因作战在瓦子街牺牲。

李树德（1927—1948） 延长县七里村镇李家沟村人，1947年参加革命，西北野战军第六纵队新四旅战士，因作战在澄城县牺牲。

张提子（1931—1948） 延长县七里村镇雷家村人，1946年参加革命，宜川县统战部工作人员，因作战在宜川县牺牲。

吴玉洁（1920—1948） 延长县七里村镇崖头村人，1947年参加革命，某部战士，因战在靖边县宁条梁牺牲。

董生忠（1925—1948） 延长县七里村镇赵家原村人，1947年参加革命，西北野战军第四纵队骑六师第三营机枪班班长，因作战在富平县牺牲。

刘　俊（1916—1948） 延长县七里村镇佛古原村人，1936年参加革命，西北野战军第四纵队骑六师副排长，因作战在西安市牺牲。

刘　华（1931—1948） 延长县七里村镇佛古原村人，1947年参加革命，新四旅新兵连连长，1948年因作战在白水县牺牲。

常再保（1920—1948） 延长县七里村镇关子口村人，1938年参加革命，西北野战军某部司务长，因作战在黄龙县瓦子街牺牲。

薛　茂（1914—1948） 延长县七里村镇薛家芽原村人，三乡乡长，病故于乡政府。

冯宝堂（1920—1948） 延长县七里村镇呼家川村人，西北野战军第四纵队骑六师班长，病故于本村。

王维华（1930—1948） 延长县七里村镇天心掌村人，1948年参加革命，西北野战军教导旅战士，病故于延长县城。

刘海旺（1930—1948） 延长县郭旗乡南沟村人，1948年参加革命，西北野战军第三纵队独二旅第六团第三营第四连战士，因作战在合阳县窑井坡牺牲。

李二虎（1916—1948） 延长县郭旗乡王仓村人，1935年参加革命，西北野战军教导旅战士，失踪。

白文华（1923—1948） 延长县黑家堡镇孙吉屯村人，1947年参加革命，西北野战军第四纵队骑六师班长，因作战在富平县牺牲。

康来喜（1916—1948） 延长县黑家堡镇康家坪村人，1935年参加革命，西北野战军某部副班长，因作战在瓦子街牺牲。

张荣发（1930—1948） 延长县黑家堡镇岭头原村人，1949年参加革命，西北野战军第四纵队战士，因作战在延安临镇牺牲。

李存福（1922—1948） 延长县黑家堡镇李家湾村人，1937年参加革命，西北野战军某部文书，在吴起县被杀害。

王德有（1927—1948） 延长县黑家堡镇白家角村人，支前民工，因作战在瓦子街牺牲。

罗张管（1931—1948） 延长县黑家堡镇杨家湾村人，1948年参加革命，西北野战军第三纵队独二旅第五团三连战士，在澄城县李家堡失踪。

姬玉发（1926—1948） 延长县黑家堡镇沙家沟村人，1947年参加革命，西北野战军第四纵队骑六师战士，1948年因作战在富平县牺牲。

张仲杰（1932—1948） 延长县黑家堡镇前张罗沟村人，1948年参加革命，西北野战军第六纵队新四旅战士，病故于本村。

常德财（1916—1948） 延长县郑庄镇郑庄村人，党员，1935年5月参加革命，延长县游击队第八支队班长，因作战在榆林失踪。

杨战厚（1930—1948） 延长县郑庄镇黎家河村人，1947年8月参加革命，新四旅战士，因作战在延长县渠口牺牲。

李志清（1933—1949） 延长县张家滩镇朱家湾村人，1949年参加革命，第一野战军第四军第四旅班长，因作战在甘肃省兰州市牺牲。

张彦锋（1924—1949） 延长县张家滩镇于家塬子村人，1947年参加革命，第一野战军第十一师第三十二团战士，因作战在宝鸡岐山县牺牲。

卫增柱（1932—1949）　延长县张家滩镇于家村人，1946年参加革命，第一野战军某部班长，因作战在富平县牺牲。

白根虎（1934—1949）　延长县安河镇佛光村人，1947年参加革命，西北野战军第四军警卫员，在宝鸡失踪。

李生春（1921—1949）　延长县安河觅镇太村人，1935年参加革命，第一野战军第四军指导员，因作战在耀县牺牲。

王花眼（1923—1949）　延长县安河镇王满村人，1938年参加革命，第一野战军某部战士，因作战在靖边县宁条梁牺牲。

白战刚（1933—1949）　延长县南河沟乡张多村人，1948年参加革命，某部后勤司令部通信员，在宝鸡病故。

樊森林（1922—1949）　延长县南河沟乡岭头村人，1939年参加革命，延安临镇警卫队排长，病故于临镇。

呼延仁（1892—1949）　延长县南河沟乡呼家村人，支前民工，因作战在延长县寺儿村牺牲。

李根虎（1929—1949）　延长县交口镇李家坪村人，1946年参加革命，西北野战军第六纵队新四旅战士，因作战在富平县牺牲。

郝思清（1922—1949）　延长县交口镇石河村人，1947年参加革命，西北野战军新四旅第三团战士，因作战在蒲城县牺牲。

薛宝年（1922—1949）　延长县交口镇上乃木村人，1936年参加革命，第一野战军战士，病故于山西省汾阳香东镇医院。

张万礼（1925—1949）　延长县七里村镇雷家村人，1947年参加革命，第一野战军第十二师第四旅第三十六团二营六连战士，因作战在潼关县董家河牺牲。

杨文生（1930—1949）　延长县七里村镇罗家河村人，1948年参加革命，西北野战军第六纵队新四旅战士，因作战在大荔县五家坡牺牲。

亢世明（1930—1949）　延长县郭旗乡郭旗村人，1947年参加革命，西北野战军战士，因作战在甘肃省兰州市牺牲。

姬来发（1916—1949）　延长县郭旗乡湫沟村人，1938年参加革命，西北野战军某部排长，因作战在甘肃省兰州市牺牲。

张　杰（1922—1949）　延长县黑家堡镇张家原村人，1947年参加革命，西北野战军第十一师排长，因作战在甘肃省兰州市牺牲。

刘荣珍（1926—1949）　延长县黑家堡镇麻池河村人，1946年参加革命，西北野战军第四军战士，因作战在甘肃省兰州市牺牲。

高二命（1929-1949）　延长县郑庄镇李台村人，1946年3月参加革命，西北野战军某部卫生员，因作战在甘肃省华亭县牺牲。

张小才（1933—?）　延长县张家滩镇郝才村人，1947年参加革命，西北野战军第三纵队独二旅第五团机炮连战士，因作战牺牲。

张　黑（1912—?）　延长县张家滩镇西庄村人，1937年参加革命，西北野战军某部战士，失踪。

白友德（1920—?）　延长县张家滩镇白家河村人，1947年参加革命，某部战士，失踪。

张买地（1920—?）　延长县张家滩镇薛家河村人，1947年参加革命，某部战士，失踪。

康富元（1927—?）　延长县安河镇康家村人，1947年参加革命，西北野战军第三五九旅战士，失踪。

赵文善（1922—?）　延长县罗子山乡阿湾村人，1946年参加革命，某部战士，失踪。

高嵩山　生卒不详，延长县张家滩镇桥头村人，战士，失踪。

刘思华　生卒不详，延长县张家滩镇艾团村人，西北野战军新四旅机枪连战士，因作战在洛川县刘家沟牺牲。

张买小　生卒不详，延长县张家滩镇下驿村人，某部队战士，病故于延安。

李春选　生卒不详，延长县张家滩镇刘家岭村人，西北野战军警五团战士，宝鸡参战时失踪。

李学得　生卒不详，延长县张家滩镇李家河村人，延安市总务科干部，病故于延安。

杨增贵　生卒不详，延长县安河镇杨家村人，警卫团战士，病故于富县。

卫三铨 生卒不详，延长县安河镇上畔村人，延长县张家滩区委书记，因作战在山西省黄土镇牺牲。

赵有奇 生卒不详，延长县安河镇下庄村人，固临县第三支队第一排副排长，被杀害于宜川县阁楼村。

赵尊有 生卒不详，延长县罗子山乡阿湾村人，某部战士，因作战牺牲于庆阳。

刘君福 生卒不详，延长县罗子山乡堡石村人，西北野战军第十二师二营五连副班长，因作战在富平县美原镇牺牲。

王殿佑 生卒不详，延长县罗子山乡下西渠村人，宜川县第一游击支队队员，因作战在宜川县山鸡坪牺牲。

孙世华 生卒不详，延长县罗子山乡天尽头村人，西北野战军独立四旅第十二团二营四连战士，因作战在宜川县牺牲。

贾金钟 生卒不详，延长县雷赤乡贾崾崄村人，警三旅第五团战士，因作战牺牲于靖边县宁条梁。

薛鸿升 生卒不详，延长县雷赤乡庙良村人，固临县安泰区副区长，病故于本村。

薛万林 延长县雷赤乡桃村人，西北野战军第四纵队第十二团战士，因战牺牲于宜川县，时年24岁。

李和信 生卒不详，延长县交口镇驮步村人，新四旅班长，因作战牺牲于甘肃省童子镇。

李炳信 生卒不详，延长县交口镇驮步村人，西北野战军第二纵队独四旅第十二团一营一连班长，因作战牺牲于延安南泥湾。

张清会 生卒不详，延长县交口镇南坡村人，西北野战军第六纵队新四旅独立营战士，因作战牺牲于甘肃省境。

李清华 生卒不详，延长县安沟乡谢家村人，1936年参加革命，某部一旅三团连长，因作战在旬邑县马栏牺牲。

谷梅贵 生卒不详，延长县安沟乡小中山村人，电话局电话员，失踪。

武振祥 生卒不详,延长县安沟乡踅梁村人,二区五乡乡长,病故于乡政府。

王治胜 生卒不详,延长县刘家河乡高掌平村人,1934年参加革命,西北野战军第六纵队新四旅战士,失踪。

徐艮柱 生卒不详,延长县郑庄镇沙滩坪村人,三五九旅骑兵连连长,因作战牺牲于山西省孝义县。

王仲义 生卒不详,延长县郑庄镇碌碡原村人,第一野战军战士,因作战牺牲于宝鸡。

刘仲魁 生卒不详,延长县郑庄镇赵庄村人,第一野战军供给处战士,因作战牺牲于山西省境。

董明生 卒不详,延长县七里村镇城关人,延安公安队班长,病故于山西省石峪县。

常德倡 生卒不详,延长县七里村镇城关人,第一野战军四军班长,因作战牺牲于新疆区境。

董芳兴 生卒不详,延长县七里村镇城关人,警备八团排长,因作战牺牲于定边县。

白得荣 生卒不详,延长县七里村镇城关人,第六纵队十七旅五十团指导员,因作战牺牲于晋鲁豫战役中。

郭林兄 生卒不详,延长县七里村镇城关人,曾任十八集团军前方总部特务团班长,因作战牺牲。

高述荣 生卒不详,延长县七里村镇城关人,警一旅三团战士,因作战牺牲于旬邑县。

郑清艮 生卒不详,延长县七里村镇城关人,某部战士,因作战牺牲。

四、中华人民共和国成立后

(一)抗美援朝战争烈士

王维宇(1927—1950) 延长县七里村镇天心掌村人,1947年参加革命，志愿军某部战士。因作战在朝鲜战场上牺牲。

杨文祥（1928—1950）　延长县七里村镇杨家原村人，1947年参加革命，志愿军某部战士，因作战在朝鲜战场上牺牲。

李得顺（1929—1950）　延长县人，1947年参加革命，志愿军某部战士，因作战在朝鲜战场上牺牲。

杨新贵（1931—1952）　延长县刘家河乡高家河村人，1947年参加革命，战士，因作战在朝鲜战场上牺牲。

刘旭林（1923—1952）　延长县黑家堡镇马池河村人，1947年参加革命，二八七部队第一大队三支队副排长，因作战在朝鲜战场上失踪。

黑英山（1931—1953）　延长县安河镇普子村人，1947年参加革命，志愿军第三军第七师第二十一团第二营第四连战士，因作战在朝鲜战场上牺牲。

杨杰生（1932—1953）　延长县张家滩镇杨家村人，1948年参加革命，第一军炮兵第一营第二连班长，因作战在朝鲜战场上牺牲。

杨兴桂　延长县安河镇窑子坝村人，志愿军第十二军第三十五师第一〇四团战士，因作战在朝鲜战场上牺牲。时年21岁。

（二）中印边境战争烈士

白启让（1940—1962）　延长县交口镇新窑科村人，1959年参加革命，陆军十一师第三十三团第三营第九连班长，因作战在中印边境牺牲。

兰生栋（1939—1962）　延长县安沟乡岔口村人，1957年参加革命，西北军区司令部政治队排长，因作战在中印边境牺牲。

刘俊岐（1938—1962）　七里村镇城关人，1959年参加革命，中国人民解放军步兵下士副班长，因作战在中印边境牺牲。

（三）对越自卫反击战烈士

马文平（1968—1987）　延长县郭旗乡石家河村人。1985年10月入伍，中国人民解放军步兵师第四十师第一团第七连战士。1987年3月24日对越自卫反击战中壮烈牺牲，时年19岁。牺牲后被部队追记一等功,并追认为中国共产党正式党员。

郭文东(1967—1986) 延长县刘家河乡郭家塬村人。1986年1月入伍,中国人民解放军步兵师第四十师第二团第二营第五连战士。1986年10月14日,在对越自卫反击战攻击前沿阵地据点某高地战斗中壮烈牺牲,时年19岁。牺牲后被团党委追记二等功,并追认为中国共产党正式党员。

(四)其他烈士

呼如秀(1926—1950) 延长县罗子山乡下鲁儿村人,1946年参加革命,夏河县二科科长,病故于甘肃省夏河县。

郝思仁(1927—1950) 延长县交口镇石河村人,1943年参加革命,延安造纸厂战士,病故于延安。

李志俊(1924—1950) 延长县安沟乡马家村人,1940年参加革命,战士,病故于本村。

刘手班(1933—1950) 延长县七里村镇向阳村人,1947年参加革命,战士,1950年病故于西安陆军医院。

王锦云(1915—1950) 延长县黑家堡镇李布袋村人,1935年参加革命,绥远省安北县副县长,因作战在安北县德会山牺牲。

王宝金(1930—1951) 延长县罗子山乡利壁村人,1944年参加革命,工兵司令部马夫,因公在四川省简阳县牺牲。

刘文儒(1918—1951) 延长县罗子一乡上官村人,1944年参加革命,汉中军分区协理员,因公在汉中牺牲。

黑存龙(1917—1951) 延长县七里村镇雷家村人,1936年参加革命,中共兰州市区委书记,1951年被杀害于甘肃省兰州市。

焦生炳(1916—1952) 延长县张家滩镇埝子河村人,1935年参加革命,中共广西钦州地委书记,因公殉职。

张志贤(1931—192) 延长县交口镇洋仙坪村人,1946年参加革命,第六纵队新四旅司号长,病故于新疆乌鲁木齐市。

李来周(1931—1952) 延长县交口镇大道河村人,1947年参加革命,战士,因公在陕西渭南牺牲。

贺生智（1925—1953） 延长县黑家堡镇贺家沟村人，1947年参加革命，空七师十九团飞行大队副参谋长，在东北病故。

冯志英（1906—1956） 延长县安河镇后河村人，1938年参加革命，总后重庆办事处军庶仓库主任，病故于重庆市。

李文清（1943—1968） 延长县郭旗乡白介沟村人，1968年参加革命，汽车驾驶员，因公在西藏拉萨牺牲。

刘三宁（1954—1975） 延长县交口镇西村人，1973年参加革命，86832部队战士，因公在甘肃省临洮县牺牲。

秦德功 生卒不详，延长县张家滩镇王家山村人，第八十一师十团供给处保管员，病故于山西省左权县。

高鸿展 生卒不详，延长县张家滩镇从座村人，第四军战士，在甘肃省临洮县病故。

张朝旭 生卒不详，延长县安河镇安河街人，八六三一部队六连副班长，因公在青海省西宁市牺牲。

崔景录 生卒不详，延长县南河沟乡东至村人，西北野战军警卫二团一连战士，因作战在兰州市北邓家村牺牲。

李　凭 生卒不详，延长县交口镇人，装甲兵司令部管理科科长，病故于北京市。

吴　英 生卒不详，延长县七里村镇崖头村人，第十二师三十六团排长，病故于甘肃省陇西县。

苏继才 生卒不详，延长县黑家堡镇李布袋沟村人，西北某部第五大队战士，因公殉职于华阴县。

冯成义 生卒不详，延长县张家滩镇吴见村人，第四军班长，在甘肃省兰州市病故。

附件四

延长县老区建设促进会概况

"延长县老区建设促进会"简称"延长县老促会",建立于1994年9月,属"特殊社团组织",隶属县委直接领导。会长由离退休县级领导担任,理事由单位领导及企事业单位离退休专业技术人员担任。老促会成立至今已经五届,在县委、县政府的关心支持下,给予老促会办公经费和设施全方面的保障,为老促会开展工作创造了条件。

1994年9月,延长县召开老区建设促进会第一届一次理事会,聘请中共延长县委书记郝福财、县人民政府县长樊高林为老促会第一届名誉会长,选举原县人大常委会主任宋致琳为第一届老促会会长,原县人武部部长尚长忠为副会长,赵江波为秘书长。会议通过了《延长县老区建设促进会章程》。

1999年10月,召开延长县老促会第二届一次全体理事会暨换届工作会议,聘请中共延长县委书记薛天云,县人民政府县长田海涛为第二届老促会名誉会长,选举原县政协主席刘扶义为延长县老促会会长,原县人大常委会副主任王增才当选为副会长,原县人武部部长尚长忠续选为副会长,贺玉山当选为秘书长。会议修改并通过了《延长县老促会章程》。

2004年4月,召开了延长县老促会第三届第一次全体理事会暨换届会议,聘请中共延长县委书记杨霄、县人民政府县长薛海涛,县委副书记李五明为老促会名誉会长，原县人大常委会副主任王增才当选为老促会会长，原县农业局局长王英铎、原县人行行长呼寿福当选为副会长，原县国土资源局副局长李瑞荣当选为秘书长。会议修改通过了《延长县老区建设促进会章程》。

2006年在老促会基础上成立"延长县老年科技工作者协会（简称老科协），一套班子、两块牌子，增选原县果树局局长、高级农艺师董思孟为科技专职副会长。

2009年9月，召开了延长县老区建设促进会第四届第一次全体理事会暨换届会议，聘请中共延长县委书记吴胜德、县人民政府县长刘景堂、副县长朱东平、王家川采油厂厂长闫习臣、副厂长高安平、山西太原市三晋饭店董事长刘佰平为名誉会长，原县老促会会长王增才、副会长呼寿福为顾问。原县政协副主席李一鹏当选为老促会会长，董思孟当选为常务副会长，李瑞荣当选为副会长兼秘书长，原县人劳局局长杨志仁、原县民政局局长高文斌、原县计生委主任刘桂兰（兼妇工委主任）当选为副会长。2011年增选原县畜牧局高级畜牧师赵希林为副秘书长，原县卫生局书记刘德荣为办公室主任。

2015年10月，召开了延长县老区建设促进会第五届第一次全体理事会暨换届会议，聘请中共延长县委书记蔺治斌，县人民县长曹林虎为老促会名誉会长，李一鹏连任第五届老促会会长，李瑞荣、董思孟、杨志仁、高文斌、刘桂兰连任副会长，李瑞荣兼任秘书长，增选刘德荣为副会长兼办公室主任。

老促会成立至今的20多年中，正是国家持续推动农业强起来，农村美起来，农民富起来，持续缩小城乡区域发展差距的时期。老促会顺应时代要求，围绕县委、政府工作大局，本着"帮忙不添乱"的原则，坚持宣传、调研、尽职献策，在宣传革命老区，为老区人民办实事、扶贫攻坚、促进县域经济发展等方面做了大量力所能及的工作。

一、老区宣传

宣传老区是老促会的主要工作，宣传老区的历史贡献，让更多人"学史明理、学史增信、学史崇德、学史力行"是新时代老促会工作的行动纲领。宣传工作始终贯彻三个坚持：

一是坚持向下宣传。围绕传承红色基因，弘扬老区精神和加快老区的建设发展等方针政策，积极向老区群众宣传。从第三届老促会至第五届老促会，充分利用每年三月科技宣传月，集中面向农村基层和重点老区村宣传老区方针政策，宣传当地革命历史和当地革命英雄、烈士事迹。2014至2021年，先后建成阿青、皇庆寺、西渠三个红色纪念馆，满足了农村党员干部就近学史的需要。

二是坚持向外宣传。《延安老区建设》杂志创办以来，老促会坚持利用这一阵地积极作为，配合延安日报"革命老区重点村"系列报导小组，为采访报导陕甘宁边区特等劳模郝树才的家乡谭石塬村提供翔实的宣传资料。同时先后在《陕西老区建设》《延安老区建设》杂志上刊登宣传延长革命老区文章20多篇。李瑞荣同志2011年、2012年连续被延安市委宣传部、市老促会评为"老区宣传工作先进个人"。

三是坚持向上宣传。2014至2019年老促会先后编著《延长老区——红色记忆》《红色阿青》《红色记忆——皇庆寺红色支部》《西渠红色支部》等反映延长革命历程和历史文献资料，为历届县领导尽快了解延长，熟悉延长提供方便。《中国老区杂志》征订数量稳增，连续九年荣获中国老促会宣传工作三等奖。

二、调查研究

调查研究是老促会工作重中之重，也是体现老促会工作成绩的主要方面。多年来，老促会从农业、旅游、环保、红色资源发展利用及民生等问题入手，广泛地开展调研工作，先后撰写了《关于延长县非公有制经济发展情况的调研报告》《关于推进县域经济转型发展的几点建议》等19篇调研报告，送县委、县政府领导及相关部门参阅，并得到重视，予以采纳。至2020年，延长县有14篇调研报告被延安市老促会录入《优秀调研报告汇编》。其中李瑞荣撰写的《关于延长县城镇化建设情况的调研报告》《延长县农业发展情况调查》被评为延安市老区建设促进会2015年度优秀调研报告三等奖，《怎样做好秘书长工作》一文获2010年度老年科技工作者协会自然科学学术论文评比三等奖，《我心中的气死年——郝树才》获2011—2012年度全市老科协实施"十二五"战略规划学术论文评比二等奖。

三、科技示范

老促会老科协合并后，利用科技力量优势，坚持抓科技示范点，坚持抓科技培训，坚持抓调研献策，为延长科技创新，推动经济社会发展作出了贡献。

一是坚持抓科技示范。围绕"做大做强梨果产业"，先后选择西渠、佛光、赵家塬、李家圪塔4个科技示范园和四个重点革命老区村作为不同类型科技示范点，帮助果农解决具有共性的技术难题。二是坚持抓科技培训。10多年来，每年根据果树不同的物候期对技术的不同需求，针对性地培训贫困户和老区村果农。三是坚持调研献策。至2020年撰写调研报告12篇，其中有两篇获得延长县人事局、延长县科协、市老科协优秀学术论文奖。董思孟同志先后五次获省老科协先进工作者奖，7次被市老干局、人事局、老龄办、市科协、老科协评为先进科技工作者奖。杨志仁撰写的《关于西河子沟农贸市场管理及周边环境卫生整治有关问题的调查报告》获三等奖。

2010年至2011年，李瑞荣同志先后被市老干局、市人事局、市科协、市老龄办、市老科协评为先进工作者和2011年度老科协"争先创优"活动中做出优异成绩的先进个人。

四、革命老区村建设

2009年，老促会对重点革命老区村展开调查，筛查出阿青村、西渠村、郭旗村、谭石塬村、益枝村、安家塬村、佛古村、赵家塬村等16个符合重点革命老区村条件的村庄，建议县委、县政府，以新农村建设为载体，按照"同等优先"原则，优先给予安排，得到县委、县政府的重视和支持。

2010年，交口镇原陕甘宁边区特等劳模郝树才的家乡谭石塬村被市确定为首批市级重点革命老区村。三年投资300多万元，拓宽通村柏油路3.8公里，维修恢复病险库坝5座，人均基本农田达到2.5亩，发展主导产业130多亩，在村户均30亩，人均经济收入5400多元。改造提升了党教室规格，新修了文化广场。按新农村建设标准，对院落、围墙、大门、房窑顶进行统一处理，村民的生活水平、居住条件和村容村貌有了极大改善。

2013年，我县阿青村、西渠村和郭旗三个村庄被列为第二批市级重点革命老区村。做好重点革命老区村建设与发展，已成为老促会这一时期的工作重点。

郭旗村2014年纳入全县"美丽乡村、幸福家园"建设规划，新建大棚115座，建成省级农业示范园一个，建成太阳能光伏发电基地。投资960万元，拓宽硬化村庄巷道2000米，硬化入户巷道2340米，新修排洪渠2000米，新建石桥二座，新建了文化广场、人饮供水、公共厕所、垃圾台，安装路灯45盏，绿化了村庄。

2013年暴雨后，改造危房14户，重建21户，62户进行了防渗水处理，90户围墙大门进行翻新改造，133户入户电路进行了维修改造，村民居住环境、生活水平、村容村貌得到极大改善。

阿青村2013年遭遇百年不遇的暴雨，唯一的通村桥被洪水冲垮。经老促会协调，有关部门投资10万元建成长26.5米、宽5米石桥。被中国金融期货交易所确定为三年（2014—2016）对接帮扶的重点革命老区村项目，先后投资300多万元，重点实施"饮水工程""村庄道路""苹果防雹网建设""苹果储存库""党教室提升改造""红色阿青纪念馆""民俗文化室"文化广场等项目，2014年优先纳入"美丽乡村、幸福家园"建设规划。

罗子山西渠村2014年优先纳入全县"美丽乡村、幸福家园"建设规划。水、电、路、人居环境、村容村貌彻底改变。建立了致富产业，全村人均经济收入高出全县平均水平，村民生活水平有了很大提高。2016年，在老促会争取和协调下，新建两个可容万余方的自然蓄水池，既满足果农用水需求，又缓解了水灾危害。

五、发挥妇女半边天作用

发挥妇女在老区建设中的半边天作用，是老促会工作的一个重要方面。为做好这项工作，近年来老促会妇工委配合县妇联，在加快"巾帼脱贫"上做文章，在"百名能手一面旗"竞赛活动中下功夫，通过抓培训，提高妇女技术素质；抓扶持，发展产业促脱贫；抓宣传，能人带动脱贫；抓提高，强化培训用活政策、巩固产业高质量的持续发展等一系列措施，不仅促进了一大批贫困妇女先后脱贫致富，而且培养和树立了一批创业创新的旗手标兵。至2020年有9名妇女致富能手获得市老区建设促进会"妇女创业创新标兵"奖，4名获得国家老促会妇工委"妇女创业创新标兵"奖。2017年，孙萌获得中国老区建设促进会颁发的"老区脱贫巾帼标兵"称号，县老促会妇工委主任刘桂兰获得"中国老区妇女之友"特别奖。

六、自身建设

老促会在积极完成上级老促会和县委、县政府交办的各项工作的同时，不忘为民服务的初心，牢记老促会的使命，不断加强自身建设。截至2020年，县老促会先后9次荣获中国老促会老区宣传工作三等奖，3次被省老区建设促进会评为先进集体光荣称号，6次被市老促会评为老区工作先进集体，2次评为陕西省科学技术教育工作者协会先进集体，连续10年荣获市老干局、人事局、市科协、市老龄办、市老科协、延安市老年科技工作者协会先进集体奖，会长李一鹏在2018年获得全国老区宣传工作特别贡献奖。

2019年李一鹏、李瑞荣、董思孟三同志被评选为陕西省老促会"老区建设先进工作者"。

后 记

《延长县革命老区发展史》采取编年体和纪传体两种方式进行编写。记述的历史跨越时间长，涉及延长县第一次国内革命战争至党的十九大召开，近100年政治、经济、军事、文化、教育等各个领域发展演变的全过程，是一部综合了延长县地方、党史、军史及其他史书为一体的大型史籍。

按照全国老区建设促进会统一安排部署，我会于2018年年底酝酿筹备，2019年启动《延长县革命老区发展史》的资料搜集和编写工作。两年多来，史书得到了县委、县政府领导的高度重视和支持，成立了以县委书记担任主任，县长和县委副书记为副主任的编纂委员会。县政府在财政十分紧张的情况下，及时下拨了启动资金，保证了编纂工作顺利进行。党史办、县志办、档案局、统计局等相关部门和单位通力协作，积极配合，为征编工作提供了所需资料。

《延长县革命老区发展史》编纂过程中，全体编辑人员以强烈的责任感和使命感，废寝忘食，勇挑重担，在认真学习研究历史知识、广泛查阅历史资料的基础上，反复检索，严谨考证，力求精准，保证了编写资料的翔实和准确。部分编辑年逾古稀，带病忙碌奔波，鞠躬尽瘁，其工作精神令人钦佩。编写人员以对历史负责，对组织担责的奉献精神，全身心地投入到编写工作中，夜以继日，乐此不疲，倾注了大量心血。书稿编纂历时三年，五易其稿，其间，广泛征求和采纳市、县编审人员的意见和建议，为最终成稿起到了定性高度、画龙点睛、梳理清晰、准确表述的作用。

县委副书记张明同志自始至终重视和关心书稿的编纂工作，亲自选定专家评审小组，并提出了许多具体的指导意见，推进了编写工作进程。县评审小组成员贺彦清、高红艳、付平、杜立新、王福建、房建荣、白全安、赵旭升等同志积极参与审验，并提出了宝贵意见，在此一并表示感谢。

尽管编纂小组在史料搜集、篇目设置、体例规范、语言文字等方面下了不少功夫，但由于我们学识有限，水平不高，经验不足，在编纂过程中难免会出现这样或那样的错误缺失，敬请领导和读者朋友们不吝赐教、批评指正。

延长县老区建设促进会
2022 年 5 月 31 日